최고의 선택을 하기 위한 새로운 기준
가치 기반 경제

Arjo Klamer 저

원윤선 옮김

워니북스

최고의 선택을 하기 위한 새로운 기준
가치 기반 경제

발 행 일 2017년 11월 3일 1쇄 발행
저 자 Arjo Klamer
옮 긴 이 원 윤 선
발 행 처 워니북스
주 소 경기도 수원시 영통구 청명남로 39, 3층
전 화 070-4068-4712
팩 스 02-6280-9838

표지·편집 포인디자인
인 쇄 보성PLC
I S B N 979-11-962209-0-7
정 가 15,000원

파본은 구입하신 곳에서 교환하여 드립니다.

• 이 책의 저작권은 저자에게 있으며 출판권은 워니북스에 있습니다.
• 이 책의 일부 혹은 전체 내용을 무단 복제하는 것은 저작권법에 위배됩니다.

옮긴이의 글

언제부터인가 우리 사회는 양분화되기 시작했다. 갑 그리고 을이라는 말로. 더 이상 병이나 정 따위는 고려되지 않는다. 많은 사람들이 특히 이 시대의 젊은이들이 '갑질'이라는 말로 사회의 부조리를 비판하고 분개하면서도 그 '갑질'을 할 수 있는 위치에 있는 사람이 되고 싶어한다. '권위'보다는 애매한 '권력'을 가지고 싶어한다. 그리고 '가치'라는 말은 '얼마'라는 의미와 동일시 되어 받아 들여지고 있다. 자신의 재능이나 가진 것을 타인과 공유하는 사람은 '가치' 없는 일을 하고 있는 것인가? 우리가 최고의 선택을 위해 고려할 수 있는 옵션은 이것이 전부인가?

많은 학자들이 경제학 내외부에서, 경제학이 시장과 정부 두 가지 요소로 양분화 되어왔고 그것이 표준적인 것으로 인식되는 현상에 대해 심각하게 우려했다. 상품화 되지 않는 아이디어는 가치가 없는 것으로 치부되고, 금전적 결과물을 도출할 낼 수 없는 인간 관계는 경시되고, 돈으로 해결될 수 없는 것은 없다 라는 인식이 만연해지는 사회, 이 사회에서 당신에게 가장 중요한 것은 무엇인가? 이 사회가 추구하는 가장 중요한 가치는 무엇인가? 경제는 사회로부터 유리된 담론인가?

불확실한 사회, 눈부시게 빠른 변화의 속도, 경제 활동으로 생산되는 풍부하고 다양한 가치들이 도구적 잣대로만 평가되어 그것이 사실의 전부를 대변하는양 지시하는 몇 가지 숫자들. 분명 무언가 빠져 있다. 빠져 있는 무언가를 걱정하는 학자들이 기본에 대해 강조하기 시작했다. 그 중, 특히 클라머는 경제학의 기원에서 출발하여, 아리스토텔레스와 애덤 스미스의 사상을 재발견하고 경제학 본래적 의미를 복원하고자 하는 노력을 기울여왔다. 교과서적인 지식이 아니라 실무적인 지식, 일상 속에 숨어있는 경제학적 논리를 편협하지 않은 관점으로 인식할 수 있는 통찰력을 가질 수 있는 방법에 대해, 그는 여러 가지 예를 들어 실증적으로 설명하고 있다.

클라머는 실용성을 강조하는 경제학자이다. 그리고 그가 강조하는 것은 경제학은 쩐의 논리를 뒷받침 하기 위한 도구적 경제학이 아니라, 우리 일상을, 우리 일터를, 우리 사회를 더 나은 상태로 만들기 위해 최고의 선택을 할 수 있도록 돕는 유익한 지식이어야 한다는 점이다. 이런 점에서, 클라머가 강조하는 공유재 shared goods에 대한 생각은 새로운 경제 패러다임을 이해하고 그 속에서 생산성을 높일 수 있는 최적의 재화의 형태를 보여준다.

새로운 경제 패러다임 속에서 다르게 보는 관점을 가지지 못한다면, 우리는 미래에 다가올 기회를 알아볼 수 없다. 가치 기반 접근법은 우리가 앉아 있는 바로 이 자리에서부터 출발한다. 우리가 어떤 안경을 쓰고 나 자신과 주위를 둘러 보느냐에 따라 미래의 부를 축적할 수 있는 풍부한 가치를 찾을 수 있느냐의 여부가 달려있다. 당신은 여전히 수요공급곡선, 교환과 가격, 비용과 효과로 착색된 안경을 쓰고 있는가? 아니면 가치 중심적으로 착색된 안경을 쓰고 있는가?

마지막으로, 한국 독자들을 위해 이 책을 옮기면서 클라머의 혁신적인 이론이 한국인들의 피부에 와 닿을 수 있기를 바라면서 원 저자와의 상의를 통해 해설적으로 풀어옮기고자 노력했음을 밝혀둔다.

2017년 10월 **원 윤 선**

PREFACE

최고의 선택을 한다는 것

최고의 선택을 한다는 것은 말 그대로 최고의 옵션을 택하는 것이다. 이 문장을 쓰고 있는 와중에도 필자 자신은 최고의 선택을 염두에 두고 있다. 이 책을 손에 들고 자신에게 이 탐험 과정에 동참한 독자 여러분 역시 최고의 선택을 하기 위한 과정으로 들어왔다. 사실 우리 모두는 자신이 처한 상황에서 최고의 선택지를 뽑기 위해 노력한다. 예술가는 자신의 예술 활동을 하는 과정에서, 부모들은 아이를 양육하면서, 정치가들은 국정 활동을 하면서, 매니저들은 관리의 업무를 진행하면서, 교사들은 가르치면서, 배관공들은 잘못된 배관의 결함을 바로 잡으면서, 자신의 위치에서 최고의 선택을 하고자 한다. 그렇지 않은 사람이 있는가?

그러나, 최고의 선택을 하고 싶은 것과 그렇게 하는 방법을 아는 것은 분명 다르다. 실제로 이것이 최고의 선택을 실행으로 옮기는 것을 의미하지는 않는다. 예컨대, 당신 자신조차 그림의 작품성에 의구심을 품으면서도, 그림값으로 거액의 돈을 요구한다면, 그것을 두고 우리는 최고의 선택을 했다고 할 수 있을 것인가? 돈이 없는 사람들은 아예 입장할 수 없도록 공연의 티켓 가격을 비싸게 책정해서 장벽을 치는 것은 최고의 선택인가? 아이들이 집안 일을 할 때 수고비를 지불하는 것에 대해서는 어떻게 생각하는가? 회사를 매각할 때, 단순히 가장 비싼 가격을 부른 사람에게 회사를 팔아 넘기는 것은 또 어떠한가? 그리고 우리는 왜 그렇게 돈에 관한 이슈들에 대해 끊임없이 얘기하고 있는가? 최고의 선택이란 무엇인가?

필자 역시 경제학자이긴 하지만, 왜 그렇게 사람들은 돈과 관련된 이슈에 빨리 몰입하는지 참으로 궁금하다. 혹자는 바로 그것이 필자가 하는 일이라고 할지도 모른다. 하지만 내가 아주 오랫동안 그러한 이슈들과 씨름하면서 얻게 된 통찰력 중 한 가지는, 경제학자로서 내가 결정하는 최고의 선택은 나 자신에게, 그리고 여러분에게 어떤 특정한 질문을 지속적으로 함으로써 얻게 된다는 것이라는 점이었다. 어떤 목적을 가지고 일을 하고 있는가? 이 질문을 제기하는 목적은 바로 돈이라는 수단을 넘어선 어떤 것으로 이 대화를 끌고 가기 위함이다. 필자는 왜 이 책을 쓰고 있으며, 여러분은 왜 이 책을 읽고 있는가? 여러분은 왜 예술 혹은 그와 관련된 영역에 연관되어 있는가? 무슨 목적으로? 여러분에게 중요한 것은 무엇인가? 이와 같은 질문들은 우리로 하여금 자신이 어떤 가치를 가지고 있고 또 어떤 가치에 대해 논하고 있는지에 집중하도록 한다. 바로 이것이 여러분과 나누고 싶은 주제이다. 우리가 가지고 있는 가치들에 대해 생각해 보고 이야기 하고, 우리에게 정말 중요한 것은 무엇인지, 가치는 어떤 기제로 작용하는지, 그것을 다루는 방법은 무엇인지에 대해 이 책을 통해서 다루고자 한다.

   이 책을 중반 정도 완성한 후 나는 서문을 쓰기 시작했다. 처음에는 필자 역시 통상적으로 학계에서 해 왔던 방식대로, 현시점으로부터 거리를 두는 방식을 적용했다. 그러나, 어느 지점에서 나는 막다른 골목에 서 있는 듯 했다. 예술과 문화의 세계에서 피땀 흘려 일하는 것을 어리석게 보거나 성공과 쇠락을 감독할 수 있는 고결한 포지션을 구축하는 세계로 여러분을 초대하기 위해 거리를 두고 있는 자신을 보았다. 그리고 아이러니하게 그 틀에 갇혀 옴짝달싹하지 못하게 되었음을 발견했다. 어느 날 아침 침대에서 뒤척이면서, 나는 아내에게 이 얘기를 꺼냈다. 내가 꼭 다루고 싶은 주제가 있고, 그것은 실제로 최고의 선택을 내린다는 것이 무엇인지에 대해 이해하는 것이라고 했다. 그리고 여느 때와 같이 관행적으로 그 주제를 전개했으나 더 이상 진척이 없는 상황이라고. 아내는 "당신 책 제목을 최고의 선택 이라고 하면 어때요? 라고 중얼거리듯이 툭 던지더니 아침 잠을 좀 더 자고 싶어했고 돌아누웠다. 화들짝 잠이 깼다. 나는 벌떡 일어났다. 내가 말하고 싶은 주제이자 제목이 바로 이것이라는 것을 알게 되었다.

미래를 위한 문명의 선택은 좋은 삶, 유익한 사회를 위한 것이어야 한다.

무엇 때문에? 여기서 중요한 것은 무엇인가?

나는 왜 이 일을 하고 있을까? 필자가 추구하는 것은 좋은 삶이다. 그래서, 유익한 사회를 위해 일조하고자 지금 이 작업을 하고 있다. 만일 누군가 나에게 좀 더 구체화 된 답을 내어 놓으라고 다그친다면, 필자는 우리가 만끽하고 있는 문명을 유지하고 생명력을 활성화 시키기 위해 고군분투하고 있다고 할 것이다.

문명에 관해서, 나는 두려운 마음으로 서구의 문명과 가치를 결국은 몰살시킬 것만 같은 야만적인 움직임 앞에 있다. 더 심각한 것은, 그러한 야만적인 움직임들이 문명이 표명하는 것들의 중요성을 폄하하고 헐뜯고 묵살해 버리는 힘의 형태로 이 세계 안에 들어와 있다는 사실이다. 가령, 이런 힘은 캠퍼스 안에도 이미 들어와 있는 것 같다. 경제학자들은 경제학의 기본 원리를 본질적으로 이해하는 철학적 해석작업들과 역사마저 오만하게 무시해 버린다. 사고방식은 점차 고착화되고, 연민이라는 단어는 소멸되어 가고, 영적이고 문화적인 삶에 대한 이정표를 잃어버리는 현상들을 관찰하면서, 그러한 야만적인 힘이 우리 세계를 장악해 가고 있음을 느낀다.

필자는 이 책에 씌여진 사상들과 통찰력들이 경제학 이론을 연구하는 학자들은 물론 이론을 실천에 옮겨야 하는 실무자들, 매 순간 선택해야 하는 우리 자신의 삶에도 기여할 수 있기를 바란다. 최고의 선택이란 무엇인가에 대해 최소한 한 번쯤 생각해 보는 기회를 갖기를 희망한다. 기본적인 아이디어는 우리가 실현하고자 하는 가치들에 대해 통찰해 보고 그 가치를 현실 세계로 구체화 시키는 것이다. 말하자면, 세상과 유리된, 실현 불가능한 가치를 상상하는 뜬구름 잡기 식으로 끝나는 아니라, 현재와 미래의 삶을 윤택하게 할 수 있는 실현 가능한 가치를 구체화하는 방법에 대해 논하고자 한다.

가령, 필자에게는 이와 같은 기여를 하기 위해 이 책을 집필하는 것이 분명 가치 있는 일이다. 모호하고 허황된 일이었다면 이렇게 신경쓰지 않았을 것이다. 한편, 여러분의 입장에서도 이 책은, 여기서 제시하는 모델은 여러분에게 무언가 가치있는 일을 실현할 수 있는 생산적인 계기가 될 수 있을 것인가? 궁금했다. 이 의문사항을 탐색하기 위해서 우선적으로 이 책의 내용을 나의 모든 강의시간에, 워크샵, 마스터 클래스 등 다양한 층위의 학생들을 대상으로 교수법에 적용시켰다. 그리고 정부인사들, 시 공무원들, 사업가들, 법조계 인사들, 언론인들, 그리고 의료계 전문직 종사자들을 위해 특화된 세미나에서도 가치 기반 접근법을 적용한 토픽에 대해 함께 의견을 나누었다. 결론적으로 그 질문에 대한 답은 꽤나 긍정적이었다. 또한 학사, 석사 과정 학생들이 이 책에서 소개된 새로운 접근법을 인용해서 자신들의 프리젠테이션(네덜란드에서 실용성에 대한 고찰은 상당히 중요한 부분을 차지한다)을 개발한 결과물을 보았을 때 참으로 기뻤다.

바라건대, 여기서 필자가 개발하고 있는 가치 기반 접근법이 경제학의 다른 분야의 발전에도 기여할 수 있다면, 나아가 또 다른 경제발전에 기여할 수 있다면 정말 더없이 만족스러울 것이다.

우리 사회에 만연되어 있는 도구주의자들의 논증방식에 대한 대안이 되기를 바란다

학생들이 여러 가지 코스를 수강하면서 주로 배우는 것은 "도구주의적으로 분석하는" 방법에 대한 것들이다. 말하자면, 경제성장, 인플레이션 완화, 실업률 감소, 부채감소, 효율성 제고, 비용의 최소화 또는 이윤의 극대화와 같이, 짐작컨대, 어떤 정치적인 목적에 맞추어진 도구들에 대해서 습득한다. 초점은 바로 목표로 하는 결과물을 계량화 하는 방법에 있다. 그래서인지 요즘 너무 많은 학생들이 배움의 목적을 단지 부가적인 수입을 위한 도구 내지는 이력서에 한 줄 넣기 위한 도구로 치부해 버리는 부작용이 심심찮게 보인다.

캐나다 출신 철학자인 찰스 테일러 Charles Taylor는 도구주의 또는 도구적 사고방식의 유행은 현대사회의 3대 질병 중 하나라고 표명한 바 있다 (Taylor, 1991). 그는 도구주의가 목적의 소실이라는 결과를 낳았다고 한다. 이는 요즘 전문직 종사자들과 정치가들이 "당신이 하고 있는 일은 무엇에 유익한가?"라는 질문을 대하는데 어려움을 겪는 현상과 유관하다고 한다. 나는 이에 동의한다. 아마도 그들이 하는 일은 "더 많은 경제성장", "더 많은 이윤", "더 많은 개인적 성취"에 유익하다고 할 수도 있다. 그렇다면, 더 많은 성장이나 더 많은 이윤은 과연 무엇에 유익한가라는 질문에는, 글쎄, 또 다시 침묵으로 일관할 것이다.

테일러가 밝힌 현대사회가 겪고 있는 3대 질병 중 나머지 두 가지는 개인주의와 정치적 자유의 상실이다. 이 세 가지는 모두 연관되어 있다. 흔히 표준경제학에서 규정하듯이, 개인주의는 개인의 자율성을 강조하고 사람들을 독립적인 선택 주체로 생각하는 경향을 내포한다. 개인주의적인 관점이 우선시 하는 질문은, "합리적 선택 또는 합리적 의사결정이란 무엇인가?"라는 질문이다. 사람들이 가지고 있는 사회적인 본성, 정치적인 본성은 부차적인 것으로 치부되기 일쑤다. 이와 같은 관점은, 테일러에 따르면, 의미의 소실을 유발한다. 왜냐하면 의미란 오직 어떤 사회적 정치적 맥락안에서 형성될 수 있기 때문이다.

정치적 자유의 상실에 대해서, 테일러는 정치가 기술집약적이고 도구적으로 변하고 있다고 언급한다. 다시 말하면, 효율성, 성장의 극대화, 관리, 획일성이라는 사유로 사람들에게 어떤 체제를 강요하고 수용하도록 요구한다. 도구주의적인 논증의 유행은 사람들을 정치적인 토론과 삶에서 소원하게 만들어, 사람들을 그저 도구적인 긴급상황에 대처하기 위한 수단으로 전락시켜 버린다.

필자는 대학에서 교수직을 수행하면서 2014년 5월에 정치인 이라는 직업을 또 갖게 되었다. 이직분을 수행하면서 도구주의적 논증방식은 더욱 극명하게 보였다. 시 공무원들은 수량화할 수 있는 절차와 결과치를 달성하는데 초점을 두고, 그들은 복지혜택의 수혜자들을 고객으로 여겼다. 젊은 세대와 재통합과 같은 주제를 다루고, 효율성을 우선시한다. 정성적인 부분에 대한 의견이 결정적으로 중요할 때에도 이 모든 것들이 지표로 작용하곤 한다. 하지만 그 지표들이 가리키는 것과 실제로 측정하고자 하는 정성적인 목적의 초점이 같은가? 권위있는 저널에 출판한 논문의 수가 과학적 연구의 정성적인 측면을 반영하는가? 극장 관객수는 공연의 질적 우수함을 설명할 수 있는가?

시 공무원들과 미팅을 하면서 필자는 공무원들이 정책 실무자로서 신자유주의와 자유주의의 의미나 그 둘의 차이점이라든지, 밀튼 프리드먼 Milton Friedman과 프리드리히 하이예크 Friedrich Hayek와 같은 경제학자들과 연관된 논의에 대한 모르고 있다는 사실에 적지 않게 당황했다. 왜냐하면 그런 용어들은 사실, 오늘날 미국, 영국, 유럽연합 정계에서 범용적으로 사용되는 것이기 때문이다.

신자유주의는 도구적인 논증방식으로 가득하다. 그러나 신자유주의는 단순히 도구주의적 논증방식과는 구별된다. 신자유주의는 공학기술적인 접근으로, 네덜란드 출신 계량경제학자이자 경제과학분야의 노벨수상자이기도 한 얀 틴버헨Jan Tinbergen이 발전시켰다.

틴버헨은 필자의 영웅이기도 하다. 관건은 특정한 정책 목표들을 추진하기 위해서 어떻게 도구들을 고안해야 하는가에 있다. 그것은 경제를 하나의 기계로 간주하는데, 정치가들은 경제학 연구의 통찰력을 이용해서 어설픈 땜질을 할 수도 있다. 그러나 프리드리히 하이예크와 밀튼 프리드먼과 같은 경제학자들은 그러한 어설픈 땜장이 같은 정부의 개념에 반대하고 작은 정부, 최소로 개입하는 정부를 옹호한다. 생명정치를 강의한 미셸 푸코Michel Foucault에 따르면, 신 자유주의는 시장 논리를 통치 논리의 일부로서 포함한다는 점에서 신자유주의와 자유주의를 구분하였다 (Foucault, 1975-76).

신 자유주의적인 관점에서, 정치인들, 특히 시 공무원들은 마치 세계가 하나의 큰 시장인 것처럼 떠들고 얘기한다. 시민들을 고객으로 간주하고 해결해야 할 문제들(가령, 국민건강보장제도와 같은)을 시장의 논리로 해결하고자 한다. 자유 선택의 중요성과 경쟁에 대해 강조하며 결과 지향적인 방식을 선호한다. 그리고 제품, 수요, 공급, 효율성이라는 것에 대해서 이야기 한다. 마치 경제학 입문교재를 그대로 삼킨 것 같다. 하지만, 그들은 정부기관으로서 일을 하는 것이지 시장지향적인 기관으로서 일을 하는 것이 아니다.

이 책의 목표는 주변에 이러한 사고방식으로 점철된 사람들에 맞서, 대안을 제시하는 것이다. 아래에 그 대안에 대해 구체적으로 기술해 본다.

또 다른 경제가 …?

도구적인 논증방식에 대한 대안은 실질적인 논증방식이다. 실질적인 논증방식이 중점을 두는 부분은 실질적으로 중요한 것과 실질적으로 사람들이 추구하는 가치이다. 실질적인 논증방식은 사람들이 개인으로서, 기관으로서 혹은 한 집단으로서 추구하고 있는 어떤 정성적인 측면을 구체화하는 것이다.

어느 모로 보나 사람들이 궁극적으로 추구하는 바는 정성적인 측면이다. 예술계나 과학분야 외에도 환경, 국민건강, 공공의 삶, 사회적 삶 등 다양하고 많은 분야에서 양보다 질을 추구한다. 여러 다양한 분야에서 도구적이고 금전적인 관점으로 점철된 세계관의 대체 안을 찾는 움직임이 관찰된다. 그들은 또 다른 경제, 즉 모든 것을 금전적인 논리, 정량적 가치로 평가하는 정책에 대한 대안을 마련하고 싶어한다. 그들의 초점은 쩐의 논리 대신, 질적 제고를 위한 측면에 맞춰지고 있다. 하지만 그런 정책들이 구체화 될 수 있는 방법은 무엇인가?

또 다른 경제에 대한 계획은 여러가지로 제안되어 왔다. 그러한 계획과 제안이 목표로 하는 것은 공유경제, 순환경제, 창의경제를 달성하는 것이다. 디지털 기술과 로봇, 자동화가 가져올 새로운 가능성들에 반해, 다시 장인정신이 유행하고 있는 것은 주목할 만한 현상이다. 맥클로스키Deidre McCloskey와 다른 학자들은 경제학과 인문학의 조합humanomics, 즉 믿음, 희망, 사랑과 같은 기본 가치들을 제대로 감안하고 포용하는 경제학의 필요성에 대해 촉구해 왔다.

필자는 표준경제학의 비효율성과 쓸모 없는 측면들을 목격하면서, 양보다 질에 관심을 두는 정성적인 이슈들과 혁신적인 아이디어들을 확실하게 뒷받침할 수 있는 대안적인 논증방식, 또 다른 접근법을 고안하는데 기여하고자 하는 뜻으로, 경제에 대한 가치 기반 접근법을 제안하고자 한다.

…다른 경제학이 필요하다!

　가치 기반 접근법은 실질적이고 정성적인 측면에 토대를 두는 접근법으로, 예술계, 과학분야, 종교적 영역뿐 아니라, 정치, 조직 및 기관, 사회 생활, 특정한 개인의 삶의 영역에 있어서도 적용될 수 있다.

　가치 기반 접근법은 경제학 담론의 오랜 전통을 복구하고자 시도하는 경제학이다. 이는 경제학자로 분류되지 않은 수많은 다른 학자들뿐 아니라, 위대한 사상가들, 예컨대 아리스토텔레스Aristotle, 토마스 아퀴나스Thomas Aquinas, 애덤 스미스Adam Smith, 존 메이너드 케인즈John Maynard Keynes, 칼 맹거Carl Menger, 톨슈타인 베블렌Thorstein Veblen, 막스 베버Max Weber, 조셉 슘페터Joseph Schumpeter, 루드빅 폰 미세스Kudwig con Mises, 프리드리히 하이예크Friedrich Hayek, 프랭크 나이트Frank Kight, E.F. 슈마허E.F.Schumacher, 케네스 불딩Kenneth Boulding, 돈 라부아Don Lavoie, 엘리노어 오스트롬Elinor Ostrom, 그리고 데어드르 맥클로스키Deidre McCloskey, 루이기노 브루니Luigino Bruni, 로버트 스키델스키Robert Skidelsky와 같은 동시대 학자들까지도 그 논의에 포함시킨다.

　그 전통은 신 고전주의적 접근으로 불리는 사조에 첨예하게 대립된다. 이 접근법을 필자는 앞으로 표준경제학이라고 언급할 것이다. 표준경제학의 정의는 - 단순히 경제학 교재를 찾아보거나 누구라도 주변에 경제학을 공부한 사람에게 그냥 물어봐도 쉽게 찾을 수 있을 것이다 - 부족한 자원의 분배, 또는 합리적 선택으로 기술된다. 이와 같은 경제학의 정의는 실제로 1930년대, 더 정확하게는 1932년에 영국 출신 경제학자인 리오넬 로빈스가 쓴 논문에서 유래한다(Robbins, 1932). 그 글에서, 로빈스는 그때까지 경제학의 과학적 실천을 좌우했던 가치에 대한 토론을 회피하는 대신, 경제학을 희소성에 대한 것들로 채워버릴 것을 제안했다. 그는 경제학을 생존과 존속을 위한 분명한 조건으로서, 어려움을 극복하고 더 많은 성장과 더 많은 수입 및 이윤을 창출하는 것에 대한 분야인 것처럼 만들었다. 대공황 시대에는 이와 같은 해석이 이치에 잘 들어맞았을 것이다. 그러나 이제는 그러한 사고방식은 점점 더 현실과는 맞지 않다. 물론 우리는 여전히 선택을 한다. 휴가를 계획하면서도, 기업합병이의 문제를 놓고 고심하면서도, 공연티켓 값을 책정하면서도, 소득이 없는 사람들에게 복지혜택을 주는 방안에 대해서도 선택을 한다. 그 외에도 여러가지 선택해야 할 상황들이 있다. 희소성의 개념으로 이 모든 선택을 하기 위한 공식을 도출할 수 있는가? 그럴 수 있을 지도 모른다. 그러나 선택적 상황에서 가장 확실한 한 가지는, 분명 우리에게는 중요도에 대한 우선순위가 있다는 점이다. 말하자면, 사람들은 선택을 하는 데 있어서 다른 옵션들보다 더 중요한 한 가지를 생각한다는 것이다. 어떤 상황이나 사물을 평가하는 데 있어서, 사람들은 단지 생존을 위해서가 아니라 좋은 삶과 더 나은 사회의 실현을 추구한다. 결정적으로, 저명한 경제학자인 폴 사무엘슨 Paul Samuelson은 첫 번째 현대 경제학 교재에 이 정의를 포함했다. 필자 역시 그 교재 제 9판으로 경제학 공부를 시작했다.

다른 정의에서, 표준경제학은 재화의 생산, 분배, 소비에 대해 다룬다. 표준경제학자들이 생각하는 "재화"는 "상품"이다. 따라서 분배에 대한 논의에서 초점은 시장에서 이루어지는 재화의 교환에 맞추어진다. 만일 재화의 개념을 확장해서 (비가시적인) 서비스뿐 아니라, 지식, 교우관계, 자유와 같은 재화까지 포함시킨다면 어떻게 될까? 재화의 개념을 확장할 경우, 그러한 재화들은, 결론적으로, 냉장고나 컨설팅 보고서 만큼이나 확실히 가치가 있다.

필자의 뜻하는 바는, 경제학 분야에서 가치에 대한 논의를 복원하는 것이다. 최소한 이 책이 그러한 복원 작업에 기여할 수 있기를 바란다. 이에 따라, 필자는 경제학을 좀 다르게 정의하고자 한다. 즉, **경제학은 사람들,**

조직 및 기관 그리고 국가에서 가치를 실현하는 모든 것에 대해 연구하는 지식분야이다.

표준경제학에서는 금전적인 부분, 일련의 활동들을 금전적인 용어로 측정하는 것에 노력을 쏟아 붓는다. 그렇기 때문에 필자는 일반적으로 "경제적인" 현상 대신에 "금전적인" 현상이라고 언급할 것이며, 이 책에서 정의하는 경제학은 표준경제학에서 다루고 있는 범주보다 훨씬 넓은 영역을 포함하고 있음을 밝혀 둔다.

필자가 개발하고 제안하는 가치 기반 접근법은 적어도 일곱 가지 특성을 가지고 있다.

1 최고의 선택을 하고자 할 때 사람들은 자신이 보유하고 있는 가치를 실현하기 위해 부단히 노력한다. 즉, 그들은 그 가치들을 구체화하고 다른 이들과의 상호관계, 가령 생산하고 사고 팔고 사회생활을 하고 이야기를 나누는 등 다양한 관계형성을 통해서 그 가치들이 실질적으로 현실 세계안에 존재하도록 한다. 이 관점은 기호와 유용성의 극대화라는 표준경제학적 관점과 상충된다(3장과 5장 참조).

2 가치를 실현한다는 것은 일종의 문화적 실천practice이다. 따라서 경제활동은 문화 속에 내재되어 있고 오직 문화적 맥락 안에서 이치에 맞게 설명된다. 즉, 거래와 같은 금전적인 측면의 너머로 시야를 확장해야 한다. 그리고 경제활동을 포함한 다양한 활동 안에 내포된 문화적 맥락의 중요성과 그 안에 관련된 상호작용들을 인식하고자 한다. 따라서, 문화의 중요성에 대해 인식하는 관점은 문화를 한계적인 또는 도구적으로 인식하는 표준경제학적 관점과 첨예하게 대립된다(1장과 2장 참조).

3 가치에 대한 작업과 가치를 기반으로 하는 작업을 진행함에 있어, 우리는 이성적으로, 그리스인들이 프로네시스라고 불렀던 개념을 활용하여 그 작업을 진행시켜야 한다. 가용적인 옵션들의 무게를 달아보고 신중히 생각하고 실험하고 평가해야 할 것이다. 이 과정들은 표준경제학에서 보통 합리적 선택이라고 일컫는 작업과 많이 다르다(4장 참조).

4 가치를 실현하기 위해서 사람들은 가시적인, 그리고 비가시적인 재화를 생산하고 그 진가를 인식해야 하다. 모든 재화들 중 가장 중요한 것은 다른 이들과 공유하는 공유재이다. 교우관계, 예술, 종교 그리고 지식과 같은 재화들을 한 번 떠올려 보라. 재화는 또한 스포츠, 과학, 공예와 예술과 같은 실천들이 될 수도 있다. 표준경제학적 관점으로는 공유재를 파악할 수 없다. 그리고 실천의 역할에 대해서도 알 길이 없다(6장 참조).

5 획득하고자 하는 재화에는 우선순위가 있다. 어떤 재화는 추구할 만한 가치가 있기 때문에 그 재화를 추구하는 선택은 더욱 유의미하고 만족스럽다. 추구할 만한 가치가 있는 실천을, 우리는 ***프랙시스***라고 부른다. 그 실천들은 개인적인, 사회적인, 사회지향적인 그리고 초월적인 성격을 지닌다. 표준경제학적 관점에서는 궁극적인 재화에 대해서 다룰 때 오직 불분명한 웰빙과 복지의 개념을 언급할 뿐이다(7장 참조).

6 가치를 생성하기 위한 소스들sources을 선별하고 결정할 때 가치 기반 접근법은 우리를 금전적 실체들(가령, 금전적 부와 같은) 너머로 향하도록 해 준다. 이 책을 통해 우리는 돈 이외에도 가치를 실현할 수 있도록 하는 아주 방대하고 다양한 소스들이 있다는 점을 알게 될 것이다. 그러한 소스들은 교육적 환경, 사회, 기억, 그리고 (모든 것의 기본이 되는) 믿음, 희망, 사랑이라는 요소들을 포함한다 (8장 참조).

7 사람들은 각자 보유하고 있는 가치를 실현하기 위해, 대개 그와 관련된 일에 다른 이들을 연관시킨다. 또는 유관한 세계와 연관되어야 한다. 말하자면, 다른 이들과 어떤 관계를 형성해야 하고, 우리는 최소한 다섯 가지의 논리, 오이코스(가정)의 논리, 사회적 논리, 정부 및 통치의 논리, 시장의 논리, 초월적 혹은 문화적 논리를 활용할 수 있다. 그러나 표준경제학적 접근법으로는 오직 시장과, 어느 정도까지, 정부 통치의 논리만 활용 가능하다(9, 10장 참조)

가치 기반 접근법을 적용한 렌즈를 통해 자신의 행동과 선택을 포함한 모든 종류의 행동과 사물들을 보게 되면, 여러분은 다른 각도의 분석을 하는 것이 가능하다. 단순히 가용금액 상한선을 정하려고 하기 보다는 가용한 가치를 알아보려고 하게 될 것이다. 그리고 가치를 실현하기 위해 무슨 논리를 적용할 수 있을지 찾으려고 애쓸 것이고, 여러분 자신이 소유하고 있는 재화의 중요성뿐 아니라 다른 이들과 함께 소유하는 재화의 중요성에 대해서도 인지하게 될 것이다. 부자가 되는 법에 대해서도 다른 각도로 생각해 보게 될 것이다 (부와 가난을 규정하는 기준이 무엇인가?) 그리고 더 일반적으로, 부를 구성하는 요소에 대해서도 다시 생각해 보게 될 것이다. 이 모든 과정들이 다음번 당신의 선택에 결정적인 영향을 미치게 될지 누가 알겠는가? 또한 가치 기반 접근법은 사업을 하거나 정책을 마련하는 데 있어서도 심오한 영향을 미칠 것이다. 왜냐하면 가치 기반 접근법의 시작점은 바로 사업이나 정책의 목적이 되기 때문이다. 그 목적이 이윤의 극대화나 단순한 "경제" 성장[1]이 될 수는 없다. 가치 기반 접근법에서는, 그런 요소들 보다는, 정성적인 측면들, 즉 질적인 부분들과 결부된 지속가능성에 대해 좀 더 진지하게, 그리고 신중해지도록 한다.

분명히 이 책에는 "방법"에 대한 내용들이 담겨 있다. 그렇지만, 그 방법이라는 것이 그저 단순히 그대로 따라하면 돈 버는 방법, 고장난 에어컨을 고치는 법과 같은 이야기를 하고 있지는 않다. 오히려 우리가 일상의 경제 활동속에서 최고의 선택을 할 수 있는 방법에 대해 새로운 관점으로 전체적인 시각을 가지고 스스로 해답을 찾을 수 있도록 한다. 여러분에서 이 책은 물고기를 잡아다 주지 않는다. 그러나 여러분이 찾고 있는 물고기를 보는 안목, 그리고 그 물고기를 잡는 방법을 여러분의 입장에서 고안할 수 있는 길을 보여준다. 그렇게 하기 위해 필자는 몇 가지 핵심적인 질문을 던질 것이다. 그 답을 찾아가는 과정에서 우리는 최고의 선택을 위한 유의미한 옵션들을 찾게 될 것이다. 다양한 개념들에 대해 숙고하고, 결과를 예상해 보고, 다른 이들과 또는 다른 영역들과 상호작용할 때 발생하게 되는 논리들을 이해하고, 큰 그림의 맥락(가령, 공유경제, 4차 혁명, 창의경제 등과 같은)과 경제의 흐름에 집중해야 한다. 이를 위해 우리

---

[1] 발전(development)과는 구분되는 개념으로 오직 양적인 성장(growth)에만 치중하는 성장의 의미를 내포한다.

는 이해해야 하고 알아야 할 것들이 너무 많다. 이 책을 읽으면서 군데군데에서 여러분은 '아, 내 얘긴데..' 라고 중얼거리거나, 누군가 옆구리를 쿡 찌르는 것처럼 느낄 수도 있다.

심기를 불편하게 하는가?

몇몇 독자들은 이 책에 소개된 논증방식을 보고 이상한 표정을 지을 수도 있다는 것을 충분히 예상할 수 있다. 에라스무스 대학의 한 우등생이 이 책에 대해 "내 평생 가장 심기를 불편하게 만든 책"이라고 평한 적이 있다. 그가 어떤 부분에 대해서 그렇게 얘기한 것인지는 모르지만, 대충 짐작은 간다. 사실 나는 이 평을 칭찬으로 여긴다. 왜냐하면 그만큼 신경쓰고 있다는 뜻이기 때문이다. 여러분이 경제학, 경영경제학과 법 과목을 배우면서 더 많이 훈련받고 배울수록, 이 논증방식은 더 낯설게 느껴질 것이다. 처음에 여러분은 무엇을 배웠는지 거의 인식하지 못할 것이다.

필자가 여러분에게 요청하고자 하는 한 가지는, 영국출신 시인인 사무엘 콜레리지Samuel Coleridge의 표현을 빌려 표현하자면, "불신감을 밀쳐두라"는 것이다. 책 한 권으로 여러분이 새로운 통찰력을 가지고 다른 이가 보지 못하는 미래를 보게 될지 누가 알겠는가? 왜냐하면 필자가 가르친 학생들과 컨설팅 전문직 종사자들 상당수가 가치 기반 접근법을 알게 됨으로써 그렇게 되었다고 했기 때문이다.

코끼리 코 안으로 들어가 보자

어떤 권위 있는 학회에서 필자는 가치 기반 접근법을 우리가 경제학이라고 부르는 거대한 덩어리 안에 있는 수많은 관점들 중 하나라고 제시했다. 그리고 장님의 예를 들었다. 이 일화는 고대 인도에서 나온 이야기이다. 네 명의 장님이 있었다. 그들은 자신들 앞에 있는 사물을 묘사해 보라는 질문을 받았다. 첫 번째 장님이 줄 하나가 있다고 얘기했다. 두 번째 장님은 나무의 큰 가지를, 세 번째 장님은 튜브를, 네 번째 장님은 뾰족한 물체가 있다고 얘기했다. 그들 모두는 특화된 관점을 하나씩 가지고 있다. 그들 네 명이 자신의 관점을 공유할 때에만 그들은 완성된 물체의 모양을 묘사해 낼 수 있다. 그들 앞에 있었던 물체는 코끼리였다.

경제학에는 온갖 종류의 관점들이 존재한다. 합리적 선택이라는 한 가지에만 기반을 둔 표준경제학적 관점, 게임이론에 기반한 관점, 제도이론에 기반을 둔 관점, 행동에 기반을 둔 경제학적 관점, 오스트리아 학파들의 관점 등 다양하다. 그런데 왜 우리는 경제학이라고 부르는 그 거대한 것의 완성된 그림을 얻기 위해 가치에 기반한 관점을 덧붙이지는 않았던가?

그리고 나서 필자는 이 접근법은 무언가 좀 다른 방식으로 작용하고 있다는 것을 알게 되었다. 앞에서 나열한 모든 관점들은 공통적으로 관찰자의 입장을 고수한다. 모두 실체로부터 멀리 떨어져서 거리를 유지한 채 관찰하고 있다. 그러나 가치 기반 접근법은 코끼리 안으로 들어가 보기를 제안한다. 실체의 내부로 들어가 그 실체가 최고의 선택을 하기 위해서 무엇을 필요로 하는지 찾아보기를 제안한다. 그 실체는 한 개인이 될 수도 있고, 조직이나 기관, 회사, 도시, 나아가 국가가 될 수도 있다. 가령, 어떤 도시를 실체로 삼는다면 가치 기반 접근법은 그 도시 안으로 들어가 그 도시 안에서, 그 지역을 위한 경제학이 무엇인지에 대해 고민하게 되는 것이다.

실체 안으로 들어감으로써 우리는 최고의 선택을 하기 위해서 무엇이 필요하며 최고의 선택을 하는 것이 왜 그렇게 어려운가에 대해 구체화할 수 있게 된다. 결론적으로 최고의 선택을 하는 것은 가치를 실현시키고, 진정한 행복을 실현할 수 있는 유일한 방법이다.

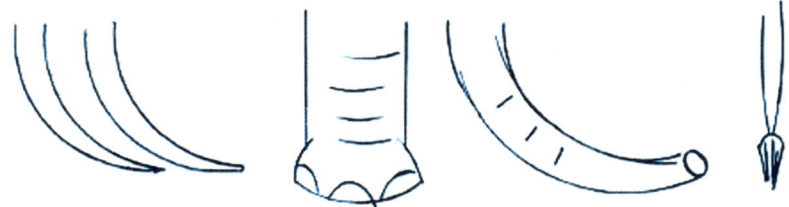

그림 0-1 네 명의 장님이 묘사하는 코끼리의 모습

그림 0-2 코끼리 안으로 들어가 보면

감사를 표한다

최고의 선택을 하기 위해서는 모든 종류의 지식과 이해력이 수반되어야 한다. 텅 빈 머리로는 아무것도 할 수 없다. 다행히도, 우리는 문명의 일부로서 존재하며, 꾸준히 축적되어 온 통찰력과 지식의 혜택을 받을 수 있다. 필자가 이 책을 저술하는 데 필요한 지식, 우리가 최고의 선택을 하기 위해 필요한 지식의 대부분은 사실, 손 닿는 거리에 있다. 그 지식들은 과학자, 경제학자, 인문학자, 철학자, 신학자, 현자들이 우리에게 남긴 수많은 활자들로 저장되어, 문명의 중심을 이루고 있다. 단지 우리가 해야 할 일은 그 지식들을 소환하여 해석하고 가용성을 더해 최고의 선택을 하기 위해 활용될 수 있도록 하는 것이다.

이 책에서 소개된 많은 자료들은 지금까지 필자가 해 왔던 수많은 강의와 워크샵, 대학과 전문기관을 위해 디자인 된 여러 코스와 교육, 컨설팅 프로그램의 결과물이다. 여기서 소개된 상당수의 아이디어들은 필자가 세미나, 특강, 학생들과 전문가들과 함께 진행했던 워크샵, 프로젝트, 코스 등을 통해 개발해 온 것이다. 네덜란드 에라스무스 대학의 교육과정 중, 문화경제학과 기업가 정신이라는 코스와 크레아레 CREARE 재단에서 오랫동안 진행한 Value of Culture(VOC) 코스를 진행하면서 특히 많은 통찰력과 재료를 얻게 되었음을 밝혀 둔다.

특히, 크레아레 재단의 VOC 코스는 매년 암스테르담에서 전문가들을 위해 진행된 교육 컨설팅 프로그램으로, 우간다, 인도, 브라질, 일본, 미국 파트너들과 그 코스를 개설했고 지금도 활발히 진행중이다. 좋은 삶과 유익한 사회의 실현을 위한 최고의 선택이라는 주제는 필자가 아카데미아 비테 Academia Vitae 에서 개발한 것이다. 그 대학은 삶에 관한 주제를 다루는 학교였는데 아쉽게도 경제적인 상황 때문에 문을 닫게 되었다. 현재 그것을 계승해서 필자는 인문학 아카데미 the Academy for Liberal Arts 에서 이 프로젝트를 진행하고 있다. 이 학교의 학생들은 전문가 집단으로 자신의 삶과 일, 그들을 둘러싼 환경을 실제로 반영하고 혁신적인 개선을 위해 노력하는 사람들이다.

따라서 이 책은 이 학교에서 강의를 진행하면서 얻게 된 산물이기도 하다. 나중에 이 책이 과정의 교재로 사용됨으로써 학생들에게 도움을 줄 수 있기를 바란다.

이 책을 쓰면서 마지막 단계에서 나는 거의 뜻하지 않게, 앞서 잠시 언급했듯이, 정계에 입문하게 되었다. 그것은 정말 정신이 번쩍들게 하는 경험이었다. 그 거대한 실체가 대체 무엇에 관한 것인지를 더듬어 찾아내야만 하는 장님이 된 듯한 느낌이었다. 정치인이 되는 경험은 필자의 관점을 바꾸어 놓았다. 그전에는 그저 표준 과학적 관점이 그다지 효율적이지 못하다고 주장했을 뿐이었지만, 이제는 현실적으로 실질적인 도움이 되는 작업의 필요성을 절실히 경험하고 있다. 기업인들이 사람들을 고용하게 하려면 어떻게 해야 하는지? 또 사람들이 적극적으로 구직활동을 하게 하려면 어떻게 해야 하는가? 나 자신은 고용(장애인들의 고용문제까지 포함해서)문제, 사회복지와 관련된 정책에 책임을 지고 있는 도지사로서 어떤 선택을 해야 하는가?

바로 그 때, 필자는 이 책에서 개발하고 있는 아이디어들이 큰 장점을 줄 수 있음을 깨달았다. 필자가 그 아이디어들을 어디에 어떻게 유용하게 활용했는지는 제 2부에서 여러분과 나누기로 한다.

이 책은, 맥클로스키, 시즈, 피셔, 드 보스, 베르부르헨, 프린스, 반 하우스덴, 프레이, 스롯비, 후터, 테일러, 아마리글리오, 벨트하우스, 데커, 고토, 마할라, 자우드호프, 그리고 다른 많은 이들의 도움이 없었다면 세상에 나오지 못했을 것이다. 여기에 담긴 아이디어, 통찰력은 모두 다른 이들이 제공해 주었다고 해도 과언이 아니다. 다만 필자는 그것들을 체계적으로 정리했을 뿐이다.

그렇다 해도, 앞으로 이어질 토론이, 이전에 이 이론에 대한 배경지식이나 경험이 있었던 사람들과 다른 접근법을 거의 접해보지 않은 사람들을 모두 완벽하게 고려해서 기술되지 못했음에 대해 양해를 구한다. 시간이 부족했다는 궁색한 변명을 해야 하겠지만, 어쨌든 필자는 비난 받을 수도 있는 위험을 무릅쓰고 이렇게 여러분과 솔직 담백한 토론을 하고 싶었기 때문에 이 작업을 진행했음을 밝힌다.

자 그럼 시작해 보자

핵심에서부터 출발한다. 그 핵심은 최고의 선택이 의미하는 것이 무엇인가에 대한 것이다. 그것은 가치 실현의 문제, 즉, 추구하는 가치가 현실 세계에 실질적으로 존재하도록 하는 과정을 포함한다. 그 과정과 관련하여 여러분은 프로네시스에 대해 배우게 될 것이다. 그리고 보통 합리성이라고 일컬어지는 개념과는 어떻게 다른지도 곧 알게 될 것이다.

> 그저 이 글을 읽는 것에서 끝나는 것이 아니라, 이 글에 대해 좀 더 흥미가 있거나 더 많은 사례등을 알고 싶어하는 이들을 위해 소통창구를 열어놓았다. www.klamer.nl과 www.doingtherightthing.nl을 통해 어떤 종류의 질문이라도 자유롭게 해 주기를 바란다. 결국 글을 이해하고 탐구한다는 것은 질문을 가지고 접근하는 것이다. 모든 지식은 질문에서 시작한다.

남기고 싶은 말

필자는 이 책을 집필하는 이유에 대해 수도 없이 되뇌어 자문했었다. 왜 기본을 강조하며 경제학의 영역에서 문화와 가치의 중요성에 대해서 논하고 싶은지, 왜 경제학의 다른 정의들에 대해 논쟁하는 오만함을 감수해야 하는지.

그 질문들에 대해 뭐라고 확답을 내어놓아야 할 지 모르겠다. 다만, 이 책을 써야만 하는 이유, 그리고 이 책을 쓰지 말아야 할 이유를 나열해 보앉다. 가장 우려스러운 위험성은 무시될 수 있다는 점이다. 어떤 집단에서는 필자를 조롱할 수도 있다. 그럼에도 불구하고 왜 이 연구에 신경이 쓰일까? 분명 이유가 있음에 틀림없다.

지성인으로서 필자의 경력을 반추해 보건대, 나는 항상 소속된 대화의 가운데 자리에 있으면서도 가장자리가 신경이 쓰였다. 시선은 그곳으로 향하고 있었다. 보통 불편하게 여기는 비평가들 – 특히 그들이 사회적이고 인문학적인 가치를 따르는 사람들일 때 – 과 있을 때 오히려 편안했다. 아마도 이런 성향은 집안배경의 영향 때문인지도 모르겠다. 필자의 아버지는 기독교protestant 목사로 평생을 사셨다. 14살 때까지도 필자는 나 역시 목사로서 인생을 바쳐야겠다고 생각했다. 여전히 그런 성향은 내재되어 살아있지만, 나의 영적인 삶은 순탄치 않았던 것 같다. 그래서인지 내가 잃어버렸다고 생각하는 것을 되찾고 싶어서 찾아다닌다. 아마 이런 배경들은 본문에 스며들어 있을 수도 있다. 그리고 공유재의 개념을 개발하게 된 이유가 될지도 모르겠다.

이 책을 통해 필자는 이 세상이 좀 더 이치에 맞게 돌아가고, 이 사회를 구성하는 경제구조가 더욱 가치롭게 되고, 사람이 중심에 있는 경제로 거듭나기를 바란다. 이 모든 것은 그저 이상적인 바램으로 보일 수도 있다. 그렇지만, 학자로서의 가져야 할 책임감은 그저 세상을 있는 그대로 보고 분석하는 것뿐 아니라, 다가올 세상을 구상하는 것도 포함된다고 생각한다.

필자가 추구하는 것은 반대자들을 찾아나서 공격하고 그들이 가는 길을 파괴하는 것이 아니다. 그렇게 하고 싶지도 않다. 표준경제학의 수호자들이 이미 해 온 작업들로 충분하다. 적어도 내가 생각하기에 이치에 맞는 개념들을 제시하고, 그에 맞는 실천적인 행동을 통해서 자신의 삶을 충분히 의미 있게 만든 것으로 만족한다. 그리고 이 책을 읽는 독자 여러분들에게도 그런 만족감을 줄 수 있다면 더 없이 기쁠 것이다. 그렇지 않다면, 나는 행복하게 이 책을 들고 무덤으로 들어가겠다.

Contents

PART 01 새로운 경제 구조에 눈뜨기   28

01 | 최고의 선택(doing the right thing)을 하기 위한 새로운 경제 구조, 가치 기반 경제란 무엇인가?   31
- 가치 기반 경제는 가정에서부터 출발하여 문화의 영역으로 귀결된다 _31 • 집과 가정 사이 _32 • 가정은 또한 문화와 콘텐츠를 나타낸다 _38 • 결국 관건은 문화이다 _40

02 | 경제와 문화의 유기적 관계에 대하여   45
- 문화의 역할에 대한 학자들의 시선 _46 • 비유로서의 개념, "대화창(conversation)" _48
- 문화, 경제, 경제학, 예술의 관계를 이해하는 여섯 가지 대화창 _49

03 | 가치를 실현 한다는 것   61
- 다르게 보는 지혜를 가진 선구자들 _66
- 수단과 목적 구분하기 : 좋음(the good)은 목적이어야 한다 _66

04 | 가치의 실현과 프로네시스   70
- 프로네시스는 다르다 _73 • 프로네시스의 과정을 구체화 해 보자 _78
- 일상 속에 숨어있는 프로네시스 _90

PART 02 개념적인 틀   94

05 | 가치란 무엇인가   96
- 도전 과제(the challenge) _97 • 핵심은 가까이에 있다 _100 • 일상을 움직이는 가치들 _101 • 가격이냐, 가치냐? _103 • 가치의 개념에 대하여 _105 • 가치와 문화 _107 • 가치들을 구분하기 _108 • 덕은 행동과 연관 관계에 있는 가치이다 _111 • 가치는 상황, 물건, 실천, 사람과 연관된다 _112 • 외적 가치와 내적 가치 _117 • 사용 가치와 금전적 가치 _117 • 프로네시스와 가치 _123

06 | 종이 한 장 차이, 재화의 소유와 공유   129
- 정말 그러한가? _130 • 첫 번째 포인트 : 소통과 동반자의 중요성에 대해 이야기하고 있는 로빈슨 크루소 이야기에서 출발한다. 왜 그런 요소들을 재화라고 하지 않는가? _131
- 두 번째 포인트는 질문 한 줄로 함축된다 _133 • 재화란 무엇인가? _135 • 우리에게 가장 중요한 재화 _136 • 가장 중요한 재화는 공유재이다 _139 • 공유재는 보통 실천의 형태로 나타난다 _145 • (창의적) 공동재(Creative Commons _146 • 공유재의 오너쉽(소유권) _149 • 공유재의 가치 평가 _152 • 재화의 분류 _154 • 예술은 비매품이다 _157 • 예술의 내재적 가치와 외재적 가치 _160 • 재화의 생성과 소멸 _161 • 재화와 상품 _163 • 협동적이고 사회적인 행위 vs 이기적인 행위, 무엇이 일반적인 것인가? _163 • 다시 말하지만, 사유재와 집합재는 도구적인 특성이 강하다 _166

07 | 재화와 이상 : 재화는 무엇에 유익한가? 167

- 매슬로우의 피라미드를 넘어서… _168 • 로펌의 거부 반응 _172 • 재화는 중요한 가치를 실현하는데 유익한가? _176 • 목적, 텔로스(telos), 또는 이상과 가치 실현 _180
- 추구하는 이상과 재화를 구체화 하는 연습의 중요성 _182 • 프랙시스 : 부단히 추구하는 실천의 집합체 _184 • 재화는 네가지로 분류된다 _186

08 | 사회의 부를 형성하는 원천에 관하여 193

- 우리는 가난한가? 아니면 부유한가? _195 • 저량과 유량 _200 • 보유량에 대한 논의는 무엇에 대한 것인가? 자본인가, 저력인가 아니면 소스인가? 소스에 대한 논의가 되어야 한다 _201 • 소스를 획득하는 방법 _203 • 좋은 삶을 위한 소스를 제공하는 생명의 나무 _204 • 자, 그렇다면? _215

09 | 독불장군은 가치를 실현할 수 없다 : 다섯 가지 영역의 유기적 모델링 222

- 표준경제학적 도식 _224 • 가치 실현을 위해서는 영역의 확장 및 보완이 필요하다 _226 • 첫 번째 보완점 : 사회적 영역 _229 • 두 번째 보완점 : 문화적, 예술적 영역 _230 • 세 번째 보완점 : 오이코스, 집의 영역 _231 • 시장 영역의 옵션 _233 • 정부 혹은 통치 및 관리 영역의 옵션 _234 • 다섯 영역의 유기적 모델링 _238 • 영역들에 대한 역사적 고찰 _242 • 결론 _250

10 | A. 5-Sp 모델 이해하기 : 논리, 어조, 가치와 관계를 중심으로 253

- 모델 도입의 시작 단계에 있는 이들을 위하여 _256 • 각 영역에서 찾아야 하는 것들 _260 • 1) 오이코스 _262 • 2) 사회적 영역 _268 • 3) 문화적 영역 _275

10 | B. 모델 이해하기 : 파급효과와 영역 간 교집합에 대하여 279

- 4) 정부, 통치의 영역 _280 • 왜? _281 • 어떻게 그리고 왜? _283 • G 영역에서 형성되는 관계 _285 • 소유권의 종류 _288 • 5) **시장 영역** _292 • 시장은 무엇에 유익하고 또 무엇에 유해한가? _293 • '어떻게' 라는 질문에 시장은 답이 된다 _294 • 관계들 _295 • M 영역의 논리 _296 • 시장 영역의 어조 _298 • 극장의 예 _299 • 스필오버(spillovers)와 크로스오버(crossovers) _301 • 시장 영역에서의 정부 및 통치의 논리 _302 • 오이코스 및 사회적 영역에서의 정부 및 통치의 논리 _302 • 시장 영역에서의 오이코스의 논리 _302 • 시장 영역에서의 사회적 영역의 논리 _303 • 오이코스와 사회적 영역에서의 시장 영역의 논리 _304 • 크라우딩 인, 크라우딩 아웃 _304 • 결론 _307

11 | 새로운 관점으로 보는 현실 310

- 양적 성장을 위하여 _313 • 이 책은 무엇에 기여하는가 _315
- 실용적으로 사용하려면 _318

| 찾아보기 323

01 최고의 선택을 하기 위한 새로운 경제구조, 가치 기반 경제란 무엇인가?
02 경제와 문화의 유기적 관계에 대하여
03 가치를 실현 한다는 것
04 가치의 실현과 프로네시스

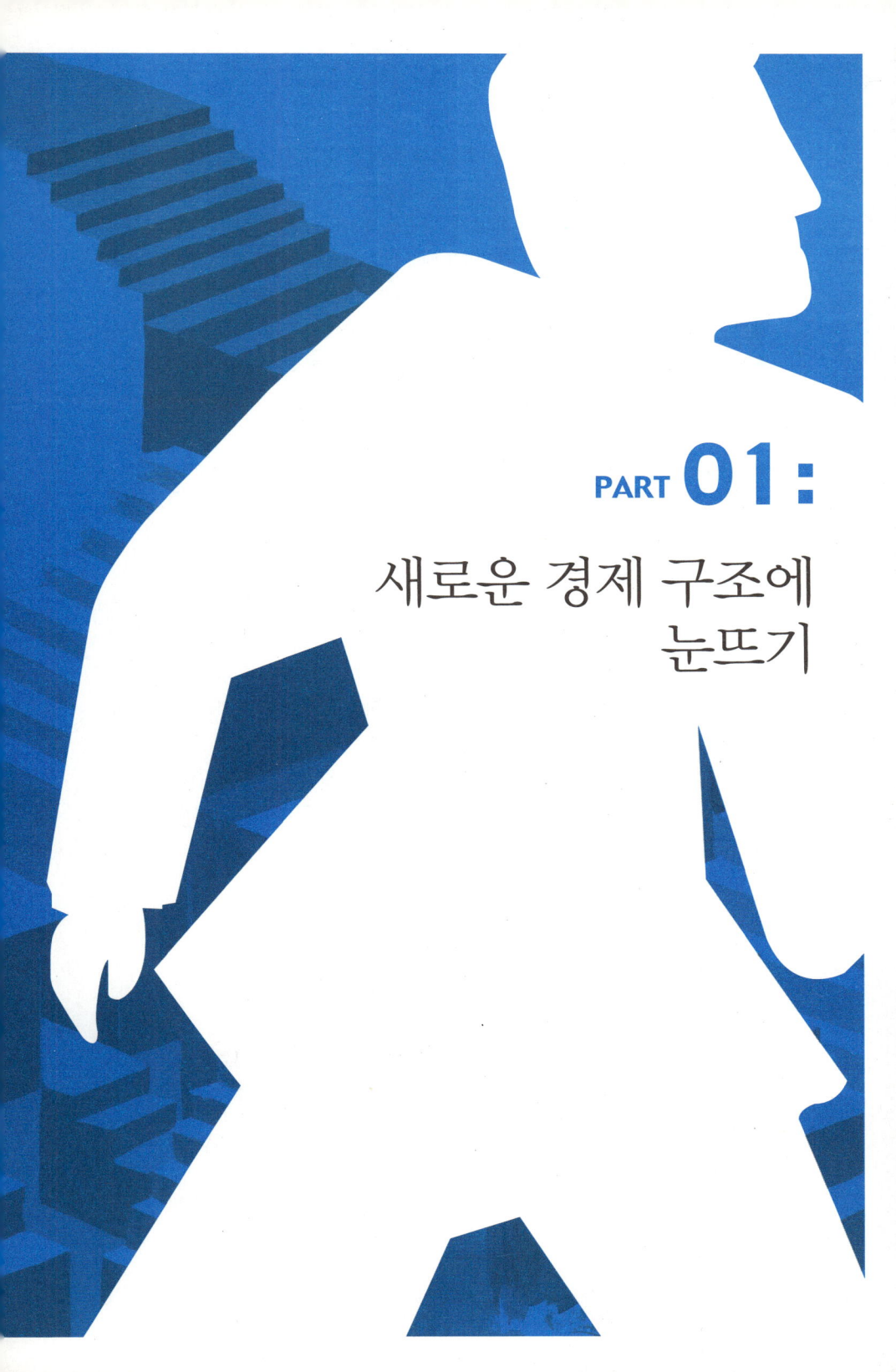

PART 01:
새로운 경제 구조에 눈뜨기

경제를 보는 새로운 시선인 가치 기반 접근법으로 첫 발을 들이기 위해 가장 먼저 해야 할 일은 새로운 경제구조를 이해하는 것이다. 일반적으로 경제구조라는 단어는 돈의 구조를 떠올리게 할 테지만, 가치라는 개념은 문화 라는 단어를 떠올리게 한다. 왜냐하면, 가치는 문화적 맥락에서 규정되기 때문이다. 그렇기 때문에 우리는 경제 구조에 대해 진행하고 있는 이 대화창conversation[2]에서 문화를 유의미하게 구성할 수 있어야 한다. 문화와 경제라는 둘의 관계를 어떻게 규정할 수 있을 것인가? 물과 기름의 관계인가? 아니면 어느 한 쪽이 다른 한 쪽을 포괄하는 관계인가? 사실 문화는 매우 다양한 개념으로 해석되고 있기 때문에 우리는 그 개념에 대해서도 명확히 할 필요가 있다.

문화와 경제의 유기성에 입각한 새로운 경제구조에 대한 고민들을 함께 나누기 위해서 다음 장부터 가치 기반 경제를 다루기 위한 기초 개념들을 이해하는 작업을 함께 진행해 보고자 한다. 가치 기반 경제의 핵심은 가치를 실현하는 것에 대한 것이고, 가치 실현이라는 것은 가치를 인식하는 과정을 통해 실제로 구체화 되는 것을 의미한다.

이 책의 제 1 부에서는 전자를, 제 2 부에서는 후자에 대해 다루겠다.

만일 여러분은 궁극적으로 가치를 실현하고 있고, 나와 내가 속한 팀이 하고 있는 일, 이 시대의 정부나 조직에서 하고 있는 일에 대해 이해하고자 한다면, 이제 더 이상 합리적 행동에 대한 표준경제학의 모델은 대안이 될 수 없음을 인식해야 한다. 새로운 관점과 틀을 제시하기에 앞서 우선 밝혀 둘 것은 가치의 실현을 위해 필요한 것은 프로네시스phronesis[3] 내지는 현실에 맞는 지식이라는 점이다. 이 부분에 대한 이야기는 앞으로 자세히 다루겠다.

---

[2] 역주 : 저자는 연구 전반에서 하나의 주제와 그 주제에 연관된 것으로 구성된 어떤 대화의 집합체를 conversation이라는 특성화된 비유로 사용하고 있다(Speaking of Economics: How to Be in the Conversation 참조). 여기서 conversation은 일반적인 의미의 대화나 회화를 뜻하는 것이 아니라 비유적 의미로 사회 내의 다양한 주제와 각 주제들을 다루는 전문적인 영역들을 수사학적으로 표현하는 용어이다.

[3] Phronesis는 철학용어로 실천지 라고 국역되기도 한다. 그러나 본 서에는 경제학자인 저자의 의견을 반영해 그대로 프로네시스로 표기한다.

01
최고의 선택doing the right thing⁴을 하기 위한 새로운 경제 구조, 가치 기반 경제란 무엇인가?

가치 기반 경제는 가정에서부터 출발하여 문화의 영역으로 귀결된다

지금 내가 있는 이곳은 이글거리는 태양 아래 먼지 자욱한 이국의 거리인 우간다의 수도, 캄팔라 거리이다. 나는 우간다의 문화계 프로그램 진행을 위해 처음으로 중앙 아프리카를 방문하게 되었다. 노점상들 사이로 무심하게 걸어 가던 중, 여기 아래의 이 배너에 시선이 멈췄다.

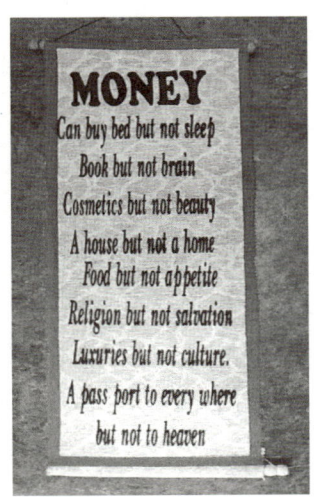

그림 1-1 배너

[4] Doing the right thing은 다양한 분야에서 다양한 의미를 전달한다. 이 책에서 필자는 새로운 경제구조를 이해하기 위해 새로운 관점과 접근법, 모델을 제시한다. 이 모든 작업의 목표는 주어진 상황에서, 불안정한 이 시대에 어떤 요인들을 어떻게 고려하여 최고의 선택을 할 수 있는가에 있다. 따라서 이 책의 맥락을 고려하여 doing the right thing은 최고의 선택이라고 국역한다.

이 배너야 말로 내가 전하고자 하는 가치 기반 경제에 대한 방법론에 대해 정확한 메시지를, 아주 평범하지만 아주 명확하게 담고 있었다. 나는 아프리카 한가운데에서, 먼지가 자욱한 옹색한 노점상에서 그 메시지를 발견했다는 사실을 믿기 힘들었다. 나는 상인이 원하는 만큼의 값 ― 대략 1유로 정도에 해당하는 ― 을 지불하고 그 배너를 사서 갈길을 재촉했다.

이 배너가 전하는 메시지는 나와 여러분들에게 모든 것을 돈으로 지불할 수는 없다는 것, 인생에서 돈으로 매길 수 없는 중요한 가치가 무엇인지 상기 시킨다. 우리는 온갖 종류의 다양한 물건들을 사서 소유할 수 있다. 하지만 많은 물건을 사서 소유하고 있다고 해서 우리가 진정으로 원하는 것을 가지고 있다는 것을 의미 하지는 않는다. 일상적인 한 가지 예를 들어보자. 대부분의 사람들은 좋은 집과 행복한 가정을 가지고 싶어한다. 우리는 열심히 일을 해서 집을 살 수 있지만, 집을 산다고 해서 자동적으로 가정이 꾸려지는 것은 아니다. 훌륭한 저택의 소유 그 자체가 훌륭한 가정을 꾸리고 있음을 의미하지는 않는다.

집과 가정 사이

가치를 설명하기 위해서 손쉬운 주제를 택해보자. 화제를 집으로 돌리는 것은 꽤나 설득적이라고 생각한다. 우리는 이 비유를 통해 아주 많은 것을 얻을 수 있다. 집은 실재하고 우리가 손으로 만질 수 있다. 쉽게 결함도 발견할 수 있고 그 결함에 적절히 대응하는 방법도 알고 있다. 금이 간 창문은 교체하면 되고 물이 새는 지붕은 수리하면 된다. 그리고 다락방은 좀 더 여유로운 공간으로 리모델링할 수도 있다. 집의 건물은 금전적 가치를 지닌다. 즉, 가격을 책정할 수 있다.

집의 가치는 가격으로 구체화될 수 있다. 다시 말하면, 집 건물은 정량화될 수 있다. 가옥 형태와 인테리어 디자인은 양적인 부분을 구성한다. 설계도에 따라 벽돌, 나무, 콘크리트 등으로 모양이 갖춰진다. 필자의 집도 마찬가지이다. 주택 대출금은 제외한 나머지 부분은 나에게 귀속되어 있는데, 그 가치는 꽤 높이 책정된다. 적어도 내가 생각하기에는 그렇다. 물론 여러분은 그 이상을 생각할 수도 있다. 그리고 리먼 사태로 촉발된 미국 발 금융 위기는 나에게 엄청난 금전적 손실을 가져왔고, 주택 담보 대출금은 급여의 상당 부분을 잡아먹었다. 즉 집의 금전적인 가치에 많은 변화가 생긴 것이다. 하지만, 실제로 우리가 신경 써야 하고 더 중요하게 생각해야 하는 가치는 금리의 변화 – 집 자체의 금전적인 가치의 변화 – 보다 다른 데 있다.

말하고자 하는 핵심은 대부분의 경우 집을 소유하는 궁극적인 이유는 그 숫자들의 조합 – 집 자체의 금전적인 가치 – 때문이 아니라, 그보다 더 중요한 다른 부분, 즉, 가정 그 자체에 있는 것이다. 나도 좋은 가정을 위해서 아내와 아이들과 이 집에 산다. 사실상, 나에게도 궁극적으로 가장 중요한 부분은 크고 훌륭한 집이 아니라 바로 내가 속해 있는 이 가정이다. 집의 건물이 손상되는 것이 가정이 손상된다는 것을 뜻하진 않는다. 적어도 나의 생각은 그렇다. 정말 심각한 손실은 우리가 가정을 잃었을 때 발생한다. 나 역시 실제로 이혼을 경험하면서 겪은 적이 있다. 그 당시에 집의 의미란 어쨌든 분할되어야만 했던 금전적인 가치 이외 아무것도 아니었다.

나에게 있어 가정은 아내와 아이들과 공유하는 모든 것들을 상징한다. 가구나 장식, 특별한 의미가 있는 장소 등과 더불어 분위기 역시 포함된다. 우리 가족이 함께 만들어온 기억들, 키우던 강아지와 고양이를 묻어 주었던 뒤뜰의 특별한 장소, 작년에 있었던 파티, 크리스마스 파티, 아이들을 키우면서 키재기 놀이를 했던 손때 묻은 표식들(정말 이젠 다 컸다!), 수많은 것들을 우리는 가정을 통해 공유한다.

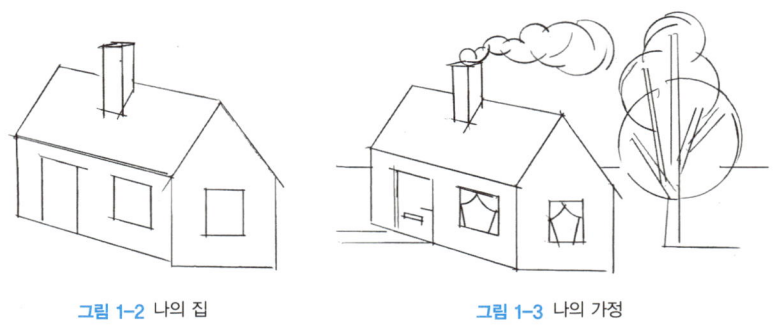

그림 1-2 나의 집   그림 1-3 나의 가정

가정은 오이코스이다. 나는 경제학economics 본연의 의미를 자아내는 이 용어를 선호한다. 경제학이라는 용어의 어원은 오이코스와 노모스의 합성어에서 유래했다. 오이코스oikos는 그리스어로 가정을, 노모스nomos는 그리스어로 법을 뜻한다. 오래 전에 위대한 그리스 철학자인 플라톤과 아리스토텔레스는 가정household을 관리하는 법을 고안해내면서 경제학에 대한 토론을 시작했다. 이 두 철학자는 가정에서 생기는 다양한 문제들을 제대로 해결하기 위한 최고의 선택doing the right thing에 대해 고심했고, 그중 한 가지 이슈는 교환에 대한 것이었다(아리스토텔레스가 제안한 최선의 방법은 오직 필요할 때에만 교환을 하는 것이었다. 물론 오늘날이 제안에 대한 견해는 다양하겠지만, 어쨌든 그 이슈는 여전히 진행 중이다. 가령, 가정 경제에서 끼니를 해결하는 것에 대한 주제로 집밥이 외식보다 나은가 하는 등의 질문에서 보듯이 말이다).

오늘날 경제학적 토론은 수치화하거나 판매가능하도록 금전적 용어로 책정될 수 있는 것들에 편중되는 경향이 있다. 어찌 보면 그 숫자는 구체성과 실용성을 대표하는 것처럼 보인다. 집은 수치화하기에 좋은 대상이다. 또한 구체적이다. 그런 면에서, 앞서 얘기한 집과 집의 물리적인 요소

및 가격에 대한 예시는 적절하다. 우리는 이와 관련하여 시장과 수요, 공급이라는 문제를 금방 떠올릴 수 있다.(지금도 부동산 시장에 많은 주택이 공급되고 있는데 수요자들이 그만큼 많이 늘어나고 있는 것은 아니기에 시간이 지날수록 우리 집의 가격은 필연적으로 떨어질 것이다.) 주택은 사고 팔 수 있는 일종의 생산품이다. 그러나 오이코스는 이와는 별개의 사안이다. 수치화될 수 있는 집과는 다르게 오이코스는 수치화되어 책정되지 않고, 실체적인 외관이나 실용성 등과 무관한, 완전히 다른 담론을 전개한다. 이것이 바로 필자가 가장 관심을 기울이고 있는 정성적인 부분에 대한 이슈이다. 주택을 구입할 때 나에게 실질적 문제는 이와 같은 정성적 측면이었고, 가격적인 부분은 부수적인 요소였다.

  내가 우간다에서 진행했던 교육 프로그램에서 오이코스에 대해 강의했을 때, 학생들은 오이코스의 정의에 대해서 상당히 궁금해했다. 내가 정의하는 오이코스란, 본인과 필수적인 중요한 관계에 있는 사람들이 구성하고 있는 일종의 서클이다. 오이코스의 구성원들은 운명적으로 연결되어 있다. 그래서 나는 강의 중에 학생들에게 "본인의 오이코스를 생각해 보세요. 아마 직계 가족, 다시 말하면 부모님이나 조부모님, 형제 자매, 그리고 자녀들의 배우자와 그 아이들, 장인 장모 정도가 떠오를 것입니다."라고 했는데, 학생들은 웃음을 터뜨렸다. 우간다의 학생들은 아마 더 넓은 범위의 가족들까지 자신의 오이코스로 여겼던 듯하다. 본인이 자라온 지역 공동체 범주까지 포함시켰을 수도 있다. 확실히 그들의 오이코스는 나의 오이코스보다 더 포괄적이었을 뿐 아니라, 그들에게는 더 많은, 혹은 다른 의미를 함축할 수도 있다. 서구 사회의 문화와 우간다 학생들이 이해하는 문화의 범주는 확실히 다를 것이다. 우리가 (서구사회에서) 부모님을 요양원에 모셔다 드리고 간병인, 시설 관리인 등 같은 가족 외의 사람들이 부모님을 돌보게 하는 것이 그들의 문화권에서는 불효막심한 행동으로 생각될 수도 있다.

비록 그 범주의 크기는 작더라도 오이코스는 필자의 삶에 있어 아주 중요한 요소이다. 지금 집에서 이 책을 집필하고 있는 와중에도, 아내는 잠시 함께 커피 한잔 하러 나가기를 바라고 있다. 커피 한잔에 숨은 의미는 나도 뭔가 얘깃거리를 준비해야 한다는 뜻이다. 단순히 내가 구상하고 있는 것들을 얘기할 수도 있고, 성인이 된 아들의 생일 파티나 딸의 하키팀의 모임이 내일 밤에 있을 것이라든지, 내일은 쇼핑을 해야 된다든지 다양한 이슈가 티테이블에 올라올 것이다. 주말 내내 정원 손질을 하는 동안 아내는 장모님을 뵈러 가거나, 저녁 식사에 어머니가 동참할 수도 있다. 포인트는 이러하다. 가족 관계를 아우르는 집안 일은 무궁 무진하고 우리는 이런 타입의 일들에 대해 학교에서 교육을 받은 적이 없다. 집안일이라는 것들은 사실 단순히 가사 노동만을 요구하는 것이 아니라 관계를 요하는 일들이다. 즉, 이 모든 것들은 양적인 문제보다 질적인 문제와 결부된다. 예를 들면, 가족과 함께 아침 식사를 하면서 내가 아무 말없이 신문에 코를 박고 있는 행동이 바람직하다고 할 수 없다. 오늘 밤 있을 아들의 생일 파티에 가기 싫다고 한다면 이 또한 가족의 기대에 부응하지 못하는 것이다.(지금 아내가 커피 한잔 하자고 부른다. 잠시만 기다려 주시길……)

오이코스에 공을 들인다는 것은 정성적인 부분들을 실현하는 문제와 결부된다. 함께 식사를 하고 관계를 걱정하며, 함께 저녁 시간을 보내는 것, 다같이 휴가를 계획하거나, 주말에 부모님의 부모 방문하는 것 등 필자의 입장에서 오이코스에 공을 들인다는 것은 아버지로서, 그리고 남편으로서 그 역할에 책임을 다하려고 노력하는 것 들이다. 다시 말하자면, 나는 좋은 오이코스를 유지하기 위해서 최고의 선택 doing the right thing 을 하고자 노력한다.

또한 좋은 오이코스를 유지하기 위한 한 가지 방법으로 나는 시장도 이용한다. 매주 토요일 가족들을 위해 신선한 식자재와 생필품들을 구입하러 시장에 간다. 그리고 딸의 스포츠 클럽 멤버쉽 비용을 지불하고 필요한 옷을 사 주고 용돈도 준다. 주택 담보 대출금 이자를 내고 집도 수리한다. 앞에서 언급한 시장을 방문하는 일이나 가정에서 하는 대부분의 행동들은 결국 오이코스를 잘 유지하기 위한 목적으로 필요하다.

사실, 이런 개인적인 이야기들을 구구절절이 늘어 놓는 것이 혹자에게는 다소 거북하거나 기이하게 들릴 수도 있다. 그러나 필자가 굳이 이렇게 개인사를 공유하는 데에는 이유가 있다. 바로 오이코스란 자신의 삶을 위한 토대가 될 뿐 아니라 이 세상 모든 사회에 살고 있는 모든 사람들에게 필수 불가결한 하나의 구조라는 사실을 강조하기 위함이다. 모든 사람들은 어떤 이유에서든 오이코스를 필요로 한다. 여러분 중 에는 가족이란 반드시 필요한 것은 아니라고 생각하는 사람도 물론 있을 수 있다. 친한 친구들로 오이코스가 구성될 수도 있고 혼자 사는 삶 자체가 오이코스일 수도 있다. 반드시 가족이 아닐 수도 있지만 어떤 형태가 되었든 오이코스는 형성된다. 사람들이 외로움을 느끼는 이유는 종종 오이코스의 결핍에 기인한다(물론 오이코스 안에 있을 때에도 외로움은 느낄 수도 있다). 가끔 몇몇 학생들은 오이코스의 중요성에 대해 의구심을 품기도 한다. 하지만, 대개는 그 학생들이 스스로 오이코스를 만드는 과도기에 있는 경우에 그런 행동이 나오게 된다. 우리는 오이코스 안에서 자란다. 말하자면, 오이코스는 우리를 성장하게 하고 또 스스로를 형성하게 한다.

인류학자 스테펜 구드만Stephen Gudeman은 오이코스 대신 '토대the base'라는 것에 대해 이야기 한다(Gudeman, 2008). 오이코스는 바로 토대가 된다는 점에서 이 표현은 참으로 적절해 보인다. 대부분의 사람들이 자라는 곳이 바로 오이코스이고, 뭇 심리학자들이라도 그렇게 얘기 하겠지만, 우리 삶에 중차대한 영향을 끼치는 것도 바로 오이코스이다. 구드만이 연구했던 라틴 아메리카의 공동체의 사례에서 그 토대라는 것은 우간다에서 의미했던 것처럼 좀 더 확장된 의미로 작용했다. 하지만, 핵심은 동일하다. 미국이나 유럽 사회에서도 오이코스는 우리의 삶이 시작되고 끝나는 하나의 토대로 인식된다.

가정은 또한 문화와 콘텐트를 나타낸다

어떤 조직이나 한 사회에 대한 이야기를 할 때 가정은 좋은 비유가 된다. 이번에는 극장을 소유하고 있는 하나의 극단을 예로 들어보자. 우선 건물을 소유하고 있다는 사실은 극단 구성원의 입장에서는 다행스러운 일이다. 하지만 건물의 소유 자체가 그 극단의 활동의 목적과 합치되는 것은 아니다. 이 극단은 앞서 얘기했던 '가정'을 원하고, 그 가정은 작품과 관객으로 구성된다. 관객들은 연극과 극장의 분위기, 에너지, 감흥, 공유 가치를 경험하고, 지인들과 기억을 공유하기 위해 극장을 찾는다. 건물은 건물에 불과하다.

같은 논리는 기업에도 적용된다. 기업 역시 가치 있고 의미있는 것들, 중요한 실천practices에 연관된 요소들로 형성된다. 예전에 어떤 엔지니어링 회사의 관리 책임자가 나에게 자신의 회사에서 열리는 세미나에서 하나의 세션을 맡아서 매니지먼트 팀원들에게 특강을 해주기를 부탁한 적이 있었다. 그때 오전 시간은 대차 대조표, 매출 총액, 매출 이익과 같은 금전적인 수치에 대한 내용으로 토론이 진행 되었고, 내가 맡은 세션은 오후에 진행되었다. 나는 그들에게 집과 가정의 예를 사용해서 그들이 오전 내내 토론했던 모든 것들은 눈에 보이고 수치로 표현할 수 있는 집에 대한 가치이고 유동적인 현금의 흐름에 대한 양적인 가치라고 서두를 던졌다. 그리고 더욱 중요한 것은 그 수치 너머에 있으며, 눈에 보이지 않고 수치화 할 수는 없지만 그들이 실제로 현실화하고 있는 여러 가지 정성적인 부분에 결부된 사항들, 예컨대 장인정신, 아이디어의 발상, 동료애, 새로운 고객에 대한 고려, 공유 가치와 공유목표, 기회 등이라는 부분을 상기시켰다. 실제로 관건은 그 회사의 비즈니스가 무엇에 관한 것인지를 결정하는 정성적인 부분이라는 점을 강조했다. 이 세션에 참가했던 그 회사의 임원진들은 이 내용에 대해서 아주 열정적으로 동의했다. 그래서 나는 다음 토론을 정말 중요한 것은 무엇인가에 대한 것으로 시작하는 것을 제안했다. 말하자면, 내가 제안했던 것은 가정으로 예를 들었던 정성적인 가치 부분을 논의의 출발점으로 하고 금전적인 문제로 보이는 양적인 가치들은 그 다음의 단계로 조정하는 것이었다. 정성적인 가치에 대한 정의가 명확해지면 금전적 가치에 대한 문제 역시 더욱 명확해질 것이기 때문이었다. 그들은 나를 직시하면서, "맞습니다. 정말 맞는 제안이에요."라고 외쳤다. 하지만 동시에 나는 그 사람들의 얼굴에서 과연 그 단계를 통해 어떻게 정성적인 가치를 찾을 수 있을 것인지 궁금해 하는 표정 또한 읽을 수 있었다.

극장, 박물관 및 미술관, 여타 기관들에 대해서도 필자의 제안은 비슷하다. 집 자체보다는 가정이 함축하는 의미에 초점을 두고, 그 기관에서 하고 있는 일의 정성적인 부분이 무엇인지 직시하라고 제안한다. 이러한 제안은 대개 그들이 이미 품고 있는 지향점과 업무에 반향을 일으키곤 한다. 그리고 궁극적으로 돈이란 그저 도구적이고 부차적인 부분임을 깨닫게 된다. 돈이란 어떤 정도를 나타내는 표식이 될수도 있겠지만, 해당기관의 성공을 정의하는 지표가 되는 것은 아니다.

경제학자들은 이와 같은 제안을 두고 행복, 복지, 웰빙의 개념에 대한 참고 문헌들을 찾아서 들고 올 수도 있다. 필자가 콘텐트에 주목하면서 행복이나 복지 또는 웰빙을 추구하는 것 같아 보일 수도 있다. 이와 관련된 논의는 뒷 부분에서 전개하겠지만, 다만 한 가지만 여기서 짚어두고자 한다. 여러분과 내가 행복, 또는 웰빙을 추구할 때에도 여전히 우리는 무엇이 우리를 행복하게 느끼게 하는 지 파악해야 한다는 점이다. 우리의 가정을 구성하고 있는 요소들에 대한 파악, 우리를 행복하게 하는 요인들, 즉 실제로 중요하게 작용하고 있는 정성적인 요소들에 대해 알아야 한다는 것이다. 보수 경제학 토론에서는 우리가 구입하는 것들이 행복과 웰빙에 기여한다고 가정한다. 이러한 관점은 자동차나 주택처럼 우리가 구입하는 것들이 무엇에 기여하는가에 대한 점, 말하자면 가정을 구성하는 정성적인 측면에 대한 기여도, 즉, 우리가 궁극적으로 신경 쓰고 있는 것들에 대해서는 간과하고 있다. 재화의 구입과 행복감 사이에 존재하는 중요한 문제는 바로 오이코스를 실현하는데 있다. 당연한 말이겠지만 최고의 선택은 재화를 구입하는 행위 자체만으로는 성취될 수 없다. 절대 불가능하다. 최고의 선택doing the right thing이란 우리의 오이코스를 실현하거나 혹은 우리가 가치있게 생각하는 것들을 실현함으로써 가능케 된다.

결국 관건은 문화이다

오이코스를 다른 말로 설명하자면 혈연으로 연관된 삶에 의미를 부여하는 모든 것이다. 나의 개인적인 문화를 이루는 것은 나이 오이코스에서 비롯된다. 문화는 공유된 삶에 의미를 부여하는 모든 것을 아우른다. 우리는 회사에서 또는 가족이나 동료들, 지인들 사이에서 이루어지는 행동을 통해 자신을 규정하는 문화를 창조하고 존속시킨다. 본서에서 필자가 규정하고자 하는 문화의 의미는 다음의 세 가지로 정의된다.

첫 번째로 인류학적 의미에서의 문화(C1)이다. 그것은 역사, 기대, 유물, 상징, 정체성, 한 집단의 사람들은 공유하지만 다른 집단들과는 구분시키는 가치를 함축한다. 그러한 의미에서 가족이나 회사, 도시, 지방, 민족, 국가, 대륙은 각각 구분되는 문화를 가지고 있다고 할 수 있다. 어떤 집단에서 문화를 보유하고 있다는 것은 그 집단만의 공유 가능한 삶의 의미들을 지니고 있음을 뜻한다. 강인한 문화를 가지고 있다는 것은 그 문화를 공유하는 집단의 내부적인 입장에서는 굉장한 장점이지만, 외부인들에게는 배타적이라는 이면의 뜻도 지닌다.

두 번째로 문화란 문명, 대개 어떤 특정 지역에서 오랜 시간에 걸쳐 예술, 과학, 기술, 정치, 사회 관습에 걸쳐 축적된 업적의 총체를 일컫는다. 매튜 아놀드Matthew Arnold의 표현을 빌리자면, "사유되고 이행이 세상 최고의 지식, 최고의 아이디어를 이끌어 내고자 하는 "열망"으로 이해될 수 있다(Arnold, 1869, p. 8). 두 번째 의미에서의 문화는 사람들이 공유하는 어떤 것뿐만 아니라, 다양한 분야에서 사람들이 성취해 온 성과물까지 망라한다. 독일인들이 Kultur라고 표현할 때, 그들은 문화의 두 번째 의미(C2)를 시사한다.

세 번째 의미의 문화는 일반적으로 통용되는 의미로 예술, 때로 디자인, 건축 공예품을 포함하기도 하는 협의의 문화(C3)로 정의된다. 사람들이 보통 "문화" 영역 또는 "문화" 정책을 언급할 때 지칭하는 의미는 바로 이 범주에 해당하며, C2의 부분 집합이 된다. 필자는 C3를 건축, 디자인, 기술, 종교와 같이 어떤 특징적인 콘텐트를 담는 실천practices에 대한 논의를 전개할 때 사용할 것이다.

인문학자, 인류학자, 사회학자, 역사학자, 철학자들과 대화할 때는 이 세 가지 해석 모두가 문젯거리가 되곤 한다(Elias, 2000; Lasch, 2013). 따라서 문화라는 개념을 사용할 때는 세심한 주의가 필요하다. 특히 문명 civilization이라는 개념은 사람들이 우월성을 과시할 때도 사용되곤 해서 다소 경멸적인 어조를 띠기도 한다. Kultur는 나치즘을 주장하는 사람들이 다른 문화권을 지배하기 위해, 소위 그들이 "퇴보한" 인종으로 분류했던 유대인, 집시, 동성애자와 같은 사람들을 몰살하기 위한 논거였다.

마찬가지로, 자신의 문화를 강조하는 것은 동종 집단 간에는 유대감을 불러 일으키지만, 그 집단 외 사람들은 배제하는 측면이 있다. 개념을 악용하는 사례들로 인해 학자들은 '문화, 문명, 정체성'이라는 개념들을 해체하는 작업을 진지하게 진행해 왔다. 최근, 우리는 이러한 해체 작업들로 부터 분명한 이유를 가지고 본래적인 개념을 복구하려는 움직임을 발견했다. 그렇지만 이 개념들을 비난적인 어조로 사용하는 데에 대해서는 각별히 주의를 기울여야 한다.

문화는 중요하다. 예컨대, 오이코스의 문화(C1)는 오이코스의 탄력성을 결정한다. 즉, 그 문화는 심지어 집이 무너진다 해도 건재할 것이다. 사람들은 일련의 행동 방식을 통해 자신들의 문화를 유지하고 강화하거나 약화시킨다. 동시에 그들은 문화의 일부이기 때문에 문화는 그들의 행동에 의미를 부여하고 영향을 미친다. 문화는 자주 언급되는 물과 물고기의 관계의 비유에서처럼, 물고기에게 물과 같은 의미로 이해된다. 일단 그 문화권 밖으로 나가게 되면, 그제서야 우리 일상의 삶의 중요성에 대해 아주 뼈저리게 깨닫게 된다. 그리고 다른 문화권 안으로 들어가게 되면 우리는 자신의 문화가 다른 문화와 어떻게 구별되는지 이해하게 된다.

강인한 문화(C1)는 극한 상황에서 구성원들을 끈끈하게 결속시키는 힘이 있다. 예컨대, 정부보조금 삭감이나 티켓 매출 감소로 인해 한 박물관이 금전적인 어려움에 처한다면, 그 조직문화(C1)의 내구성, 구성원의 헌신도, 지원 능력에 대한 의문들이 제기되곤 한다. 강인한 박물관은 강인한 문화를 보유하고 있다.

더욱이, 큰 단위의 집단들(도시, 지역, 국가, 나아가 대륙 단위로 구분됨)이 활발한 예술적 분위기와 과학 집단들(C2, C3)의 활동에서 강인함을 이끌어낸다는 주장을 의심할 만한 타당한 이유들도 발견되었다. 규모의 경제적 환경이 필요 조건들을 구성할 수는 있겠지만, 결국 중요한 것은 문화(C1, C2, C3)의 정성적인 측면이다. 즉, 한 집단이 고급 문화를 보유하고 있다는 말은 그 집단이 얼마나 풍부한 콘텐트를 가지고 있으며, 얼마나 다양하고 고무된 삶을 영위하고 있는지, 또한 공유가치가 얼마나 강인하고 효율적인가의 사안을 의미한다.

그러므로 관건은 문화(C1, C2, C3)이다. 그 나머지 것들은 문화를 실현하기 위해 부수적이거나 도구적인 것들이다. 오이코스는 소위 그 오이코스 구성원들이 공유하는 가치, 이야기, 다양한 기억, 포부들로 일컬어지는 문화이다. 기껏해야 금전적으로 표현되는 양적인 것들 또는 우리가 돈으로 환산해서 계산하는 가치들은 도구적일 뿐이다. 문화는 오이코스, 직장, 또한 도시에까지 중요한 영향을 미친다. 물론 도시에서는 일자리 수와 경제 활동을 중요하게 여긴다. 하지만, 도시를 형성하는 것은 모든 종류의 정성적 요소들의 실현을 통해 가능하게 된다. 파리에는 파리 만의 독특한 도시 분위기가 있고, 뉴욕에는 뉴욕 만의 넘치는 에너지가 있다. 비엔나는 비엔나 만의 커피 하우스를, 런던에는 런던을 상징하는 그 도시 만의 전통이 있다. 제인 제이콥스Jane Jacobs는 도시들은 살기 좋아야 한다는 유명한 논지를 남겼다(Jacobs, 1993). 살기좋은 도시를 결정하는 것은, 그 지역의 구성원들이 좋은 삶을 실현할 수 있도록 얼마나 정돈된 환경을 제공하는지, 방문객들을 얼마나 고무시킬 수 있는지, 그리고 그 도시의 노동자들에게 얼마나 일하기 좋은 환경을 제공하는지에 달려있다.

문화는 국가 차원에서도 역시 중요하다. 한 국가가 이룩하는 고급 문화라고 하는 것은, 바로 그 나라 국민들이 어떤 종류의 삶을 어떻게 잘 실현하고 있는가에 좌우된다. 여기에 중요한 주제가 숨어 있다. 관건은 바로 문화에 있다는 사실이다.

02
경제와 문화의 유기적 관계에 대하여

문화는 마치 물고기에게 물과 같은 존재이다. 여러분이 속해 있는 물속에서 수영하고 있는 한, 여러분은 물의 존재를 인식하지 못한다. 대부분 자신의 문화를 그냥 당연하게 인식하면서 살게 된다는 뜻이다. 그러다가 다른 세계로 들어가서 다른 문화권과 비교될 때에야 사람들은 자신의 문화의 존재를 인식할 수 있다. 나 역시 그러했다. 네덜란드에 살 때는 알지 못했던 네덜란드인 다운 면모들을 학업 때문에 미국의 노스 캐롤라이나North Carolina로 갔을 때에야 비로소 인식하게 되었다. 게다가 일하면서도 매순간 학계와 정계 사이를 오가야 했고 각 문화의 중요성을 의식하게 되었다. 그 두 세계는 정말이지 너무도 달랐다.

이번 장에서는 경제와 문화의 관계를 고찰함에 있어, "문화의 중요성"에 대해 좀 더 얘기해 보고자 한다. 이 둘의 관계를 규정함에 있어, 전통적인 보수 경제학에서의 시각은 어떠한지, 필자가 다량의 연구 결과물을 낸 문화경제학에서의 관점은 어떠한지 아주 다양한 접근법들을 이해하는 것으로부터 시작한다. 이와 관련하여 학계에서는 어떤 쟁점들이 오고 갔는지를 살펴보고, 이 책에서 제시하고 있는 특정한 관점과 실용적인 접근법에 대해 기술하고자 한다.

이러한 과정을 통해 다음 장에서 순차적으로 이어지는 맥락을 용이하게 이해할 수 있을 것으로 기대한다.

문화의 역할에 대한 학자들의 시선

일반적으로 학자들은 문화의 역할 혹은 기능을 탐구하기 위해서, 설명 방법에 대한 연장을 찾게 된다. 학자마다 중요하게 여기는 부분이 다르겠지만 나는 실천적 지식을 가장 중요하게 여긴다. 따라서, "문화의 중요성"이라는 표현에 담긴 의미를 현실적으로 유의미하게 적용시킬 수 있는 방법을 탐구하는 작업에 그 중요성을 둔다.

한가지 예를 들어 보자. 오로지 문화와 유관한 과정에만 몰두하는 학자들이 있다고 하자. 우리는 그들을 문화주의자culturalists라고 지칭할 수 있다. 문화주의자들은 인류학자나 사회학자, 역사학자, 고고학자, 그리고 또 일반적인 의미로 (C1, C2) 문화를 연구하는 이들, 가령 예술 사학자 (C3의 의미에서의 예술)와 같은 사람들을 통칭한다. 경제학자로서 보건대, 문화주의자들의 연구물에는 그 분야에 작용하는 금전적인 부분이나 관련성에 대해서 거의 언급되지 않는다는 것을 파악할 수 있다. 문화주의자들은 문화의 독립성에 대해 논한다. 즉, 그들의 관점에서 문화는 다른 존재들과는 (예를 들어 경제계) 독립적인 존재이며, 문화로 시작해서 문화로 끝난다. 문화 그 자체가 전부이다!

보수 경제학자들의 입장을 살펴보면, 그들의 토론 방향은 문화주의자들의 스펙트럼과는 정반대로 편향된다. 즉 경제학 토론에서 모든 초점은 삶의 금전적인 측면, 즉 도구적인 측면에 맞추어진다. 그러나 문화는 그렇게 계산되어 산출될 수 있는 것이 아니다. 따라서 문화(C1, C2, C3)가 경제에 어떤 영향을 미치는지, 경제가 문화(C1, C2, C3)에 어떤 영향을 미치는지, 양방향에 대한 질문에 대해서는, 보수 경제학적 토론이 그다지 도움이 되지 않는다.

그런데 최근, 다양한 분야의 학자들이 문화주의자들과 보수 경제학자들의 일방적인 토론을 지양하고, 문화와 경제의 상호 관계에 대해 연구하기 시작하였다. 예컨대, 역사 학자들은 재정적인 측면에서의 발전 과정을 연구하는데 있어서 문화적 요인의 연관성을, 사회학자들과 문화 인류학자들은 경제적 현상과 문화적 현상 간의 접점을, 경영 경제학자들은 조직 내의 문화적인 프로세스에 대해서, 사회 지리학자들은 예술과 창의 산업 영역의 발전 과정에서 발견되는 지리적 요인의 영향 관계에 대해 다루기 시작했다. 그리고 문화 경제학자들은 예술의 경제학에 대해 심도있는 연구를 시작 했다. 사회학자인 레이 Ray와 세이어 Sayer는 문화와 경제 간 접점에 대해 관심이 급증하는 현상에 대한 연구에서, "문화론적전향 cultural turn"이라는 용어로 특징 지었다(Ray & Sayer, 1999).

우리는 다양한 종류의 대화창 conversation에 참여할 수 있다. 궁극적으로 이 책에서 고민하고 있는 최고의 선택에 대해 이해하고자 한다면 어떤 대화창이 적합할 것인가? 자신이 중요하게 생각하는 가치를 추구하면서 경제 생활의 복잡한 내용들을 이해하려고 할 때 어떤 대화창이 타당할 것인가?

여러분이 보수 경제학적 방식에 익숙한 사람이라면, 이미 여러분은 저자가 보수 경제학과는 차별적인 방향으로 경제 구조에 접근하고 있음을 알아챘을 것이다. 이 책에서는 경제학의 기본 개념임에도 불구하고 오랫동안 간과되어 왔던 가치 value와 재화 goods에 대해 새롭게 조명해 보고자 한다. 이를 통해 경제학에 대한 새로운 이해를 돕고, 우리가 살고 있는 이 세상의 일상 속의 경제구조, 경제활동에 대해 새롭게 정리해 보고자 한다. 그 첫 번째 단계로 "대화창 conversation"에 대한 개념부터 소개한다.

비유로서의 개념, "대화창 conversation"

본서에서 여러분은 몇 가지 비유적인 단어를 만나게 될 것이다. 대화창 conversation, "실천 practice", "프랙시스 praxis"는 곧 여러분이 접하게 될 중요한 개념들이다. 특히, 필자는 경제학에서 대화창이라는 비유에 대해서만 단행본으로 비중있게 다루어 분석한 바 있다(Klamer, 2007). 간략하게 설명하자면, 필자가 정의하는 비유적 의미로서 대화창이란, 한 집단의 사람들이 어떤 특정 주제에 대해 특정한 방법으로 유기화된 아이디어를 교환하는 것을 뜻한다.

그 특정 주제에 대한 대화는 특정한 시간 혹은 특정한 상황에서 일어나기도 한다. 하지만 대개는 하나의 주제를 두고 일정 기간 동안 다양한 장소에서 다양한 사람들이 참여하여 일련의 범주를 구성하게 되는데, 이를 비유적으로 표현하여 필자는 대화창이라고 지칭한다. 예컨대, "과학"이나, "예술", "정치", "사업", "스포츠" 등 각 분야는 각기 다른 범주로 독특한 대화창을 구성하고 그 속에서 일련의 성과를 축적한다. 각 범주는 다시 세분화된 여러 가지 대화창을 구성한다.

즉 "과학"이라는 대화창 안에 "물리학"과 같이 세분화된 대화창이 생성된다. 또한 물리학의 하위에는 "열역학", "소립자" 등의 대화창들로 구분된다. "경제학" 역시 "게임이론", "미시경제학", "문화경제학", 그 외 다양한 주제들(경제학 저널의 범례를 보면 알 수 있듯이)을 다루는 대화창들로 구성된다.

한 가지 주의할 점은, 저자가 사용하는 이 개념은 일반적으로 '떠들고 있는 사람들'에 대해 다루기 위한 것이 아니라는 점이다. 독일 출신 철학자인 위르겐 하버마스 Jürgen Habermas가 제시한 소통 행위 communicative action에 대해 이해한다면, 필자가 의도하는 개념을 좀 더 쉽게 이해할 수 있을 것이다(Habermas, 1984). 특히 필자는 "대화창"이라는 용어를 사용함에 있어, 영국 출신 철학자, 마이클 오크셧Michael Oakeshott(1901-1990), 독일 출신 철학자인 한스 게오르그 가다머Hans Georg Gadamer(1900-2002), 미국 출신 실용주의자인 리처드 로티Richard Rorty(1931-2007)와 랜달 콜린스Randall Collins(1941-)와 그 맥락을 같이하고 있음을 밝힌다. 이러한 비유의 개념을 택한 목적은, 실천practices에 대한 탐구를 구체화하기 위해서이다. 또한 어떤 특정한 맥락에서 특정한 주제들을 이해하는 것, 특정 주제를 다룬 논증, 습관이나 관습, 행동 규범들을 이치에 맞게 규명하기 위해서이다.

본 맥락에서, 필자는 대화창을 일종의 공유된 실천shared practices으로서 제시한다. 관련하여, 공유재shared goods, 공유된 실천shared practices이라는 개념에 대해서 제6장에서 자세히 다룰 것이다.

그렇다면 여러분은 어떤 대화창 안에서 활동하고 있는가? 혹은 어떤 종류의 대화창 안으로 들어가고 싶은가? 만일 여러분이 어떤 분야의 전문가로 살고 있다면 자신의 세계를 실현하기 위해서, 또한 자신의 삶과 일을 추구함에 있어 최고의 선택을 하기 위해서, 여러분은 반드시 어떤 종류의 대화 범주에 속해야만 한다.

문화, 경제, 경제학, 예술의 관계를 이해하는 여섯 가지 대화창

이론을 실무적으로 활용하기 위해 경제와 문화의 유기성에 대해 용이한 이해를 돕기 위해, 두 가지로 구분된 경제, 즉 경제(E)와 문화 사이의 관계, 과학적 학문으로서의 경제학(e)과 세 가지로 구분된 문화의 정의(C1, C2, C3)로 세분화하여 여섯 가지 유형으로 그 관계를 조명해 본다.

1. 문화는 경제학 및 경제와 무관하다

이와 같이 이해하는 이해창은 필자가 경제학을 공부하던 시절의 지배적이었던 방식으로, 여전히 정계, 재계, 저널리즘에서 범용된다. 이와 같은 이해 방식에서는 문화의 개념이란 아예 존재하지 않는다. 교수법에도 없고 적용되지도 않는다.

여기서 기본적인 전제는 문화(C_1, C_2, C_3)와 경제학적 과정 사이에는 중요한 영향 관계가 없다는 것이다. 만일 이 문제에 대해 어떻게든 답변이 요구된다면, 상당수의 경제학자들은 문화적 요인들을 자신의 모델에 어떻게 도입해야 하는지 알 수 없다고 할 것이다. 그 사람들은 문화적 현상, 가령 민족 문화나 예술의 부흥이나 쇠퇴와 같은 요인의 중요성에 대해 이해하지 못할 뿐더러, 경제에서 문화라는 개념은 그다지 중요치 않기 때문에 자신들의 분야인 경제학에서는 고려하지 않아도 된다고 인식한다.

이 소통 범주에서 문화(C_1, C_2, C_3)는 경제(E)와 무관하다.

$$E \quad \Longleftrightarrow\!\!\!\!\!\times \quad C_1,\ C_2\ or\ C_3$$

필자 역시 경제학자이다. 그러나 분명히 밝혀 두고자 하는 것은 경제학자로서 필자 역시 이러한 논리의 대화창에서 어느 정도 지식을 차용한다 할지라도, 이 범주에서 추구하는 방식은 이 책에서, 그리고 가치 기반 접근법에서 추구하는 바가 아니라는 점이다.

2. 경제는 문화와 무관하다

예술사를 다루고 있는 책이나, 소설, 역사, 사회학, 인류학, 고고학 또는 철학 분야의 학자들과 얘기를 나눠보면, 그 대화 속에서는 경제의

'경'자도 찾기 힘든 경우가 허다하다. 문화 예술과 관련된 토론에서 초점은 오직 문화에만 머무를 뿐, 대체적으로 금전적인 사안에 대해서는 묵과해 버리는 경우를 적지 않게 본다. 가격이나 수입, 재정 상태, 시장에서의 거래 등 여타 재정적인 요인들에 대한 얘기는 전무후무하다.

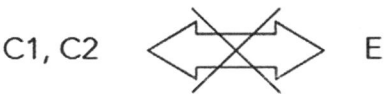

이와 같은 대화창을 좀 더 적극적으로 발전시켜 보자. 문화는 문명의 '선험적인 부분'을 상징한다. 여기서 문화란 예술, 과학, 종교 뿐아니라 다른 영역들(자연주의자들, 스포츠팬과 같은)도 포괄하고 있으며, 문화적 실천은 세속적인 것들(의식주, 사회적 지위, 월급봉투)을 넘어서는 어떤 것을 추구한다. 말하자면, 이러한 맥락에서 문화적 실천이란 진, 선, 미, 영적인 것, 신성함 등에 대한 탐구 의지로 표현된다.

그리고 이 범주에서 일어나는 대화에는 어쨌든 경제와 관련된 내용들도 포함하고 있는 문학 작품들이 포함된다. 가령, 찰스 디킨스Charles Dickens나 존 슈타인벡John Steinbeck, 토마스 울프Thomas Wolfe의 소설들이 그러하다.

필자가 자연 과학부와 인문학부에서 일하는 동료들의 얘기를 들어보면 자신들의 이해방식에서는 지식, 미, 진실, 인간 감성과 유관한 모든 문화적 현상들을 경제와 관련된(사실, 대부분 금전적인)요인들과 유리시킨다고 한다. 또한 상당수의 예술가와 예술 분야에서 일하는 사람들도 이런 범주의 대화창을 고수한다. 말하자면, 그들은 '예술적인'이라는 단어로 모든 것들을 대체하고 경제에 관련된 제반 사항들은 구석 한켠으로 처박아 놓는다는 것이다.

더 중요한 점은 이 범주에는 종교계, 영적인 영역에 종사하는 사람들도 연관된다는 것이다. 예컨대, 달라이 라마Dalai Lama는 경제와 관련된 사항들을 언제나 보다 넓은 선험적인 맥락으로 이해할 것이다. 그는 상업 활동에 몰두하거나 돈을 추구하는 행위를 수행을 방해하는 요소들로 특징 지을 것이다.

필자 역시 문화주의자들의 토론에 쉽게 참여하는 편이기는 하지만, 경제학자로서 양보할 수 없는 것은 이 범주의 대화창에서도 금전적인 부분을 간과해서는 안된다는 점이다.

3. 경제학은 문화에 중요하다

문화 경제학자들은 경제학적 분석 도구들을 예술계에 적용하는 방법에 대해서 탐구해 왔다. 아마도 여러분은 문화 경제학자들의 소통 방식을 경제학 지상주의의 일면으로 치부할 수도 있다. 경제학자들은 사랑에서부터 자살까지, 예술이나 종교, 과학 등 다양한 분야를 경제학적 시선으로 인식하는 경향이 있다. 예컨대, 게리베커Gary Becker는 결혼이란 합리적인 선택에 의해 발생하며, 합리적으로 비용 효과를 계산하여 도출한 결과물이라고 주장하였다(Becker, 1976). 자녀와 관련된 선택이나 신에 대한 믿음의 문제, 예술이나 과학에 대한 것들도 모두 같은 맥락으로 이해되곤 한다.

"중요한 것은 경제학이다"라는 대화창에서는 보수 경제학적 분석 도구들이 총출동하여, 시장, 합리적 선택, 탄력성, 소비자 잉여, 조건부 가치 평가, 외부 효과 등과 같은 개념들에 대한 격론이 오갈 것이다.

이 대화창을 지배적으로 이끌 사람들은 바로 경제학자들이라는 점은 충분히 예상할 수 있다. 경제학자들 중 종교와 과학 현상을 분석(Oslington(2003), Mirowski and Sent (2008)을 참조)해 온 무리들이 있고, 그 중 문화 예술과 관련된 분야들을 분석하고 연구하는 경제학자들을 문화 경제학자라고 일컫는다. 저명한 경제학자 윌리엄 보몰William Baumol(1922-)을 필두로하여, 데이비드 스로스비David Throsby, 브루노 프레이Bruno Frey, 루스 타우즈Ruth Towse, 프랑수아 즈베나무Françoise Benhanou 등은 이 분야에서 손꼽히는 대가들이다.

e ⟹ C3 (the arts)

만일, 여러분이 경제학자들이 사용하는 그 독특한 논증 방식(합리적 선택, 기회 비용, 한계 비용, 게임 이론 등)을 더없이 선호한다면, 이 범주의 소통방식은 참으로 매력적으로 느껴질 것이다. 그러나, 그반대의 경우라면, 도대체 사람들은 왜 이런 담론에 시간과 노력을 쏟아 붓는지 의아스러울 수 밖에 없다. 문화 경제학자들이 강조하는 바는 학문적 정당성과 더불어 이론의 실천적 적용이다. 문화경제학의 대화창은 정책 입안과 유기적으로 밀접하게 발전되어 왔다.

4. 예술은 경제에 중요하다

문화 경제학자들 중 특히 정계 및 문화계 출신 문화 경제학 인사들은 예술 및 예술가들의 역할이 경제에 미치는 영향에 대해 중점적으로 다루고 싶어한다.

이 범주에서 토론의 주제는 당연히 문화와 관련된, 특히 예술의 경제적 파급효과에 대한 것으로 수렴된다. 예를 들어, 어떤 도시경제가 예술가들의 창작활동과 그로인해 조성된 창의적인 분위기로 인해 다른 도시들보다 더 나은 경제적 성과를 얻은 사례나, 부실하게 돌아가는 도시 경제구조가 예술 활동을 투입시킴으로 인해 재생에 성공했다는 사례, 어떤 도시에서는 창의 산업이 번성하지만 또 어떤 도시에서는그렇지 못하더라는 주제, 마지막으로 문화(C3)가 관광객(과수입) 유치에 큰 몫으로 기여한다는 것을 입증하고자 하는 주제들이 중심이 된다.

$$C3 \Rightarrow E$$

이러한 논리에 따라 예술의 경제적 효과에 대해, 빌바오의 구겐하임 박물관은 좋은 사례로 회자된다. 비록 빌바오의 사례에 대한 어떤 확정적인 평가가 내려진 것은 아니지만, 일반적인 맥락에서 이 사례는 예술의 경제적 파급 효과를 보여주는 전형적인 예로 인식되어 왔다. 한때 황량했던 스페인의 한 도시가 구겐하임 미술관으로 인해 수많은 관광객을 유치하고 새로운 비즈니스를 창출하여 도심을 재생시키고 경제 회생을 이룬 모범적인 성공사례로 간주된다.

이 대화창에서 다루어지는 주제들을 대하면서 주목해야 할 점은, 문화예술기관들이 경제와 긍정적인 상관 관계에 있다는 사실이다. 리처드 플로리다Richard Florida는 지역 경제 발전에서 창조 계급의 영향력에 대해 이목을 끄는 논증을 발표했다. 창조 계급은 창의 산업의 원동력으로 그 중요성이 꾸준히 강조되고 있고, 정책 입안자들은 새로운 박물관, 극장, 축제와 같은 문화관련 기관들이 만들어 낼 경제적 효과에 호소하며 예술에 대한 투자를 강조할 것이다(Florida, 2002). "창조 도시"에 대한 주제를 다루고 있는 저작물들은 대개 같은 지점을 가리킨다. 예컨대, 도시 재생에 대한 예술가들의 기여도(뉴욕의 소호 지역의 사례), 어떤 지역에 문화 관련 기관이 들어설 때 부동산 시장에 미치는 영향 등을 보여주는 연구물이 주로 제시된다.

이러한 이해 방식에서 예술은 경제 과정을 위한 도구로 전락한다. 목표는 분명 경제 성장에 있고, 예술은 경제 성장을 뒷받침하기 위한 존재로 인식된다.

5. 문화는 경제에 중요하다

"문화는 경제에 중요하다"라는 범주에서, 논의의 초점은 문화가 미치는 경제적 파급효과 뿐 아니라, 인류학적 의미의 문화(C1)와 문명(C3)으로 해석되는 영역까지도 포함한다. 막스베버 Max Weber(1864-1920)에 따르면 북유럽 국가에 자본주의를 부흥시키고 경제 성장에 혁혁한 기여를 한 것은 바로 기독교 문화라고 한다(Weber, 2001). 경제 인류학자들은 보수 경제학자들과는 달리, 이 계보를 따라왔다. 짐작컨대, 일반적인 경제학 서적에서는 문화의 개념에 대해서는 찾아보기가 힘들 것이다.

최근, 데어드로 맥클로스키 Deidre McCloskey, 버질 스토르 Virgil Storr, 로버트 래인 Robert Lane(실제로 정치적인 과학자이긴 하지만)과 같은 경제학자들은 베버의 뒤를 이었다. 예컨대, 맥클로스키는 가치와 덕목이 경제 과정에 미치는 영향력에 대해 연구하면서, 17세기초 네덜란드의 황금시대와 18세기 후반과 19세기의 경제성장에 대해 실증적으로 다루고 있다.

2000년, 로렌스 해리슨 Lawrence Harrison과 새뮤얼 헌팅턴 Samuel Huntington(1927-2008)은 문화의 중요성 : 가치 형성과 인간의 진보에 관하여 Culture Matters : How Values Shape Human Progress(Huntington, 1997)를 출판했다. 이 제목 자체가 모든 것을 암시한다.

필자는 이 시점에서 프랑스 출신 사회학자 인피에르 부르디외 Pierre Bourdieu(1930-2002)를 언급하지 않을 수 없다. 그는 경제 요인이 문화에 미치는 영향에 대해 권위있는 주장을 펼쳤을 뿐 아니라, 예술 및 다른 영역의 지식은 문화 자본Cultural capital을 나타내고, 문화 자본은 경제 자본 축적에 필수 불가결한 것임에 대해 논증을 펼쳤다. 그래서 문화는 경제에 중대한 영향을 끼친다(Grube&Storr, 2015).

근래에 문학, 역사, 사회 지리학자들은 "문화의 중요성"에 대한 주제를 다루면서 각 분야별로 특징적인 담론의 가지들을 키워 나갔다.

예를 들면, 잉거 렌스만Inger Leenmans은 17세기 초반 네덜란드의 황금기에 나타났던 네덜란드의 독특한 문화적 특징들의 중요성에 대해 정리했다(Leemans&Johanners, 2013; Goede de, 2005).

"문화의 중요성"이라는 대화창에서 중요한 또 한가지는 경제학을 다룬 저작물 안에서 문화에 대한 논의를 다루었다는 점이다. 1700년도에 일어났던 일본의 경제부흥의 열쇠가 성공적인 기업 전략의 가치에 있다고 회자되면서 이 주제는 경영 경제학자들을 매료시키게 된다(Cameron & Quinn, 1999; Waterman & Peters, 1982). 네덜란드 출신 학자인 호프 슈테드Hofstede는 세계 각지에 있는 IBM 지사들 간에 존재하는 문화적 차이점들을 발견하고 이와 관련하여 경이로운 연구물을 남겼다(Hofstede, 2003). 이 연구는 문화 경제학의 영역에서 본격적으로 확장되어 진행되었고, 문화가 조직 내부에 미치는 영향, 문화와 조직 성과 간 상관 관계, 조직 문화 경영이라는 주제들로 발전하게 되었다(Beugelsdijk&Maseland, 2014).

이 모든 논의들은 현재 세간의 이슈가 되는 주제들, 즉 문화는 단지 기업이 위치하고 있는 외부적 환경 요인의 하나로서만 중요한 것 만이 아니라, 기업 자체 내의 문화가 기업의 활동 성과에 중요한 영향을 미친다는 사실을 공론화 시키는데 일조했다.

또 다른 주요 논점은 기업의 창의적인 과정에 대한 것으로, 가령 예술가들이 그러한 과정들을 디자인하고 실현 시키는데에 어떻게 기여할 수 있는가 하는 주제들을 다룬다.

이와 같은 관점에서는 정책 입안자들과 기업 리더들은 인류학적 의미에서의 문화, 특히 예술이라는 영역에 대해 관심을 가져야할 필요가 있다. 그 쟁점은 다음과 같다. 문화는 경제를 일으키는 동력을 제공하기 때문에, 정책 입안자들은 문화와 예술에 관심을 기울여야 하고, 기업의 조직 문화는 기업의 성과와 대단히 중요한 상관 관계에 있기 때문에, 기업의 리더들은 이러한 소통의 범주를 이해해야 한다. 말하자면, 강인한 문화는 기업을 강인하고 지속 가능한 조직이 되도록 이끈다. 적어도 저자는 그렇게 제안한다.

6. 경제는 문화속에 내재되어 embedded 있다

마지막으로 경제와 문화의 유기성을 규정하는 데 있어 경제 현상을 문화 현상의 하나로 이해하는 방식을 소개한다. 이는 필자의 연구에 가장 밀접한 논리이다. "경제는 문화 속에 내재되어 있다"라는 대화창에서, 문화는 삶의 지향점이나 거래, 무역, 소비, 생산 등과 같은 일반적인 기업 활동을 문화 현상의 하나로 인식한다.

여러분이 막 그림 한 점을 완성했다고 가정해 보자. 그림을 그리는 작업은 그냥 일상적인 활동 중 하나일 것이다. 그러나 이 활동은 자신이 중요하게 생각하는 가치, 본인이 소속된 문화권과 연관되어 있다. 석기시대에는 그림을 그리는 작업이 대중적인 활동이 아니었다. 만일 여러분이 석기시대에 살았다면, 그림 그리는 여유를 누리기 위해서는 주술사나 영매처럼 여러분은 사회적으로 어떤 특별한 지위에 있었어야 한다. 만일 여러분이 17세기에 네덜란드 문화권에서 살았다면, 여러분은 그림을 그리기 위해서는 장인의 위치에서 자신의 가치를 실현해야만 했을 것이다. 또한 길드의 조합원이 되어야 하고 그 분야와 관련된 관습과 의례를 존중해야만 한다. 길드에서는 그림을 팔기도 한다. 한편, 현대 상류 예술계에서 활동하고 싶다면, 여러분은 동료 예술가들로부터 지지를 받아야 할 것이다. 자신의 작품이 현대미술관에 소장되기를 바라거나 유명 수집가의 눈에 들기를 바란다면 미술계에서 영향력 있는 인사들과 어울리기도 해야 할 것이다. 또 어쩌면 유명한 비평가의 평을 받을 수도 있다! 어쨌든 이 모든 경우, 여러분은 각기 다른 문화권 안에서 활동하게 되는 것이다.

"경제는 문화 속에 내포되어 있다. 경제는 문화의 한 부분이다."라는 논리로 경제와 문화의 관계를 이해하는 대화창에서는 관심사를 일으키는 요인이 무엇인가가 중요하다. 사람들의 행동은 본인이 속한 문화권의 관심사를 반영한다. 사람들의 행동은 무엇을 함축하고 있는가? 분명, 현대 사회에 살면서 길드의 사례를 꺼내는 것이 다소 연관성이 없어 보일 수도 있다. 혹은 어떤 예술가들은 동굴 벽화를 그리던 시대로 돌아가 예술 활동과 함께 보장되는 사회적 지위를 누리고 싶어할지도 모르겠다.

분명한 사실은 인간의 행동은 어떤 의미를 함축하고 있고, 우리는 그 행동 가치에 대해 판단하고 싶어한다는 점이다. 특히 그 의미와 특징들을 해석하는데 있어 우리는 (문화적) 맥락을 고려하게 된다. 기업 활동이든, 일이든, 쇼핑이든, 우리는 사물과 행동에 의미를 부여하고 그 가치를 평가한다. 그러한 과정을 통해 우리는 자신과 타인에게 가치있는 것, 의미있는 것을 생성한다. 인간은 유의미한 일을 하기 위해서, 또한 자신과 타인이 하는 일을 이해하기 위해서 문화적 맥락을 필요로 한다. 반호스덴의 예를 참조하라(Klamer, 1996).

이와 같은 이해 방식에서 사람들의 행동을 눈여겨 보게 되는 데는 주된 목적은 다음과 같다. 즉, 사람들이 사물과 행동에 부여하는 의미와 가치들, 그리고 그들의 행동을 자아내는 가치와 의미들을 분류하여 해석하고, 특성화하기 위함이다. 미국 출신 인류학자인 클리포드 기어츠 Clifford

Geertz(1926-2006)는 발리의 사례를 들어 실증적인 연구를 진행하였다. 이를 통해 문화는 – 발리의 닭 싸움과 같은 – 일상적인 의례를 통해 구체화된다는 사실을 해석적으로 설명하였다. 그의 저서, 심층적 놀이 : 발리 섬에서의 닭 싸움에 대한 노트 Deep Play : Notes on the Balinese Cockfight는 문화를 어떻게 "읽어야 할지" 잘 보여 준다(Geertz, 2005).

최근 스미스의 저작물들을 재해석하는 작업들이 이루어지면서, 경제학의 아버지로 불리는 애덤스미스 Adam Smith 역시 이러한 대화창에 동참하고 있다는 행적이 곳곳에서 발견되었다. 그의 초기 저작물인 도덕감정론 Theory of Moral Sentiments을 염두에 두고 국부론 The Wealth of Nations을 읽어 본다면, 사람들은 바른 선택을 하기 위해 자신들의 도덕적 감정에 부응한다는 것을 알 수 있다(Smith, 1776). 도덕감정론에서 스미스는 도덕적인 삶을 추구하는 사람들에 대해 묘사한다. 그 사람들은 타인을 동정하고 고결함을 추구한다. 그러나 국부론에서 스미스는 시장 논리에서는 동정심과 미덕이 사라져 버리게 되는 문제적 상황에 처하게 된다. 시장은 우리가 호의를 청하거나 동정심에 호소하기 힘든 독특한 상황을 만들어내는데, 사실 그 이유는 단순하다. 대개는 서로가 거래 상대자에 대해 친숙하게 잘 알지 못하기 때문이다. 이러한 이유로 스미스는 그 유명한 논쟁을 불러 일으켰던 '자기애'라는 것에 호소하게 된다. 이어 스미스는 시장을 사회의 한부분으로서 서둘러 편입시키려 한다. 사회라는 범주에서는 동료들에게 도덕적으로 행동하고 자선을 실천할 수 있는 충분한 여지가 있기 때문이다. 여기에 도덕감정론의 주요 포인트가 있다. 그리고, 스미스가 가장 많은 공을 들인 부분이기도 하다.

"경제는 문화의 한 부분으로 내재되어 있다"라는 비전은 칼 폴라니 Karl Polanyi(1886-1964)의 저작물에서도 찾아볼 수 있다. 경제 역사학자인 폴라니는 다양한 종류의 경제 관련 제도들, 그 중 특히 시장에 대해 탐구하면서, 시장은 일반적인 것이 아니라 역사적인 맥락에서 이해해야 한다고 주장한다. 시장이라는 제도는 어떤 조건 하에서는 원만하게 기능하기도 하지만 또 어떤 조건 하에서는 그렇지 않기 때문이다. 어떤 역사적인 문화 배경에서는 아이들을 사고 파는 것이 가능했다. 그러나 근대 서구 사회에서 그러한 관습은 허용되지 않는다. 높은 보너스는 어떤 상황에서는 성공의 신호로 보이기도 한다. 하지만, 또 다른 문화적 배경에서 그것은 부도부도덕적인 것으로 간주되기도 한다. 핵심은 이러하다. 이 모든 것들이 문화의 문제로 귀결된다는 것이다.

경제 사회학자들, 예컨대 마크 그라노베터Mark Granovetter와 비비아나 젤리저Viviana Zelizer와 경제 인류학자인 스테펜 구드만Stephen Gudeman 역시 이와 비슷한 맥락으로 경제 과정 및 현상에 대한 연구를 한 바 있다 (Granovetter, 1985; Zelizer, 2005; Gudeman, 2008).

삶을 의미 있게 만드는 것, 오이코스 자체로서 우리의 삶, 교우 관계, 사회, 예술, 종교, 과학의 콘텐츠를 필자는 C로 정리하고자 한다. 이를 위해 우리는 특정한 소통 방식, 이를테면, 바로 먼지 자욱한 캄팔라 거리에서 구했던 그 배너의 내용을 수용할 수 있는 구조에 대한 이해가 필요하다. 자, 그렇다면 이제 우리는 문화에 대해서, 그리고 자신에게 정말 중요한 것이 무엇인지에 초점을 맞추고 생각해 보자. 그리고, 어떤 상황이 전개될지 한번 살펴보기로 한다.

그 첫 번째로 일어날 상황은 적어도 이 책을 통해서 우리는 가치, 더 구체적으로는 가치의 실현이라는 것에 주목하기 시작했다는 것이다.

03
가치를 실현 한다는 것

사람들은 누구나 특정한 문화권에 소속되어 있고 그 범주 속에서 행동한다. 그 범주는 각자의 오이코스가 될 수도 있고, 직장이나 특정한 직업군, 거주하고 있는 도시, 또는 어떤 사회가 될 수도 있다. 그 형태가 무엇이건 간에 사람들은 그 문화권 안에서 행동 함으로써 자기가 원하는 가치를 실현하고자 한다. 나 역시 가치를 실현하기 위해 다양한 활동들을 한다. 크리스마스를 맞이하여 가족 모임을 계획하고, 친구를 만나기도 하고, 연극도 관람하며 당연히 쇼핑도 한다. 직장에서는 기관 간 합병을 모색하기도 하고 강의도 하고, 전시회를 계획하거나 개인적인 예술 활동에 시간을 할애하기도 한다. 또한 정치인이기에 의회에서 연설도 하고 새로운 법안에 소중한 한 표를 던지기도 한다.

앞서 말한 아주 다양한 활동들 외에도 퇴근 후 개인적인 저녁 시간 스케줄을 정리하면서 가장 중요하게 고려하는 것은 추구하는 가치와 우선순위이다. 퇴근 후 집에 가서 멍하게 텔레비전 앞에 앉아 있을 수도 있겠지만, 아이들과 함께 무언가 한다거나 다같이 공연장에 갈 수도 있다.

이 모든 행동들의 궁극적인 목적은 내가 원하는 가치를 실현하기 위해서이다.

한 극단의 일화를 들어보자. 만일 그 극단에서 다음 시즌을 준비하면서 완전히 다른 형태의 공연을 기획하고 있다면, 그 행동에는 무언가 다른 중요한 가치를 실현하고자 시도하고 있다는 것을 시사한다. 공연가에 새로운 바람을 불러 일으키고 싶을 수도 있고, 극단의 역량을 테스트하고 싶어하는 것일 수도 있다. 아니면 새로운 타입의 관객층을 개발해 보려는 것일 수도 있다. 이외에도 수많은 사례들이 있겠지만 중요한 것은 개인이든 단체이든 어떤 행동을 하는 이유는 자신들이 원하는 어떤 가치들을 실현하기 위해서이다.

그렇다면 우리는 모든 활동을 할 때 의식적으로 각자에게 중요한 어떤 가치를 실현하고자 통제하는 것이 가능한가? 이 때 중요하게 작용하는 동력은 바로 가치라는 점을 명시하고 싶다. 사람들은 특정한 가치를 인식하게 되거나 의식한 후, 행동이라는 실천 방식으로 그 가치를 실현하고자 한다. 그리고 일부는 그 행동에 대해 스스로 평가하기도 한다.

(나 역시 잠자리에 들기 전, 저녁시간을 잘 보냈는지 나름대로 평가해 보게 된다. 영혼없이 텔레비전 앞에 앉아 시간을 허비했는지, 아이들과 즐거운 시간을 보냈는지, 저녁에 관람했던 연극에서 어떤 감흥을 받았는지 등을 떠올려보게 된다.)

여기서 강조하고 싶은 핵심은 이것이다. 기본적으로 사람은 본인이 어떤 가치들을 의식하고 있느냐에 따라 행동이 달라진다. 즉, 가치에 대한 인식은 행동의 변화를 유발한다. 사람들은 본인이 의식하고 있는 가치의 발현valorization을 위해서, 혹은 가치를 실현making value real하기 위해서 활동한다.

가치 실현의 의미는 두가지 요소로 정리된다.

인식(awareness)	실현(making real)
• 본인이 지니고 있는 가치를 인식하는 것	• 본인이 지니고 있는 가치를 실현하는 것
• 타인이 지닌 가치를 인식하는 것	• 타인이 지닌 있는 가치를 실현하는 것

도표 3-1 가치 실현(realizing values)의 의미

특히 박물관, 극장, 오케스트라와 같은 문화기관들, 종교단체들, 학계에서는 가치 실현에 대한 주제에 중점을 둔다. 적어도 이론상으로는, 이러한 분야의 이해관계자stakeholder들은 그러한 역량을 갖고 있다고 전제된다. 잘나가는 박물관의 디렉터들은 그 기관이 중요하게 여기는 가치를 실현하기 위해 여러 가지 훌륭한 전시를 기획하려고 한다. 그리고 방문객들은 명작의 중요성을 의식하고 있기 때문에 그 박물관을 찾을 것이다. 다른 기관들도 마찬가지이다. 자선 및 기부 활동, 나아가 회계법인이나 로펌도 같은 논리로 움직인다. 변호사들은 훌륭한 변호사가 되기 위해서, 회계사는 훌륭한 회계사가 되기 위해서 의식을 가지고 행동할 것이다.

필자가 사용하는 용어 중, 가치의 발현valorization이라는 것은 밀접하게 관련된 가치들을 실현하는 것을 의미한다. 이 용어는 종종 단순히 금전적인 가치나 교환 가치의 생성, 예컨대, 가격 결정을 위해 물건을 판매하는 행위 따위로 해석되기도 한다. 그러나, 여기서 나는 이 용어가 금전적인 가치를 포함하여, 예술적인 가치나 사회적인 가치와 같은 중요한 다른 가치들도 포함하는 개념이라는 것을 분명히 해 둔다. 어떤 예술가가 작품 활동을 할 때 그 예술가는 작품을 팔기 위해서 그림을 그릴 수도 있겠지만, 그 그림이 예술계에서 인정 받아 약진을 이루는 작품으로 남기를 바라면서 그림을 그리기도 한다. 가치의 발현이란 유기적으로 관련된 가치들 – 금전적이든지 비 금전적이든지 – 을 실현하는 것을 의미한다.

이 책에서는 최고의 선택을 하도록 하는 것을 목표로 어떤 가치를 어떻게 실현해야할 지 여러 가지 예제를 통해 관찰하고 분석하는 데 초점을 둔다. 그 예제들을 통해서 눈 여겨 보아야 하는 것은 최고의 선택을 내리도록 영향을 미치는 것은 무엇인지, 또 그렇게 하지 못하게 하는 요인은 무엇인지 본질적인 원인과 이유를 찾는 데 있다.

대학의 예를 보자. 가치 실현에 집중하는 일은 바로 필자가 대학에서 동료 학자들과 오랫동안 계속 해 오고 있는 일이다. 나와 동료들은 대학교에서 과학을 실천하고 가르친다. 물론, 우리 같은 과학자들은 서로를 질투할 수도 있고 소극적인 적대 관계를 형성할 수도 있다(나 역시 그런적이 없었다고는 할수 없다!). 또한 세상의 주목을 끌고 싶을 수도 있고 금전적인 보상에 목표를 둘 수도 있다. 본인과 생각이 다른 동료나 제대로 학업에 열중하지 않는 학생에게 비신사적으로 대할 수도 있다. 하지만, 이러한 상황들에서 분별력 있게 대처한다면, 진리를 추구하는 학자로서의 헌신과 동료 간의 협조의 필요성에 호소할 것이다. 머튼Merton은 과학에서의 마태 복음 효과Matthew Effect in Science에서 과학자들의 과학적인 가치들과 그들의 실제 행동 사이의 차이점에 대해 기술하고 있다(Merton, 1968). 그러한 모든 것들을 통해서 우리는 과학적인 그리고 사회적인 가치를 발현한다.

분명히 수많은 노력과 오랜 연구의 결과로 많은 가치들이 발현될 것이다. 우리는 학계에서 흔히 말하는 많은 성과들을 낼 수도 있고 사람들로부터 대단하다고 인정을 받을 수도 있을 것이다. 그러나 우리 역시 완벽한 존재가 아니기에 시간이 흐른 후 스스로를 돌아보면서 각자 약점에 대해 고백할지도 모른다. 심리학자들은 이를 그림자 영역shadow side이라고 말하기도 한다. 필자의 경우, 완벽한 척 하면서 세상의 이목을 끌기 위한 연구물에만 집중할 때와, 진실성을 추구하고 최고의 선택을 돕기 위한 경제학, 제대로 된 경제학을 가르칠 때, 둘 중 어느 편이 내면의 그림자로부터 자유로울지, 내가 추구하는 가치와 부합할지 저울질해 보면 답은 나온다.

문화계는 가치의 실현을 추구하는 분야이다. 적어도 문화 관련 기관의 "진지한" 리더나 "진지한" 예술가들은 정말 그러한 가치의 실현을 지향한다. 미술관은 예술에 헌신하고, 극단은 극장에 헌신한다. 로테르담 필하모닉의 예술 감독은 한번도 시도해 본 적 없는 말러 5번을 연주하기 위해 최고의 음악가들과 최고의 지휘자를 영입하고 싶어한다. 혹은 신진 지휘자에게 지휘봉을 내어주고 실험적인 장르의 연주도 시도해 보고 싶어한다. 어쨌거나 예술 감독의 목표는 최고의 조건으로 대곡을 연주하는 것이다.

이 목표를 추구하기 위해 예술 감독은 실험적인 예술을 거부하는, 일반적인 대중의 기준에 맞서야만 한다. 또한 상업적 논리로 일관하는 매니저들의 회의적인 반응과 이와 같은 혁신적인 시도를 꺼리는 음악인들과도 잘 조율하는 과정이 필요할 것이다. 귀에 익은 음악을 선호하는 대중의 취향 역시 감안해야 할 것이다. 말하자면, 이 예술 감독은 여흥과 오락을 추구하는 욕구에 반하는 편에 서 있으면서도, 파산만은 면하기 위해서 창의적으로 자신의 음악적 가치를 실현하는 방법을 찾아야 할 것이다.

네덜란드 시인 중에 루체베르트Lucebert는 이런 말을 한 적 있다 : "가치 있는 모든 것은 불안정하다." 네덜란드 문화계에 종사하는 사람이라면 이 인용구가 문화 예술계에서 반복되는 딜레마를 묘사하는데 자주 사용된다는 점을 잘 알고 있을 것이다. 좀 더 위대한 작품과 음악, 연극을 만드는 작업과 같이 각자에게 중요한 가치들을 실현하고 더 나은 활동을 위해 그들은 모든 것을 잃을 수도 있는 위험을 감수하기도 한다. 그렇다면 살아 남기 위해서는, 다시 말해 작품 활동을 이어 가기 위해서는 자신들이 지키고 있는 가치들에서 그저 한발 물러서야만 하는 것인가? 혹자는 그들에게 대중이 원하는 것이 무엇인지에 좀 더 귀 기울이라고 조언할 수도 있다. 하지만 반대로 어떤 이들은 추구하는 가치를 좀 더 강력하게 밀어 부치라고 응원하며, 관객들에게 예술가가 추구하는 대작을 이해시키거나, 타인들 역시 대작을 추구하게 하라고 조언할 수도 있다.

다르게 보는 지혜를 가진 선구자들

경제와 문화와의 유기적 관계를 이해하는 데 있어, 필자는 수많은 학자들이 끊임없는 실천을 통해 일궈 놓은 비옥한 전통을 따라, 앞서 소개한 여섯 번째 이해방식을 전개하고 있다. 특히 경제학 주제에 대해 가치 기반 접근법이라는 구체화된 관점을 개발하는 데 있어, 토마스 아퀴나스 Thomas Aquinas와 애덤 스미스 Adam Smith의 업적들을 비롯해 다양한 심리학적인 연구들(예컨대, 매슬로우의 연구물과 같은), 보다 최근에 이루어진 알래스데어 매킨타이어 Alasdair MacIntyre, 마사 누스바움 Martha Nussbaum, 찰스 테일러와 데어드르 맥클로스키 Charles Taylor and Deidre McCloskey의 업적들의 계보를 따르고 있음을 밝혀둔다. 그리고 로버트 스키델스키 Robert Skidelsky와 같은 경제학자들과 맥락("경제는 문화에 내재되어 있다"라는 여섯번 째 이해방식)을 같이하고 있다. 또한 필자는 아리스토텔레스의 저작물들을 선호한다. 특히, 니코마코스 윤리학 Nicomachean Ethics(Aristotle & Ross, 1959)을 주의 깊게 따른다.

수단과 목적 구분하기 : 좋음 the good은 목적이어야 한다

아리스토텔레스 Aristotle (384-322 BC)는 그리스의 실용주의를 따르는 철학자였다. 그가 문명의 발전에 끼친 대단한 영향력에 대해 의의를 제기하는 이는 없을 것이다. 그 발단은 12~13세기에 학자들이 아리스토텔레스의 저작물들을 라틴어로 번역 하면서부터였다. 아리스토텔레스의 저작물들은 19세기 전반에 걸쳐 철학자들에게 중요한 원천이 된다. 토마스 아퀴나스는 성경과 아리스토텔레스의 사상을 함께 수용했고, 아리스토텔레스를 특별히 '철학자the Philosopher'로 추앙했으며 경제 상황의 도덕적인 문제에 대해 고심하면서 아리스토텔레스의 작품들을 주요 참고 문헌으로 언급했다. 사실 아리스토텔레스의 사상들은 20세기에 들어와서 그다지 빛을 발하지 못하다가, 이내 곧 다시 유행하게 되었다. 아리스토텔레스의 저작들을 부활시키는 데 혁혁한 공을 세운 사람들은 알래스데어 매킨타이어Alasdair MacIntyre와 마사 누스바움Martha Nussbaum으로, 이 둘은 모두 저명한 현대철학자들로 손꼽힌다(MacIntyre, 1981; Nussbaum, 1986).

특히 오늘날 니코마코스 윤리학Nicomachean Ethics은 엄청난 반향을 일으키고 있다. 심지어 비즈니스 매니저들을 대상으로, 아리스토텔레스의 사상을 비즈니스에 접목시키는 방법에 대한 핸드북이 출판되기도 했다.

아리스토텔레스가 아들 니코마코스Nicomachus를 가르치기 위해 글을 썼다는 사실은 흥미로울 수도 있다. 그 글은 다음과 같이 시작한다:

"모든 기술과 탐구, 마찬가지로 모든 행위와 추구는 어떤 좋은 것the good을 목적으로 삼는다. 따라서 좋은 것이란 모든 것이 목적으로 삼는 것이다(Aristotle & Ross, 1959p, 1094a)."

현대 독자의 입장에서는 이 문구를 이해하는 데는 다소 어려움이 있을 수도 있다. 적어도 필자가 학생들이나 전문직 종사자들과 이 문장을 함께 읽었을 때는 그러했다. 특히, 좋음the good의 개념에 대해서 많은 질문과 의견이 제기되었다. 이 책에서 나는 어떤 철학적인 토론을 벌이고자 아리스토텔레스의 저작물을 소개하는 것이 아니다. 다만, 좋음the good[5]을 어

---

[5] 역주 : 여기서 the good은 우리말로 종종 '선'이라고도 번역된다. 그러나 도덕적인 의미에서의 '선'과는 무관하고, the good은 실용적인 의미로 유익한, 유용한의 의미에 더 가깝다. 최근 철학계의 일반적 경향에 따라 '좋음'이라고 옮긴다(김선욱, 정치의 약속, 2007).

떤 사람, 집단, 또는 기관이 추구하는 목적이나 가치로 해석함으로써, 문명의 중추가 되는 지식을 현실에 적용하는 실용적인 태도를 유지하고자 함이다. 조직이나 기업의 경우, 목적은 보통 미션으로 기술된다. 어떤 기관들은 미션을 구체적으로 기술하기도 하지만 대부분은 그렇지 않다. (곧 설명 하겠지만, 이익의 극대화가 미션이 될 수는 없다.)

배우의 목표는 훌륭한 배우가 되는 것이다. 따라서, 그의 좋음은 무대에서 연기를 하는데 있다. 즉 연기를 통해서 배우는 자신의 좋음을 실현할 수 있다. 모자를 만드는 공예가는 훌륭한 모자를 생산하는 실천을 통해 자신의 좋음을 실현한다.

아리스토텔레스는 니코마코스 윤리학에서 아들에게 수단을 목적으로부터 구분할 것을 충고한다. 오늘날에도 이 충고는 여러 가지 상황에서 적절한 교훈을 주는 것 같다. 도구적 이익을 목적으로 착각하는 비즈니스 매니저들에 대해서도, 또한 돈을 아예 인생의 목적으로 삼아버리는 (참으로 많은 수의) 젊은 세대들에게도 경종을 울린다.

따라서 목적이나 목표에 대해 구체화하는 과정은 테라피스트적인 중재 therapeutic intervention로 비쳐질 수도 있다. (서문에서 언급 했듯이 본서는 규범적이거나 설교를 하기 위한 의도는 전혀 없다. 오히려 교화적이고 중재를 하는 방식을 토대로 한다.) 이 접근법은 바로 코치들이 전문직 종사자들을 컨설팅할 때 하는 방법이다. 또한 치료사들이나 종교인들이 사용하는 방식이기도 하다. 필자가 문화 예술 기관들을 컨설팅 할 때에는, 언제나 대상 기관의 미션이 무엇인지, 기조로 삼고 있는 바는 무엇인지 파악하는 것에서부터 출발한다. 이 질문에 대한 답은 보통 약간의 탐구 과정이 필요하다.

수단을 목적으로 삼는 일은 너무도 많다. 미국의 한 미술관 디렉터는 아트 매니저들을위한 세미나 자리에서 자신은 다음의 세 가지 목표를 가지고 있다고 밝혔다. 첫째 펀드레이징, 둘째 펀드레이징, 그리고 셋째도

펀드레이징. (필자는 이 일화를 한 네덜란드출신 은행가로부터 전해 들었다. 그 은행가는 뉴욕 대학에서 예술 경영 과정을 이수했는데 바로 그 코스에서 이 얘기를 들었다고 했다. 혹시 여러분은 내가 이 일화를 듣고어떻게 반응 했을지 짐작할 수 있겠는가?) 그 세 가지 목표는 쉽지 않아 보인다. 아마도 그 디렉터는 청중들을 긴장시키고 싶었나 보다. 설령 그렇다 해도, 그는 아리스토텔레스의 마인드로 그 펀드레이징은 무엇을 위한 행동인지 그것의 목표에 대한 구체화 작업을 진행 했었어야 했다. 단지 돈을 벌기 위해 미술관의 설립을 추진한다고 하는 것이면 정상적으로 보이지는 않기 때문이다. 그리고 단지 그것이 목표라면 돈을 벌기 위해 비도덕적인 프로젝트도 마다하지 않을 것 같다. 이 디렉터는 분명 수단을 목적으로 혼동하고 있었다.

  돈은 결코 목적이 될 수 없다고 생각한다. 때로는 목적을 아주 상세하게 기술하기 어렵다고 해도, 돈을 추구하는 행위는 항상 어떤 다른 목적을 달성하기 위한 수단으로 정립되어야 한다. (만일 여러분 중에 이 견해에 이견이 있다면 부디 저자에게 돈을 추구하는 것이 목적 자체가 되는 사례를, 그게 무엇일지라도 알려 주길 바란다.)

  여러분 자신이나 타인들에게 추구하고 있는 가치가 있다면 무엇인지 한 번 질문해 보라. 이 질문은 곧 자신들이 궁극적으로 추구하는 좋음은 무엇인지에 대해 알수 있는 탐구 과정이며, 아리스토텔레스가 던지는 질문이기도 하다.

04
가치의 실현과 프로네시스

좋음the good을 추구하는 데 있어 우리는 자신에게 중요한 모든 것들에 대해 고려해 볼 필요가 있을 것이다. 그 말은 곧, 우리가 지니고 있는 가치들은 무엇인지에 대한 질문이기도 하다. 한편 우리는 당면한 상황을 판단하기 위해서 타인들의 가치는 물론 연관 관계에 있는 더 많은 부분들에 대해서도 알아야 할 것이고, 영향 관계에 있는 요소들에 대해서도 고찰해 보아야 한다. 본인이 추구하는 어떤 좋음을 얻기 위해 노력하고 가능한 모든 지식을 동원하는 것을 아리스토텔레스의 용어로 프로네시스라고 한다. 프로네시스는 실천적인 지혜를 뜻한다. 곤잘로 부스타멘테Gonzalo Bustamente가 쓴 프로네시스에 대한 논문에 따르면, 프로네시스는 신중하게 추구하고자 하는 좋음과 관련된 가치들을 인지하는 것이 선행되어야 하며, 타인들이 원하는 것에 대한 명확한 이해와 입증된 실천 및 전략에 대해서도 정확하게 이해함으로써 이룰 수 있다고 한다(BustamenteKuschel, 2012).

아리스토텔레스는 프로네시스를 가장 기본적인 덕으로 보았다. 덕은 곧 모든 행동과 유용성에 대한 판단을 위해 중요하다. 덕은 행위를 일으키는 가치를 일컫는다. 품격있는 사람은 내면화된 중요한 덕을 지니고 있는 사람이다. 여러분과 내가 의식적으로 실천적인 지혜를 추구하는 한, 그 덕은 아직 내면화되지 않은 것이다.

프로네시스는 이성적인 사람들이 실천한다. "구부정하게 텔레비전 앞에 앉아 있거나 영혼없이 게임이나 하는 것"을 선택하기 보다 "생각을 요하는 연극"을 보기 위해 극장에 갈 때 실천된다. 또는 예술 감독이 교착 상태를 끝내기 위해 배우들과 의미있는 충돌을 추구할 때 이행되기도 하고 어떤 학생이 시험 공부를 하기 위해 데이트를 취소하는 것도 프로네시스로 설명된다. 프로네시스는 최고의 선택이 무엇인지 찾아낸다. 우리가 하는 행동의 옳고 그름을 떠나 프로네시스는 우리로 하여금 스스로 깨닫게 한다.

사람들은, 뭐랄까, 항상 합리적이지는 않다. 내가 저녁 시간에 너무나 지루한 텔레비전 프로그램을 보는데 그저 시간을 낭비했다면 그것은 합리적인 선택이라고 할 수 없다. 어떤 미술관이 모호한 평판 따위로 스폰서를 유치하려고 하는 것 또한 합리적인 행동이라고 볼 수 없다. 욕심스러운 행동도 분별력 있다고 할 수 없고, 세상의 관심을 얻기에 집착하는 것도 합리적인 행동이라고 보기 힘들다. 필자 역시 종종 나중에 후회할 행동들을 하기도 한다. 아이스크림을 먹으면 안되는데 먹기도 했고, 중요한 논평에 대해 적절하지 못한 대응을 하기도 했고 집필에 집중해야 하거나 가족이나 친구들과 시간을 보내야 할 때에 연설 스케줄을 잡기도 했다. 그런 점에서, 다른 사람들이 이런 부분을 좀 지적해 줄 필요가 있기도 하다.

애덤 스미스는 그의 저작물인 도덕감정론 – 사람들은 이 논문을 프로네시스에 대한 글로 읽을 수도 있다 – 에서 여러분의 행동을 체크 하기 위한 일종의 장치로 공정한 관중 목격자 spectator 에 대해 언급한다(Smith, 1759). 그 공정한 청중은 바로 우리 자신 안에 있는 목소리이고 그 목소리는 행동의 옳고 그름에 대해 속삭인다. 즉 그 목소리는 자신의 의식을 반영한다.

가령, 어떤 은행가가 더 훌륭한 은행가가 되기 위해서는 높은 보너스만으로는 부족하다는 것을 깨달을 때, 그가 실제로 이루고 싶은 것이 무엇인가 알고 싶어할 때, 그가 의식하고 있는 가치들은 무엇인가를 탐구할 때 프로네시스는 그 효력을 발휘한다. 사람들이 소비하고 있는 음식의 양보다 질에 대해 고민할 때, 혹은 어떤 기업의 총수가 기업의 조직 문화 형성 또는 개선을 위해 투자 하겠다고 결정할 때 프로네시스는 작동하기 시작한다.

고대 그리스인들은 네 가지의 주요 덕목을 손꼽았는데, 프로네시스는 그 중 하나였고 이를 구체화 시킨 사람이 바로 아리스토텔레스였다. 프로네시스를 제외한 나머지 세 가지 덕목은 절제temperance(과한 것과 충분치 못한 것 사이에서 균형을 이루도록 하는), 용기courage(옳은 일을 하는 데 있어 두려움을 극복하는), 정의justice(타인의 이해 관계와 감성을 고려하는)이다. 후에 토마스 아퀴나스와 기독교인들은 신학적인 덕목 세가지, 믿음faith과 소망hope, 사랑love을 추가하여, 후에 칠 주요덕(七主要德)이 정립 되었다. 믿음은 확신을 상징하고, 소망은 미래 지향적인 관점을 유지하게 하며, 사랑은 깊이있는 관계를 감지할 수 있는 능력을 의미한다. 사실 이 부분은 아내와 내가 나의 오이코스에서 충돌하는, 쉽게 말해 부부싸움을 할 때 상황을 조율할 때 적용하는 덕목이기도 하다.

사실 19세기에 이 덕목들은 상식이었다. 아이들도 학교에서 이 덕목에 대해 배웠다. 그러나 불행하게도 20세기에 들어와서 이 덕목의 대부분은 잊혀진다. 서서히, 그리고 확실히 이 덕목들은 도구적인 지식들이 강조되면서 정량화 될 수 있는 것들로 대체되어 버렸다. 이른바 이익이나 이윤, 경제 성장(경제 발전과 다른 개념의), 방문객 집계, 인용 횟수, 출판물 부수와 같은 것에 잠식되어 버렸다. 다행히 최근 그 덕목들은 알라스데어 매킨타이어 Alasdair Macintyre, 마사 누스바움Martha Nussbaum, 필리파 풋 Philippa Foot(1920-2010)과 같은 철학자들 덕분에 다시 조명되어 유행하기 시작했다. 나는 데어드르 맥클로스키Deidre McCloskey로부터 그 덕목들에 대해 알게 되었고 맥클로스키는 부르주아 덕목에 대해 3부작을 출판했다. 다음 장에서 좀 더 명확하게 설명할 것이겠지만, 이 일곱 가지 주요 덕에 대한 인식과 실천 방법은 최고의 선택을 할 수 있도록 이끄는 중요한 요인이다. 이제 프로네시스에 대해 중점적으로 이야기 해 보자.

프로네시스는 다르다

프로네시스에 대한 사상은 우리가 기존 경제학 시간에 배운 합리적 행동이나 선택에 대한 사상들과는 상당 부분 다르다. 합리성에 대한 논리는 기본적으로 사람들은 최선의 선택을 할 수 있다고 가정한다. 말하자면, 이 사상은 수입, 가격 등과 같은 어떤 제한 요인의 영향력 안에서 실재하는 기능들(유틸리티, 이익)의 극대화를 추구함으로써 최선의 선택을 이끌어 낸다는 이해방식에 밀접하게 연관되어 있다. 이 아이디어는 수학공식으로 의사 결정 모델을 만들어낼 수 있다. 그리고 그러한 이유로 경제학자들은 이 견해를 옹호한다. 모델화라는 작업은 일종의 "과학적"인 아우라를 부여하기 때문이다.

그러나 프로네시스를 모델화하고 주판알을 튕겨 분석한다는 것은 거의 불가능에 가깝다. 프로네시스의 과정을 추적하는 것은 참으로 어렵다. 어떤 규칙이나 (예측가능한) 패턴의 형태로 파악하기도 힘들다. 합리성은 말끔하게 정렬되어 보이는 하나의 과정을 제시하지만, 프로네시스는 뭔가 정리되지 않은 이미지를 연상시키는 것이 사실이다.

합리성에 대한 사상은 과학의 도구적인 해석에 완벽하게 앞뒤를 맞추어 준다. 그리고 '합리성'이라는 사상은 지식의 개념을 명백한 명제들로 언급한다. 이 개념은 다음과 같은 오인된 이미지를 불러 일으킨다. 즉, 과학자들은 어떤 모델을 고안해 내고 몇 가지 계산 과정을 거쳐, 일련의 제안이나 명제의 형태로 정리된 성과물을 도출한다는 것이다. 가령, 조건부 우수 정책 사례와 같은, 예를 들면, 경제가 이러이러한 특성을 지니게 될 때, 정부지출이 2.8% 증가하게 되면 0.5%의 실업률 감소를 가져온다 같은 식이다. 바로 경제학자들이 하는 일이다. 이는 또한 사람들이 자연과학이 도출하는 지식에 대해서 어떻게 생각하는지의 경향을 보여준다. 즉, 어떤 제안의 형태로 도출되는 결과물은 특허를 받을 수 있고, 새로운 기술 개발을 위해 엔지니어들은 그것을 사용할 수 있다고 생각한다.

그런데 사실 그런 형태의 지식들은 부차적인 역할만 할 수 있을 뿐이다. 현실적으로 정책 입안자들은 경제학적 모델에서 나오는 결과물을 바로 응용 가능한 지식으로 기대하지 않는다. 너무 많은 "가정"과 "하지만"이라는 말이 붙기 때문에, 결국은 프로네시스로 일컬어 질 수 있는 실천적 단계로 가게 된다. 프로네시스가 풀어 내고자 하는 것은 복잡한 과정들을 이해하고 각기 다른 관심사―종종 모든 학자들의 의견 같은―들을 고려하는 것이다. 어찌 보면 프로네시스는 무질서한 과정처럼 보일 수도 있다. 다음의 일화는 우리에게 경제학 모델과 프로네시스의 차이점을 여실히 보여준다. 주목해 보자.

2000년이었다. 로테르담 시청은 시민들이 장식한 아름다운 풍선들로 가득 차 있었다. 로테르담은 1940년 5월 14일 폭탄 공격을 받아 온 도시가 거의 평지가 되어 버렸는데, 시청 건물은 그 때 전쟁의 폐허 속에서 살아 남은 몇 개 안되는 역사적인 건물 중 하나이다. 이 건물에 전 세계의 저명한 문화 경제학자들이 모였다. 이들은 2년마다 개최되는 정기학회에 참석하고 있었다. 모두들 릭반데어플로흐Rick van der Ploeg의 이야기를 듣고 싶어했다. 릭은 유명한 네덜란드계 영국인 경제학자로, 그 당시 네덜란드 내각의 교육, 과학, 문화부의 장관을 역임하고 있었다. 릭은 큰 키에 다소 괴짜 같은 학자였다. 비공식 자리에서는 농담을 즐겨했고 도발적인 비평도 서슴지 않았다. 그러나 공식 석상에서는 흠 잡을데 없이 진지했다.

릭은 네덜란드의 교육, 과학, 문화부의 장관으로서 당면했던 과제들에 대해 이야기했고 네덜란드의 대처방법과 기조 문화정책에 대해 설명했다. 특히, 정부가 문화 관련 기관들에 지원금을 분배하는 과정 및 문화 예술 분야의 경제학적 중요성에 대해 역설했다.

나는 당시 그 세션의 사회를 맡고 있었는데 그의 발표가 끝난 뒤 릭에게 장관의 역할을 수행하면서 문화 경제학자로서 자신의 배경지식이 얼마나 도움이 되었는지를 물었다.

예를 들면, 조건부 가치 측정 연구contingent valuation studies(그 당시 이 경제학 모델은 꽤나 널리 알려진 모델이었다)가 정책 결정에 단 한번이라도 활용된 적이 있는가? 하는 것이었다. 그의 대답은 아주 간단했다. "전혀요." 이것이 그의 대답이었다. 나는 같은 질문을 다시금 되물었고, 그의 대답은 같았다. "고백하건대, 단 한번도 문화 경제학의 연구 결과물을 정책 결정 과정에 활용해 본 적이 없습니다."

당시 그의 대답이 다른 사람들에게 얼마나 영향을 끼쳤는지는 모르겠지만, 나는 그 대답이 꽤 충격적이라고 생각했다. 왜냐하면 문화 경제학자들의 연구물들의 주요 목적은 실질적으로 정책적 개진을 위해, 그리고 정책 입안자들에게 도움을 주기 위함에 있기 때문이다. 경제학적으로 약삭 빠른 릭 조차도 자신이 당면했던 정책 결정 과정에 임하면서 그런 연구물들을 사용한 적이 없다면, 많은 문화 경제학자들은 대체 무엇을 위해 경제학적 모델을 만들고 열심히 계산을 하고 있다는 소리인가? 만일 문화 경제학의 모든 연구물들이 전혀 유용성이 없다면?

릭의 발언은 아주 직설적이었다. 그 당시 정치인들은 예술 및 창의산업의 경제적 영향력the economic impact에 대해 지대한 관심을 갖고 있었고 그 영향력을 측정할 수 있는 사람들은 경제학자들이었다. 되짚자면, 그는 경제학자로서 그 측정이라는 것의 한계를 너무도 잘 알고 있었기 때문에 아마도 정치가의 입장에서 그런 연구물들을 피했던 것 같다. 또는 경제학자들이 즐겨하는 논쟁에 대해 심한 정치적 반대를 겪었을 수도 있다. 아마도 경제학자의 사고방식이 정계에서는 비난거리가 된다는 사실을 발견한 경제학자가 릭이 첫 번째는 아닐 것이다. 이미 필자는 Speaking of Economics의 1장과 7장에서 많은 경제학자들이 그러한 고백을 했던 것을 기술하였다(Klamer, 2007).

이러한 경험적인 사례들에서 알 수 있듯이 우리는 정책 결정 과정이란 것이 경제학자들이 원하듯 합리적인 과정만은 아니라는 점과 당대의 과학적인 실천들이 모두 정책 결정 과정에 유용하지는 않다는 현실을 직시해야 한다는 점을 완곡하게 지적하고 싶다. 여러분 역시 이에 동의할 것이다. 이제 저자의 관심사인 무질서해 보이는 실천, 즉 프로네시스에 대해 좀더 구체적으로 알아보자.

합리성이라는 개념은 우리 일상에는 사실 적용시키기 힘들다. 왜 그런 것일까? 함께 타당한 이유를 찾아보자. 가령, 최근 당신이 결정했던 중요한 결정들 중 한가지에 대해 생각해 보라. 그것은 무엇이었는가? 혹시 어떤 특정 대학에서 공부하기로 결정했는가? 당신은 사업을 포기하고 공부를 선택했을 수도 있다. 결혼을 결심했는가? 아니면 아이를 가지기로 했는가? 직원을 고용하거나 해고하기로 했는가? 자, 이제 마음 속에 당신이 했던 결정 중 한 가지를 떠올렸는가?

그리고 나서, 여러분은 무엇이 당신을 그런 결정에 이르게 했는지, 무엇이 그 과정에 결정적인 영향을 미쳤는지 한 번 생각해 보라. 시간을 가지고 깊이있고 진지하게 한번 생각해 보라.

강의 중에, 그리고 전문가 컨설팅 중에 겪었던 수많은 경험들에 비추어 볼때, 아마도 여러분은 해당 요인들을 다음 몇 가지 중에서 찾을 수 있을 것이다: 직관, 직감, 친구 관계나 가족 관계를 포함한 사회적 환경 요인, 가치, 여타의 경험들, 다양한 종류의 정보, 이해관계, 예산, 컨설팅 그룹의 리포트 등.

이 과정에 참여하는 사람들은 그 결정의 과정이 복잡하고 절대 간단 명료하지 않다는 사실을 알게 될 것이다. 참여자들은 주로 감정, 직관, 또는 직감이라고 기술할 것이다. 언젠가 한 여성 참가자가 자신의 경험을 공유한 적이 있다. 그녀는 경영학 석사를 공부하기로 결정했는데 나중에 그 결정을 내리고 나서 많이 울었다고 한다. 자신이 잘못된 선택을 했다는 것을 깨달았다는 것이다. 수많은 케이스를 잘 살펴보면, 사람들은 대부분 사회적 환경과 관련된 요인들을 결정적인 영향 요인으로 꼽는다. 그리고 학생들은 부모님으로부터 받은 영향을 주로 기술하곤 한다.

이런 결정을 할 때 중요한 점은 대개 사람들은 자신이 지니고 있는 가치를 주요 결정인자로 꼽지 않는다는 것이다. 사실 그 요인을 깨달으려면 약간의 탐구 과정이 필요하다. 이런 관찰을 통해 우리는 사람들이 의식적으로 '가치'라는 것에 대해 의식하면서 일하지 않는다는 사실을 알 수 있다. 하지만 무의식적으로 이런 가치들은 어쨌든 영향을 미치고 있다. 몇 가지 특정한 예화를 들기 시작하면, 비로소 사람들은 그 속에서 자기들과 연관된 가치들을 발견하기 시작한다. 사회학자인 막스베버 Max Weber는 만일 우리가 합리적이라면, 의사 결정에 있어 우리는 중요한 가치가 무엇인지 알아 내기 위해 노력한다는 의미로 실질적인 합리성을 따른다고 한다(Weber, 1968). 과정의 합리성에 대해 이야기할 때, 우리는 그 의미를 엄격하고 분명한 계산 절차를 따른다는 뜻으로 해석하지 않는다. 현실을 살아가고 있는 우리 삶 속에서는 과정의 합리성보다 실질적인 합리성이 더욱 우위에 있는 것 같다. 실질적인 합리성은 프로네시스에 의지하게 되는데 이유인 즉 복잡한 여러 요인들을 저울질할 때 결국 필요한 것은 가치의 실현과 연관되기 때문이다.

경제학자들이 왜 과정의 합리성에 끊임없이 집착하는지, 학계에서는 왜 끊임없이 일상 생활에 활용되는 지식과 거리가 먼 연구 논문들을 쏟아내는지에 대해서 여기서 다루지는 않을 것이다. 하지만 밝혀두고 싶은 한 가지는 안타깝게도 학계에서는 자신과 일상, 그리고 실제 실천들 사이에 거리를 두는 것을 표준으로 삼는다는 점이다. 그리고 "객관적인" 관찰자, 혹은 독일어로 Anschauer로 일컫는 입장을 가정한다. 우리는 학생들에게 거리두는 방법을 가르친다. 일상에서 잘 쓰이지 않는 관념적인 단어들, 예컨대 수학 과목에서나 볼 수 있는 전문용어를 사용하도록 가르친다. 하지만 나는 단호하게 이런 관습같은 표준을 준수하지 않고, 오히려 연구 영역과 일상의 삶을 이을 수 있는 가교가 될만한 지식을 추구한다. 왜냐하면 내가 추구하는 과학이란 우리 행동에 영향을 줄 수 있는 테라피스트적이고 교화적인 것이기 때문이다.

프로네시스의 과정을 구체화 해 보자

프로네시스 덕목은 우리가 최고의 선택을 하기 위해 알아야 할 것이 무엇인지를 생각하게 하는데 있다. 그렇다면 어떤 지식이 이 과정에 필요할 것인가? 온갖 종류의 지식이 연관되어 있음을 알기까지는 사실 시간이 얼마 걸리지 않는다. 그리고 그 지식의 대부분은 학교나 대학에서 여러분이 배워야 알 수 있는 것은 아니다.

하나의 예로 비즈니스 디렉터를 생각해 보자. 그녀가 생각하고 있는 가치는 예술 감독과는 사뭇 다를 것이다. 어느날, 예술 감독이 작품에 대해 상의하려고 그녀를 찾았다. 그녀는 그 예술 감독이 그녀의 권한을 약화시키려 하고, 너무 위험 부담이 큰 작품을 새로이 구상하고 있으며, 자신의 말을 귀담아 들으려고 하지 않는다고 생각한다. 이 비즈니스 디렉터는 그 예술 감독이 자기 마음대로 행동해서 회사가 위험에 처하게 될까봐 상당히 걱정스럽다. 무슨 조치를 취해야 할까? 이 상황에서 그녀가 의식해야 할 것은 무엇일까?

여기서 합리성이 어쩌고 하는 이야기를 푸는 것은 별 의미가 없다. 실질적으로 그녀에게 도움이 되지 않을 것이다. 그녀는 어떤 알고리즘을 쓸 것인가? 그녀는 무엇을 알고 있는가?

경제 경영학은 이 비즈니스 디렉터가 이런 상황에 대처할 수 있도록 좀 더 나은 방법을 제시할 수도 있다. 경영학서에서는 그녀에게 비전(그 그룹이 외부 세계와 미래를 바라보는 시각은 어떠한가?)과 미션(그 그룹이 기여하고자 하는 바는 무엇이며 그 대상은 누구인가?), 전략(미션을 수행하기 위한 방법은 무엇인가?)을 알아야 할 필요가 있다는 사실을 알려줄 것이다.

경제 경영학과 직접적인 연관을 피하고 깊이 있는 개념을 제시하기 위해, 비록 일상적인 의미와 중첩되는 부분이 있을지라도, 여기서는 다른 순서와 다른 개념의 이해를 제안한다. 내가 비즈니스 디렉터인 그녀에게 할 제안을 순서대로 설명하자면, 먼저 그녀는 회사의 비즈니스 디렉터로서, 예술 감독으로 하여금 그녀의 이상과 그 기관이 추구하는 세계관이 무엇인지에 대해 알게 할 필요가 있다. 후속 조치의 계획design과 실행은 그 다음 단계이다. 마지막으로 그녀의 행동(조치)이 어느 정도까지 그녀의 이상을 실현하는데 기여했는가를 되짚어본다.

여기 순서대로 중요한 개념에 대해 기술하면 다음과 같다.

이상IDEALS : 이상은 미션이라고도 불리며, 개인 혹은 집단, 기관이 추구하는 좋음 the good을 함축한다. 그 좋음은 개인, 혹은 단체, 기관이 실현하고자 하는 가치와 덕목들을 포함한다.

세계관WORLDVIEW : 세계관은 미션의 실현을 추구할 때 개인, 집단 혹은 기관의 맥락을 형성할 수 있도록 하는 모든 종류의 지식을 상징한다. 이 개념은 그들에게 유관한 세계를 바라보는 관점으로서 어떻게 세계를 규정짓는지, 미래를 어떤 시각으로 바라보는지를 뜻한다. 세계관은 과학적 지식의 영향을 받을수도 있지만, 대개는 단편 지식, 선택된 정보, 일화나 경험담으로 형성되며 비전vision이라고도 불린다.

설계 DESIGN : 품고 있는 이상과 가능한 모든 종류의 지식을 바탕으로 개인이나 단체, 기관은 행동을 계획한다. 이 단계가 바로 올바른 소통과 선택을 위한 의식적인 부분에 해당된다. 예컨대, 사람들이 휴가를 계획할 때, 그들은 휴가를 가기 위한 방법에 대해 파악해야만 할 것이다. 바로 이렇게 파악하는 행위가 계획DESIGN이며 다른말로 전략이라고도 한다.

실천PRACTICE : 이상이 무엇이건 간에, 지식의 축적 정도나 꼼꼼하고 세심한 계획과는 상관없이, 현실 세계에서는, 실제로 종종 다른 방향으로 일이 흘러가기도 한다. 예상치 못한 사건들, 방해 요인들, 감정적인 부분, 어이 없는 일들과 같은 것들이 실제로 우리를 놀라게 하거나 흥미를 돋우기도 하고, 혼란스럽게 하거나 실망스럽게 만들기도 한다.

평가EVALUATION 또는 **되짚어 보기**REFLECTION : 사람들은 실제 삶을 통해서 우리의 이상과 세계관, 현실적인 실천과 계획을 비교하는 작업을 통해 시사점을 찾는다. 이러한 비교 작업이 바로 평가 혹은 되짚어 보는 과정이다. 이 단계에서는 계획이 얼마나 효과적으로 이상을 실현할 수 있도록 고안 되었는가 하는 질문에 대한 답을 찾아야 한다. 되짚어 보는 과정을 생략한다면 사람들은 무슨 이상이 실현된 것인지 알 길이 없다.

보통 기관이나 개인들은 이 과정을 순서대로 따르지 않을 것이다. 하지만 모든 단계는 올바른 결정을 위한 구체적인 부분들로 세분화되어 구성하게 될 것이다. 코치나 테라피스트, 컨설턴트들이 하는 일이 바로 이것이다. 사람들이나 기관에서 각 단계를 생각해 보도록 한다.

이 단계들을 의식하고 되짚어 보는 과정을 실천하는 것을 일컬어 도널드 쇤Donald Schon은 "반성적 실천가reflective practitioners"라고 했다(Schon, 1984). 이제 각 단계에 대해 좀더 자세히 알아 보기로 하자.

■ 이상IDEALS : 이상을 인식하는 방법

이상은 비록 추구하는 좋음과 가치를 완벽하고 성공적으로 이행할 수 없다는 것을 알고 있다 할지라도, 개인이나 기관에서 실현하고자 목표로 하는 좋음과 가치를 의미한다. 과학자는 진리라는 이상을 가지고 있을 것이고, 예술가는 미를, 수도자는 절대 선이나 구원이라는 이상을 가지고 있다. 이상은 개인들이나 커뮤니티가 갈망하는 바(약속된 땅이라든지 언덕 위의 눈부신 도시, 지상 낙원과 같은), 기관이 추구하는 포부(궁극적인 생산물, 완벽한 기술 그리고 이상적인 근무 여건 등의 창조)를 나타낸다. 우리의 이상은 우리가 추구하는 좋음이다. 혹자는 목표에 대해 이야기할 것이고, 또 다른 이들은 그들에게 매우 중요한 무언가에 대해 혹은 좋음 그 자체에 대해 떠올릴 것이다. 이상이란 비록 우리가 그것을 결코 실현할 수 없을 것임을 알고 있다 하더라도 우리가 바라고 있는 그 무엇이다. 이상은 연구, 금욕 생활, 예술 작품 만들기, 장인 정신의 연마 등 하나의 실천의 형태로 존재할 수도 있다.

앞서 예로 들었던 그 비즈니스 디렉터는 영향력 있는 비즈니스 디렉터가 되는 것이 그녀의 이상일 수도 있다. 다루기 힘든 예술 감독과의 불화에 있어서도 영향력 있는 디렉터라면 어떻게 해야할지 대처방안을 알고 있다. 그렇게 함으로써 그녀는 진정한 프로페셔널로서 자신에 대해 알게 된다. 이 상황에서는, 극단, 즉 본인이 몸담고 있는 그 조직의 이상을 파악하고, 조직의 이상을 위태롭게 하지 않으면서 그 예술 감독과 용이하게 일할 수 있는 방법을 찾아야만 할 것이다.

이상은 개인들이나 기관이 실현하고자 하는 가치와 덕목들로 구성된다. 오늘날 많은 기업이 그 조직의 가치를 만들어 내려고 애쓴다. 예컨대, 보스턴 컨설팅 그룹은 "진실성, 개인에 대한 존중, 다양성, 고객이 우선, 전략적인 관점"을 회사의 가치로 피력하고 있다. 이 기업의 한 파트너는 언젠가 필자에게 이런 말을 한 적이 있다. 그 기업에서는 실제로 그 가치를 지니도록 노력하고 있고 매일 그 가치에 호소하고 있다는 것이었다. 필자가 함께 일했던 한 극단은 그 조직의 공유 가치를 발견하고 다음과 같이 규정 지은 적이 있다: 경이로움, 참신함, 장신 정신과 흥미 진진함. 불화가 일어나게 되면 그들은 우선적으로 그 기본가치에 호소해야 할 것이다. 무얼하든지 간에, 그 활동은 경이로워야 하고(반복을 피하고), 참신해야 하며(새로움과는 다른, 무언가 이전에 본적이 없는 것으로서) 흥미 진진해야 하고(장소를 바꾸어야만 했던가?) 장인 정신(유감스럽게도 배우들은 우리 기준에 못 미치는 연기를 한다)을 실천하는 것이어야 한다. 어쨌거나 그들은 분명치는 않았지만 일련의 가치를 생각하면서 일했고, 몇몇 구성원들은 다른 구성원들보다 좀 더 그 가치들에 대해 의식하고 있었던 것 같다.

도구적인 것들은 이상을 구성하지 못한다. 목수의 망치는 그가 이상을 실현하기 위해 사용하는 도구이다. 마찬가지로, 과학자나 예술가에게 명성이란 그들의 이상을 실현하기 위한 도구이다. 위대한 명성이 이상이 될 수는 없다. 말하자면, 여러분과 나는 명성을 손에 거머쥐기를 갈망할 수도 있지만 스스로에게 한 번 물어보자 : "그 명성은 무엇을 위해 필요한

가?" 독재자는 절대 권력을 염원할 수도 있지만, 그 역시 같은 질문에 대답할 수 있어야만 한다 : "그 모든 권력은 무엇을 위해 필요한가? "어떤 기업에서 자신들의 목표를 이윤의 극대화로 정립했다면 그들이 답해야 할 질문은 "그 이윤은 무엇을 위해 필요한가?"로 귀결된다.

그러므로 이상이란 다음의 반복되는 질문에 답이 되는 것이다 : "이러저러한 것이 무엇을 위해 필요한 것인가?" 본서의 7장에서 저자는 우리가 가지고 있을 법한 이상에 대해 좀더 자세하게 기술할 것이다.

■ 세계관 WORLDVIEW : 필요한 지식은 무엇인가?

우리는 인생 전반에 걸쳐 올바른 선택을 하기 위해 지식이 필요하다.

유년기에도("좋은 친구를 사귀려면 어떻게 해야 할까? 어느 학교가 가장 괜찮을까?"), 가장이 되고 나서도("어디에 집을 구하면 좋을까? 어떤 직업이 최선일까? 수도꼭지는 어떻게 고쳐야 할까?"), 전문가로서도("경제학 교수가 되기 위해 쌓아야 할 지식은 무엇인가?"), 매니저로서도("어떤 전략이 잘 먹힐까?"), 정치가로서도("어떤 방법으로 더 나은 사회로 바꿀수 있을까? 그렇게 하기 위해 내가 해야 할 일은 무엇인가?" 등) 항상 선택의 갈림길에서 고민하게 된다.

문제는 "무엇을 어떻게 알아야 하는가"이다. "아는 것"이란 특정한 방법으로 그 세계 혹은 그 세계의 구성 요소들을 알고 있다는 것이다. 즉, 올바른 선택을 위해서는 그 세계에 유관한 관심 대상에 대해 들을 귀를 가지고 있어야 한다. 가령, 가격의 상승은 수요의 감소를 가져올 것이라든지, 중국인들은 중국의 고대 예술 작품에 특히 관심을 가진다든지, 불평등이 심한 사회일수록 사람들의 행복 지수는 떨어진다든지 관련된 지식을 아는 것은 중요하다. "어떻게"의 질문은 그 지식을 습득하기 위한 접근법, 방법을 시사한다. 예컨대, DVD 레코더를 설치하는 방법, 신발을 만드는 방법, 어떻게 행동해야 할지, 어떻게 가르쳐야 할지 방법적인 부분에 대한 답을 요한다. 어떤 위협적인 충돌이 일어나면, 이에 연루된 사람들과 그들의 관심사, 예상되는 행동, 감정적인 개입 등을 평가해야 하고, 자신의 모티브와 감정, 법적 영향력에 대한 지식도 필요하다. 또한 승률을 계산하는 것도 필요하다.

여러분이 만일 새로운 상품이나, 박물관, 또는 음악 등에 아주 괜찮은 아이디어를 갖고 있다면 그 아이디어를 실현하기 위해 필요한 모든 종류의 지식을 알아야 한다. 아마도 기술적인 부분이나 구성조직에 대한 부분, 법적인 문제, 경제성에 대한 부분들에 대해서도 역시 알아야 할 것이다. 비용과 예산에 대한 온갖 종류의 숫자들과 금리에 대해 이해하고, 잠재 고객 또는 방문 고객 등에 대한 지식이 필요할 수도 있다.

다른 사람들과 함께 일을 할 때, 팀원들의 동기와 그들의 우선 순위는 무엇인지, 그리고 어떤 문화를 공유하고 있는지, 공통의 관심사는 어디에 있는지에 대해 알아 두는 것은 큰 도움이 될 것이다. 아이를 키우고 있다면, 부모로서 갖추어야 할 교육학에 대한 지식도 필요할 것이고 자기자신에 대해서도 알고 있어야 할 것이다.

만일 여러분이 어떤 회사나 정부의 한 부처 혹은 국가를 운영하고 있다면 당신은 훨씬 더 많은 것을 알아야 한다. 보고서를 만들고, 수익을 향상시키고, 시나리오를 보여주고, 위험부담을 계산하고, 전문가를 영입하는 과정을 거쳐야 할 것이다. 어떻든 간에 결국 자신의 직감을 따르기로 결정할 수도 있다. 결정과 선택은 단편적인 지식 이상의 것이 필요한 과정이다.

여러분의 세계관은 그 세계에 대한 믿음과 여러분의 의견으로 구성된다. 세계관이 형성되는 데에는 당연히 여러분의 성장 과정과 교육 수준이 영향을 미친다. 경제학과 학생들이 배워 온 경제학이라는 과목은 그 학생들이 세상을 바라보는 방식의 틀거리 형성에 큰 영향을 미친다. 한편 심리학을 공부한 사람들은 또 다른 관점으로 세계를 바라보는 틀거리를 형성하게 된다(필자는 심리학자와 결혼하여 매일 일상에서 그 차이를 겪고 있다). 기술자들은 기술적으로 세부적인 방식으로 세상을 바라보는 경향이 있고, 예술가들은 범인들과는 좀 다른 방식으로 사물을 인식하는 경향이 있다.

저자도 알 수 없는 – 실제로 그 누구도 모를 것이다 – 것은 과학적 지식의 역할이다. 과학의 발견과 과학적인 관점은 반드시 우리의 세계관에 영향을 미쳐야만 한다. 그러나 과학적 지식이 실제로 정치가들과 매니저들의 세계관의 가장 중요한 부분에 있는가? 사람들은 본인들이 대학에서 배운 지식을 어떻게 활용하고 있는가? 어떻게든 활용하기는 하는가? 변호사들이나 의사들은 비록 직업적 특성으로 인해 상당한 지식을 배워야하고 또 당연히 활용할 수 밖에 없을 것이다. 하지만, 경제학자들이나 역사가들은 어떠한가? 그들이 유용하게 만들 수 있는 것은 무엇인가?

지식과 더불어 중요한 또 한가지는 비전이다. 극단의 예술 감독은 본인이 속한 세계에서 그 극단의 현 위치와 방향에 대한 계획을 가지고 있어야만 한다. 만일 정치적으로 연계 되어 있다면, 그 예술 감독은 정치적인 세계에 대한 비전을 가지는 것이 더 나을 것이다. 필자가 강의하는 학과에서 비전에 대해 가르치다 보면 이 작업이 학생들에게 얼마나 어려운 과정인지를 관찰하게 된다. 비전을 구체화하기 위해서는 상상력과 창의성이 필요하다. 트렌드를 추정하는 것은 상대적으로 쉽지만, 경이로운 미래를 상상하는 것은 쉽지 않다. 만일 우리가 디지털 기술에서 멀어지게 된다면? 아날로그 시대로 회귀 한다면?

세계관에 대한 논의에서 중요한 포인트는 모든 종류의 지식을 의식하는 것이고, 그 지식은 우리가 바른 결정을 내릴때, 올바른 선택을 하고자 할 때 필요하다. 더 많은 것을 알아야 한다! 어떻게 우리는 단 한번이라도 최고의 선택을 할 수 있을까?

■ 설계 DESIGN : 계획하기

일단 우리가 자신의 이상과 우리에게 필요한 지식이 무엇인지 알고 있다면, 이제 다음 단계는 그 이상을 실현하기 위해서 무엇을 해야할 것인가 결정해야 한다. 바로 계획하는 단계이다. 그리고 계획은 의식적이고 신중하게 진행되어야 한다. 다시 그 갈등 상황에 있는 비즈니스 디렉터와 예술 감독의 예로 돌아가 보자. 이 단계에서 그 비즈니스 디렉터는 아마도 어드바이저와 마주 앉아, 그녀의 전략과 행동 계획에 대해 결정할 것이다. 우선 예술 감독과의 회의를 해야할 것인가? 어떤 식으로 그 회의에 임할 것인가? 그녀는 수치나 그래프를 준비할 것인가, 합리적인 태도로 일관할 것인가 혹은 감정적으로 호소할 것인가? 만일의 경우를 대비해서 백업을 위해 그녀는 이사회와 협의하기로 결정해야 할지도 모른다.

일반적으로 사업을 시작할 때, 사업주는 여러 가지 질문 세례를 받게 된다. 가령, 은행에서는 그 기업의 사업 계획에 대해 물을 것이다. 따라서 사업의 진행 방향 및 경영 방식, 적합한 조직 구조, 효율적인 재무 구성, 직원 고용 규모, 마케팅 전략, 협업을 위한 프로젝트 디자인 등에 대해 꿰고 있어야 한다. 설계 단계는 이 모든 계획들로 구성된다.

젊은 층의 경우, 자신들의 대학이나 전공, 학위 과정을 선택하거나 비즈니스를 목표로 하는 회사에 취업 지원을 할 것인지, 문화계에 있는 기관에 취업지원을 할 것인지 결정할 때 이 단계를 거치게 된다. 이러한 모든 결정들은 미래를 위한 설계의 일부로서 이상의 실현을 더욱 용이하게 할 것이다.

- **실천 PRACTICE : 우리가 가치 있는지를 보이는 단계, 우리가 생각하는 것과 현실은 어떻게 다른가?**

어떤 사람이 배우가 되고 싶어 한다면, 그녀는 연기를 해야 한다. 음악가는 음악 활동을 해야 하고, 리더는 그룹을 이끌어야 하고, 매니저는 관리를 한다. 외과 수술의는 수술을 하고 어머니는 어머니의 역할을 한다. 우리에게는 각자 역할이 있다. 세상을 바꾸고 싶어하는 사람들이 있다면, 그 사람들은 어쨌든 활동을 해야 한다. 사람들은 일을 한다. 그룹도, 기관도 일을 한다. 일은 실천을 구성하는 핵심요소이다.

일을 함으로써 사람들은 자신의 이상을 실현한다. 그 과정에서 자신이 알고 있는 지식을 활용하고 구상해 온 설계 내용을 실행에 옮긴다. 실제로, 사람들은 자신이 구상했던 계획과 그 가치, 지식을 입증한다. 즉 가치 있는 것들이 무엇인지 보이려고 한다. 다시 말해, 사람들은 관련된 가치의 발현을 위해서 실천한다.

우리가 계획했던 것과 현실은 대개 일치하지 않는다. 그래서 실천의 단계에서 이상과 설계의 기반이 되었던 관점을 그대로 유지하기가 쉽지 않다. 우리가 생각했던 것보다 현실에의 적용은 훨씬 복잡하다는 것이 드러나면서, 적합한 지식이 부족하다는 것을 경험하게 된다.

심지어 해야 될 선택이 무엇인지 알고 있다 하더라도, 사람들은 여전히 그것을 따르지 않을 수도 있다. 내 주치의는 나에게 요통을 완화시키기 위해 평소에 따라야 할 지침을 알려 주지만, 막상 나는 조언을 따르지 않고 있는 경우를 종종 발견하곤 한다. 상당수의 경제학자들은 돈을 다루는 데 있어 참 형편없다. 나 자신조차도 미래를 위한 재무 설계가 필요하다는 것을 알고 있지만, 그렇게 하지 않는다. 어떤 때는 분명히 그 관계가 가망이 없을 것임을 뻔히 알면서도 그 관계에 매달리기도 한다. 더 나은 방법을 안다 할지라도 그것을 무시하고 멍청하게 행동한다.

그렇다. 사람들은 바른 소통을 바탕으로 올바른 선택을 통해서 자신의 존재와 위치를 드러낸다. 기관들은 협상 테이블에서 이해 당사자들과 소통하면서 그들의 가치를 입증한다. 우리는 실천을 통해서 가치를 발현한다.

■ 평가EVALUATION 또는 되짚어 보기REFLECTION : 우리는 제대로 하고 있는가?

다양한 종류의 멍청함과 무시, 바람직하지 않은 실천들이 있기 때문에 우리는 자신이 제대로 잘하고 있는지 되짚어 보아야 하며, 이 부분은 사실 아주 중요하다. 자신의 행동에 대한 평가를 통해 정말로 자신에게 중요한 것이 무엇인지를 의식하게 된다. 또한 우리의 세계관이 하고 있는 일을 수행하기에 실제로 충분한지, 설계는 얼마나 효율적으로 진행되어 왔는지에 대해 보다 나은 선택을 할 수 있다.

기업이나 여타 기관들에서 평가 과정은 월 단위나 연 단위로 이루어진다. 또한 그 과정은 보통 회계사와 때로는 연구자들이 관여한다. 이해 관계자들은 자신들과 연관되어 있는 기관이 얼마나 일을 잘하고 있는지에 대한 정보를 얻고 싶어한다. 그들이 알고 싶어하는 것은 이익 총계이고, 직원들이 필요로 하는 것은 자신들의 기여도에 대한 피드백일 것이다. 재무 관계자들은 계획대로 일이 진행되었는지, 그 계획이 기대했던 결과물을 도출했는지의 여부에 관심이 있다.

그러므로, 평가는 각자 다른 목적으로 이루어진다. 이해 관계자들은 평가 과정을 통해 그 기관이 제대로 일을 하고 있는지, 어떻게 영향력을 행사할 것인지 염두에 둔다. 기관의 리더의 입장에서, 평가 과정은 진행하고 있는 일이 바로 처리되었는지 여부를 알기 위한 목적으로 수행된다. 개인들도 이러한 목적으로 평가 작업을 하기도 한다. 여기서 가장 중요한 사항은 그들이 제대로 역할을 했는지를 되짚어 보는 것이며, 그 과정을 확인하는 것이 평가이다.

정부의 입장에서도 평가 작업은 역시 필요하다. 정치인들은 유권자들에게 자신들의 정책이 효력이 있다는 점을 입증하고 싶어한다. 그래서 평가 과정을 필요로 한다. 그러한 목적으로 정부기관들은 평가 작업을 위해 갖가지 종류의 데이터를 고안한다. 그 중 가장 유명한 데이터는 정부의 기여도로 이끌어 낸 경제 성장률에 대한 수치이다. 그 데이터는 경제가 얼마나 잘 돌아가고 있는지를 가늠하는데 통상적으로 사용되고 이는 곧 그 정부가 얼마나 일을 잘하고 있는지를 판가름 하게 된다.

그런데 이상Ideal에 기반을 두고 있는 기관들, 가령 문화, 과학, 사회 및 종교기관과 같은 곳에서는 그러한 통상적인 평가방법은 적합해 보이지 않는다. 정량적 측정, 즉 얼마나 많은 돈을 벌었는지, 방문객 집계, 출판물 부수와 같은 것들은 실제로 질적인 부분이 얼마나 실현 되었는지를 판단하는데 도움이 되지 않는다. 또한 그러한 수치들은 오케스트라가 연주하는 음악의 위대함이나 특정 대학의 학자들이 만들어 온 통찰력의 중요성에 대해서 분석하지 못한다. 그렇다면 기관이 만들어 내는 사회적인social 또는 좀 더 공공성에 비중을 두는 의미로서 사회지향적인societal 영향력은 어떻게 간파할 수 있는가? 어떤 기업에서 좋은 사회 만들기에 혁혁한 기여를 하고 싶어 한다고 가정하자. 그 경우 정량적인 측정법의 범주 내에서는 그 기업이 실제로 어떻게 기여를 했는지를 가늠할 수 있는 적합한 도구가 없다.

이 책의 11장에서 필자는 정성 평가 관찰 분석quality impact monitor, QIM에 대해 이야기 할 것이다. 이 방법은 기관들로 하여금 그들이 원하는 사회적, 문화적, 여타 정성적인 부분이 얼마나 실현 되었는가에 대해서 평가 가능하도록 한다. 바로 이 결과물이 이 책에서 진척시키고 있는 개념 구조를 통해 생산해 내는 구체적인 결과물 중 하나이다.

일상 속에 숨어있는 프로네시스

사실 여러분은 일상에서 프로네시스를 경험할 때에만 프로네시스의 기능에 대해서 이해 할 수 있다. 그래서 나의 또 다른 경험을 공유하고자 한다. 여러분 또한 자신의 삶에서 예를 찾아 내기 바란다.

크리스마스는 언제나 나와 내 아내에게 녹녹하지 않은 날이다. 내 아내는 뭔가 대단한 것을 기대 하지만, 나는 편안함을 추구한다. 늘 그렇듯이 우리는 크리스마스 연휴를 꽤 야심적으로 계획했다. (네덜란드에서는 크리스마스를 두 번 지낸다). 첫 번째 크리스마스 이브에 우리는 친구들과 캐롤을 틀어놓고 모여서 즐거운 시간을 보낸다. 그리고 첫 번째 크리스마스 당일에는 가까운 친구들 몇몇과 가족이 함께 (네 명의 아이들을 포함해서) 저녁 식사를 한다. 두 번째 크리스마스에는 어머니 댁을 방문해 가족들과 함께 식사를 하고, 그 다음날 큰 딸의 생일을 기념해 모두가 다시 또 모인다.

그런데 대개 이 이벤트들은 나에게는 시련의 연속이었다. 일도 많고, 필자의 에너지원인 주제의 대화와는 정말 너무도 동떨어지는 대화가 오가는 기간이기 때문이다. 이 자리에서는 지성적인 내용의 대화는 없다고 보면 된다. 종종 이 이벤트의 마지막은 내가 아픈 것으로 마무리되며 끝난다. (나는 실제로 여러 차례 고열에 시달리며 아팠다.) 그리고 가끔은 아내와의 말다툼으로 연휴는 끝난다. 아내는 내게 집안 일에 신경을 쓰긴 썼냐며 불평하고 나는 내가 해야 할 사회적(관계를 요하는) 일들이 너무 많아 바쁘고 힘들다고 불평을 한다. 나에게 이 시기는 매번 정말이지…. 고되다.

그러던 어느 해, 크리스마스를 몇 주 앞두고 우리는 합리적으로 행동하기로 결정했다. 이유인즉, 내가 아리스토텔레스로부터 그 좋음에 대한 가르침을 터득했기 때문이다. 다시 말하면, 우리는 우선 실현하고자 추구하는 좋음에 대해 알아야 했다. 그래서 우리 부부는 마주 앉아 서로가 원하는 그 좋음the good을 알아 내려고 대화를 시작했다. (결국 우리는 해냈다!) 우리 부부가 함께 추구하는 것은 화목한 가족이었고 그것이 의미하는 것은 따뜻하고, 열린 마음을 가지고 있으며, 서로 간에 힘이 되는 구성원이라고 결론 지었다. 이것을 우리는 이상이라고 지칭했다. 그 좋음을 염두에 두고 우리는 아이들과 친구들을 위해 좋은 경험을 만들어 주자는 것에 동의했다.

그리고 나서 우리는 가치를 결정했다. 아내는 "함께"라는 가치를 제안했다. 아내에게는 우리가 부부로서 어떤 것을 함께 하는 것이 중요했다. "함께"라는 것은 현실적인 가치가 아닐 수도 있고 어떤 정돈된 용어로 공동의 책임감과 같은 가치를 뜻하는 것이었을 수도 있겠지만, 글자 그대로 "함께"로 규정했다.

그 후에 우리는 다른 사람들이 원하는 바에 맞추어 주는 것에 대한 가치를 어떻게 규정할지 의논했다. (사실 네덜란드어 "dienstbaar"을 영어로 만족할 만하게 번역할 수 있는 단어가 없다.) 왜냐하면 우리가 이 모든 이벤트를 준비하는 이유는 자녀들과 가족, 친구들을 위한 것이었지 우리 자신의 기쁨을 위한 것이 아니기 때문이다. 어쨌든간에, 나는 비록 이 크리스마스 휴일을 계획하는 것이 좀 불편하긴 했어도, 이것은 어른으로서 해야 하는 일이라는 점에 동의했다.

그리고 마침내 우리 부부는 사람들에게 호의를 베풀 수 있는 능력을 가지고 있다는 점에 감사하고 싶다는 점에도 동의했다. 감사는 기독교 정신에도 부합하는 가치이고, 내가 자란 성장 배경의 큰 부분을 이루기도 한다. 그래서 자연스럽게 우리는 이런 결정에 이르게 되었다.

다시 크리스마스는 다가왔고 우리는 여느 해처럼 통상적인 이벤트를 시작했다. 크리스마스 이브는 잘 지나갔다. 크리스마스에 나는 독서를 좀 하고 싶었다. 그 사이 아내는 부엌에서 손님 맞이 준비를 하느라 분주했다. 잠시 후 아내는 문을 열고 나타나서 한마디를 던졌다. "함께라고요?" 그녀의 질문이 던지는 의미는 분명했다. 나는 미안하다고 사과를 하면서 이 상황에서 살아 남기 위해 저녁 자리에서 해야 할 스피치를 잠시 준비하던 중이었다고 해명했다. 하지만 나는 이 변명이 하루도 못갈 것이라는 것을 알고 있었고, 30분 후 부엌에서 아내를 돕기 시작했다. 우리는 정말 열심히 일했고, 나는 모든 이들이 함께 할 수 있고, 또 그들이 바라던 바를 얻을 수 있도록 하기 위해 최선을 다했다. 누군가가 지루해 하는 것을 보면, 그(녀)가 다시 대화에 참여할 수 있도록 마음을 써서 챙겼다.

손님들이 돌아간 뒤 아내와 나는 크리스마스 행사가 어땠는지 함께 되짚어 보았고, 아이들과 가족, 친구 모두 만족스러워 하는 것 같았으며, 음식 또한 훌륭했다고 평가했다. 그리고 아내는 내가 최선을 다해 그 식사 자리에서 가족과 친구들 곁에서 '함께'라는 가치를 실천하려고 했던 부분을 높이 평가하면서 이 크리스마스 행사가 잘 마무리되었다고 결론 지었다. 아리스토텔레스는 적어도 나에게는 놀라울 만큼 현실에 적용 가능한 지식의 원천을 제공했던 것이다.

이번 장에서 제안했던 주제에 대해, 나는 가치를 인식하고 발현하는 것이 일을 해결하는데 얼마나 큰 효력을 발휘하는지 경험하면서, 이기적으로 바라는 것들을 추구할 때 보다 프로네시스를 실천하는 것은 서로에게 아주 만족스러운 결론에 이르게 한다는 사실을 여러분도 알아가기를 바란다.

05 가치란 무엇인가
06 종이 한 장 차이, 재화의 소유와 공유
07 재화와 이상 : 재화는 무엇에 유익한가?
08 사회의 부를 형성하는 원천에 관하여
09 독불장군은 가치를 실현할 수 없다 : 다섯 가지 영역의 유기적 모델링
10 A. 5-Sp 모델 이해하기 : 논리, 어조, 가치와 관계를 중심으로
10 B. 모델 이해하기 : 파급효과와 영역 간 교집합에 대하여
11 새로운 관점으로 보는 현실

05
가치란 무엇인가

우리의 삶은 평가의 연속선 상에 있다고 해도 과언이 아니다. 사람들은 다양한 방법으로 대상을 평가한다. 이 과정은 어떤 사물이나 행위의 진가를 드러낸다. 기능적인 부분에 대해 분석하기도 하고 어떤 특별한 가치에 초점을 두기도 한다. 가령, 박물관에서 고흐나 로스코의 그림을 보면서, "반 고흐는 참으로 위대한 화가야." "이 로스코Rothko의 그림은 심금을 울리는 것 같아."라고 경외심으로 표현되는 평가도 있을 수 있고, 가까이 두고 쓰는 연장통을 가리키면서 "이 망치는 못을 박는 데 아주 유용해."라고 도구적인 부분에 대한 평가를 하기도 한다. 혹은, 어떤 교육자를 두고, "나는 그를 개인적으로 좋아하진 않지만, 학생들을 훌륭하게 양성하는 데 정말 재주가 있어."라고 평가할 수도 있고, "저 예술가의 사정이 딱하게 됐구만. 우리 도움을 좀 주는 것이 어떻겠나."와 같이 배려로 이어지는 형태로 나타나기도 한다. 때로는 평가라고 하면서, 해당 대상에 대해 창피를 주거나 비웃고 무시하기도 하며, 존중했어야 하는 어떤 것을 훼손하기도 한다.

비단 어떤 특정한 업무나 사회 생활에서 뿐 아니라 일상 생활에서도 사람이나 사물, 상황, 실천들이 지니는 가치에 대해 늘 평가하게 된다.

가치 기반 접근법 VBA에서 기반이 되는 논리는 가치를 실현하는 방법에 대한 것이다. 가치 기반 접근법은 대상 행동이 기반으로 하는 가치가 무엇인지를 인식하는 것에서부터 출발한다. 이를 토대로, 개인이나 해당 집단에서 추구하는 가치가 실질적으로 어떻게 실현되고 있는지 접근하고 분석할 수 있게 된다. 따라서 인식의 과정은 선행되어야 하는 과정이다.

이 책의 주제인 최고의 선택을 위한 경제구조[6]는 가치에 대한 이해에서부터 시작한다. 가치란 무엇인지, 그리고 정작 우리의 관심은 어디를 향하고 있는지 제대로 이해하는 과정이 필요하다.

도전 과제 the challenge

가치를 극단적으로 이해하는 방법을 대체할 수 있는 방법은 무엇인가? 순전히 금전적인 또는 경제적인 의미로 가치를 이해하거나, 문화주의자들이 내리는 가치에 대한 해석, 그리고 가치에 대한 탐구를 도덕적 논쟁으로 몰아가는 접근법을 지양한다.

다음의 세 가지 관점들은 현시대에 가치를 다루는 접근법으로 널리 퍼져 있는 방법들이다. 가치 기반 접근법은 아래의 세 가지 접근 방식들을 포함하고 대체하기 위해 고안되었다.

그 세 가지 접근 방식은 1) 표준경제학, 2) (예술 비평에서 흔히 행해지는)문화주의자들의 시각, 3) 도덕 철학이다.

---

[6] 역주 : 저자가 전달하고자 하는 doing the right thing의 메시지는 단순하게 도덕적인 의미나 철학적인 의미를 강조하기 위해 사용한 것이 아니라, 사회 각 영역의 바른 소통을 기반으로 경제구조가 구성되어야 하며 그 기반 위에서 최고의 선택이 이루어져야 함을 함축하여 전달하고자 하는 데 있다.

■ 접근 방식 1

　표준경제학에서 가치는 가격과 동일시 된다. 따라서, 표준경제학자들은 가치의 개념에 대해서 얘기할 때, 물건의 가치, 즉 그 물건의 가격에 대해 따져 보게끔 한다. 가격은 교환 가치이다. 다시 말해 사람들이 시장에서 그 상품을 교환하는 순간 그 물건의 가치가 실현된다. 교환 가치는 곧 가격이다. 이 얘기는 결국 "얼마인가?"하는 질문에 대한 답일 뿐이다. 따라서 표준경제학적인 접근법에서는 가격을 책정하는 것, 그리고 사람들의 지불 의사를 따지는 것이 중요하다.

　경제학자들은 물건의 가격을 책정할 때, 설사 그 물건이 비매품이라 할지라도 정교하게 가격 책정 과정으로 접근한다. 경제학자들은 물건 뿐만 아니라 심지어 인간의 삶까지도 가격화 할 수 있다. (예를 들면, 어떤 사람들의 인생이 다른 이들의 인생보다 더 비싼 값어치를 지닌다는 것을 보인다.) 표준경제학적 접근법을 통해 모든 것은 가격으로 책정될 수 있고 그 가격이 가치를 평가하기 위한 유일한 기준이 된다는 생각을 만들어 낸다.

　교환 가치에 대해 덧붙이자면, 고전 경제학에서 설명하고 있는 것은 재화가 사용 가치를 갖는다는 점이다. 따라서, 재화는 판매자의 입장에서 사용 가치를 가지기 때문에 교환 가치를 가진다. 사용 가치는 재화의 유용성을 시사한다. 표준경제학은 가치의 개념을 무시하고 선호와 효용에 대해서만 다루려고 한다. 기본적인 아이디어는 사람들은 어떤 것을 다른 것에 비해 선호한다는 것에 있다. 말하자면, 선호란 사람들이 좋아하는가, 좋아하지 않는가에 대한 답변이다.

　표준경제학자들은 기호 taste는 논쟁의 주제가 아니다 De gustibus non est disputandum 는 모토를 가지고, 보통 선호를 주어지는 것으로 가정하고, 선호에 대해 탐구한다거나 자세히 상술하려고 하지 않는다. 표준경제학이 대변하고 초점을 두는 부분은 가격과 (금전적인 또는 재정적인 의미로) 정량적인 부분이며, 이러한 접근 방식은 도구 주의자들이 추종하는 접근방식으로 적합하다.

■ 접근 방식 2

문화주의자들의 관점에서 "가치"는 대개 예술 작품, 과학적 기여도, 기관, 도시, 나라, 문화에 대한 질적인 부분을 다루는 것으로 이해된다.

1장에서 언급했듯이, 문화주의자들이란 예술사가, 인류학자, 문학연구가, 역사학자, 철학자, 고고학자와 문화사회학자들을 일컫는다. 문화주의자들의 생각은 질적인 측면으로만 사로잡히는 경향이 있다. 따라서 여러 가지 연관성, 즉, 사물, 인간 행동, 관계와 같은 요소에 집중한다. 문화주의자들은 가치·가성비·정량적 측면이 나열된 스펙트럼에서 표준경제학자들과 정반대로 움직인다. 즉, 문화주의자들의 담론에서 "가격"의 개념이란 아예 존재하지 않는다. 이 두 영역의 차이점을 1장에서 제시한 집과 가정의 비유를 통해 들자면, 문화주의자들은 가정의 비유에만 집중하고, 경제학자들은 집의 비유에 집중한다고 할 수 있겠다.

오스카 와일드Oscar Wilde의 유명한 어록을 생각해 보자. 경제학자들은 모든 것의 가격을 알지만, 가치를 모르는 냉소주의자들과 유사하고, 문화주의자들은 모든 것의 가치를 알지만, 가격을 모르는 낭만주의자들과 유사하다(Wilde, 1893).

■ 접근 방식 3

도덕 철학적 시각에서, 가치는 "존중", "박애", "연대", 정직"에서 함축하는 의미들처럼 윤리적인 의미를 함축하는 것으로 해석된다. 덕 윤리학virue ethics에서, 가치는 덕의 형태로 이해되고, 초점은 인간의 행동 방식에 있다. "용기있게", "신중하게", "공정하게", "절제하여", "신의있게", "희망적으로", "다정하게"와 같이 어떻게 행동하느냐에 집중한다. 고전 경제학에서 덕은 중요한 역할을 한다. 애덤 스미스는 책 한권의 분량으로 도덕감정론을 논했다(Smith, 1759). 그러나, 표준경제학에서는 그러한 규범적이라서 비과학적인 논의에 대해서는 침묵으로 일관해 왔다.

가치 기반 접근법은 앞에서 언급한 세 범주에서 다루는 가치의 개념을 모두 포괄한다. 가격이라는 도구적인 의미의 가치를 인식하면서 도덕적인 의미의 탐구를 포기하지 않고, 동시에 문화주의자들이 주장하는 가치에 대한 개념을 아우르는 새로운 이해 방식을 제시한다. 최고의 선택으로 합리적인 방식을 추구하기 위해 다양한 범주의 가치를 고려하고, 규정하기 쉽지 않은 가치의 특성을 헤아리는 데 보다 세심하게 논의를 진전시켜야 한다. 또한 그저 일상적으로 보이는, 가격을 책정한다는 행위가 초래하는 위험한 여파에 대해서도 생각해야 한다.

핵심은 가까이에 있다

누구나 겪었을 법한 전형적인 에피소드를 들어보자.
"나는 정말 어그부츠를 원해요."
"나에겐 정말로 그게 필요해요."
"아 진짜로 그 어그부츠를 가지고 싶어요."

당시 15세였던 필자의 딸이 "나는 정말 그 어그부츠를 너무 가지고 싶어요."라고 그 어그부츠의 필요성을 역력하게 표현했던 상황을 예로 들어 본다.

"180유로라고? 저 신발 한 켤레가? 단지 네가 갖고 싶다는 이유로? 사람은 온갖 종류의 것들을 원하겠지만, 갖고 싶다는 의미가 사야 한다는 뜻은 아니다. 말도 안돼. 어쨌거나 그 신발은 진짜 별로구나." 마지막 말이 문제였다. 아차! 싶었지만 여기서 절대 물러설 수 없었다. 아니 도대체 어떻게 그런 생각을 했을까? 원하니까 가질거라고?

한바탕 소란을 겪고 나서 나는 아내와 마주 앉았다. 아내는 우리 딸이 단순히 그 신발을 원해서 갖고 싶은게 아니라 그게 필요하기 때문에 그런 거라고 내게 설명했다. 친구들 사이에서 보여주고 싶고 자부심을 느끼고 싶은 그런 십대의 심정들 때문이라고. 나는 숨을 깊이 들이 마시면서 아내의 얘기는 내 관점을 변화시키고 있다는 점을 자각했다. 아내는 계속해서, 아이의 웰빙을 책임지는 것이 부모의 역할이라는 점을 피력했다.

그 후 얼마 뒤 우연히도 필자는 네덜란드를 떠나 시카고로 가게 됐다. 그곳에서는 어그부츠를 더 저렴하게 판매하고 있었다. 필자는 큰 백화점을 헤맨 끝에 그 어그부츠를 찾았고 딸은 고마워서 어쩔 줄 몰라 했다. (여담이지만, 알고보니 나는 다른 모델을 사다 줬고, 결국 정가를 내고 그 문제의 부츠를 사게 됐다.)

아마도 여러분은 이 일화를 버릇없이 물건을 사 달라고 떼쓰는 십대와 그 요구를 들어주는 아빠의 시시한 대화로 생각할 수도 있다. 하지만, 나는 여러분에게 다른 시각으로 이 일화를 예로 들고 싶다. 내가 하고 싶은 이야기는 우리가 일상에서 마주치는 일들에는 다양한 가치들이 작용하고 영향을 미치고 있다는 점이다. 그리고 그런 상황들에서는 물론 가격도 중요하지만, 결국 가격이 최우선적인 가치로 작용하지 않는 경우도 많다.

일상을 움직이는 가치들

만일 우리가 표준경제학의 입장을 고수한다면, 좀전의 일화에서 우리는 어그부츠의 가격과 지불 의사에만 집중해야 했다. 더 이상 말할 것이 없다. 우리는 그 부츠를 사기 위해 대신 다른 어떤 것을 포기해야 한다는 것을 안다. 표준경제학자들은 내가 그 부츠를 구매하게 된 이유가 나의 선호가 딸의 선호에서 비롯된 것일 뿐이라고 할 것이다. 뭐, 그럴 수도 있다. 하지만, 그런 논리로 나의 행동 변화를 설명하기에 충분할까?

그 부츠의 사용 가치는 어떠한가? 이 질문이야말로 명백히 "편안한 신발"이라는 가치 이상의 것을 시사한다. "편안함"을 제외한 다른 질적인 측면들은 그 신발이 제공하는 "따뜻함"과 디자인(이 부분이 내가 부정적으로 딸한테 어쨌거나 그 신발이 참 별로라고 했던 부분이다), "소재"의 우수함(양모와 양털로 만들어진다)을 모두 포괄한다.

하지만, 정작 내가 그 신발을 사게 된 결정적인 이유는 가격과 편안함의 가치 이상으로 넘어서는 것이 작용했기 때문이다. 만일 우리가 사용 가치라는 개념을 고수하고자 한다면, 이 일화는 다른 가치 역시 이 결정 과정에 작용하고 있음을 시사하게 된다. 특히 사회적 지위와 같은 사회적 가치의 실현 및 딸의 자부심을 높여주는 개인적 가치를 언급할 수 있다.

고가는 사회적 가치의 시그널이다. 딸의 친구들에게 이 시그널이 의미하는 것은, 이집 아빠는 딸이 바라는 것을 위해 그만큼 지불할 의사가 있다는 것이다.

(이 고가전략은 어그부츠의 마케팅 전략 중 하나이기도 하다. 실제로 미국인 기업주가 호주의 창업자로부터 이 회사를 인수하고 나서 유명 영화 배우가 이 신발을 신고 있는 장면을 광고하면서 이 신발의 사회적 지위를 암시하는 가치를 생성해 냈다.)

이제 이 일화는 그 신발이 지니는 사회적 가치와 개인적 가치에 대한 이야기로 마무리 되는 것 같다. 하지만, 이것이 전부가 아니다. 나는 이 일화를 좀 다르게 평가해 보았다. 나의 관점에서 그 부츠의 구매와 사회적 및 개인적 가치의 실현에 수반되는 어떤 것은 더 중요한 다른 가치들에 종속된다. 예를 들자면, 나에게는 어그부츠의 다른 어떤 가치보다 부모로서의 책임감을 실현하는 것, 아버지 역할을 실현하는 것과 같은 가치가 더 중요한 것이었다. 실제로 그 어그부츠의 가격은 이러한 실질적인 이슈를 흐트러 뜨리게 했다. 그뿐이 아니다. 아버지의 역할은 분명 문화권에 따라 다르게 해석되는 가치이다. 중국이나 우간다, 스페인에서 통용되고 인식되는 아버지의 역할과 네덜란드에서 이해되는 아버지의 역할은 다르다.

이 일화에는 다양한 가치들이 작용한다. 프로네시스의 논리가 가리키는 지점으로 눈을 돌려 보자. 나는 어그부츠를 사기 전에 다양한 가치(부츠의 가격, 사회적 가치, 아빠의 역할 등)들에 가중치를 두고, 관련된 이해 관계자(아내, 딸)들과 함께 합리적인 결정을 하기 위해 신중히 생각했다. 가치 기반 접근법은 어떤 보장된 방법, 예측 가능한 결과물을 계산하는 방안을 고안해 내는 접근법이 아니다. 프로네시스가 불확실성을 내포하고 있음을 상기하자.

방금 예와 같은 경우가 단지 개인적인 일상의 상황들에만 일어나는 것일까? 그렇지 않다. 유사한 상황들은 항상 도처에서 일어난다. 기관에서 조직 경영의 의사 결정 과정에 있어서도, 정책 결정 과정에 있어서도 같은 상황이 발생한다(정책 입안자들이 세금을 올리거나 실업률을 감소 시키기 위한 정책을 마련한다거나, 예술 지원금을 삭감하는 상황을 한번 떠올려 보라).

가격이냐, 가치냐?

우리가 계속 탐구해 나가는 도전 과제는 개념적인 틀거리를 구체화시키는 것과 이 사회에 지배적으로 작용하고 있는 가격, 거래와 같은 정량적인 의미로 이해되는 가치 개념들은 부차적인 위치에 있음을 설명하는 것이다. 그 개념적인 틀거리는 최고의 선택이 기반이 되는 합리적인 선택을 위해 고려되어야 하는 중요한 이슈들을 포괄할 수 있는 것으로 제시된다.

이를 위해 우리는 표준경제학적인 구조에서 규정된 한계를 넘어서야 한다. 표준경제학은 우리가 선택하는 모든 결정과정이 선호에서 비롯된다고 주장한다. 이 영역에서 중요한 가치는 가격이다. 우리가 지불하든, 획득하든, 최 우선시 되는 것은 금전적인 가치이다. 이 도구적 가치는 제약 요인으로 작용한다. 다시 말해, 우리가 실현하고자 하는 것들을 제한한다.

표준경제학적인 시각에서는 필자의 선택에 영향을 미치는 요소는 선호이며, 가격이라는 제약 요인에 따라, 단지 그 제품, 어그부츠를 사느냐 마느냐 하는 선택으로 축약될 뿐이다. 결국 그 부츠를 정가를 주고 사는 것으로 끝났으니 지불 의사는 180유로로 측정된다.

실천적 지혜로 해석되는 프로네시스의 개념은 다른 방향의 분석틀을 제시한다. 우선, 우리의 지식은 제한되어 있다(표준경제학에서는 이 부분이 그다지 중요하지 않다). 그래서 우리는 주변을 탐색하고, 다양한 옵션에 가중치를 부여한다. 그러한 방식으로 모든 종류의 중요한 가치들을 숙고한다. 우리가 지불해야 할 또는 받아야 할 가격이란 단지 숙고해야 할 요소 중 하나이다. 바로 이것이 프로네시스이다.

표준경제학을 실천하는 경제학자들은 그러한 가치들을 자신들의 용어로 외부경제라고 부르는 것의 일부로 치부한다. 내가 앞에서 언급한 아버지의 역할, 부모의 책임감, 가족의 화목 등의 가치는 그 부츠를 구입하는 것에 부수적이고 외부적인 것들로 분석될 뿐이다.

기가 막히게 외부성이라는 개념을 사용해서 가격을 제외한 다른 가치들을 한 켠으로 잘 몰아놓고 묻는다. 표준경제학자들의 용어로 외부성이라고 하는 개념은 관계interactions에 대한 내용들을 담고 있다. 본서에서 기술하고 있는 가치 기반 접근법은 표준경제학에서 제외된 것들을 포괄하고 있다.

가치의 개념에 대하여

　가치의 개념을 논하는 것은 다소 위험한 작업이다. 미리 알려 두는 것이 좋겠다. 가치란 부정확하며 그 개념은 고정되지 않는다. 설사 우리가 어떤 것에 대한 가치를 감지할 수 있다고 해도 실질적으로 그것을 구체화시키는 일은 쉽지 않다. 함께 일하는 젊은 연구원이 존중이라는 가치를 운운하며 무언가를 소리쳐 대며 얘기하지만, 무슨 뜻인지 구체적으로 이해할 수 있다고 말하기는 힘들다. 의아스러울 것이다.

　가치는 상관 관계에 있는 개념이다. 사람들 간의 관계, 혹은 사람과 사물간의 관계, 상황과 관련된 관계에서 작용한다. 비교를 통해 또는 사물의 특성을 가지고 가치를 평가한다. 예컨대, 지금 이 순간, 조용히 앉아 글을 쓰면서 필자는 책상 위에 있는 커피 잔에서 퍼지는 커피향을 평가한다. 이 고요한 순간에 대해 평가할 수 있는 이유는, 바로 몇 시간 후 대단히 시끌 벅적한 파티에 참석할 것이기 때문에 이 순간의 분위기에 대한 비교가 가능하다.

　어쨌거나 사람들이 어떤 사람이나, 행동, 관계, 사태를 평가하는 이유는 그 모든 것들이 그들에게 유의미하기 때문에, 다시 말하면 중요하기 때문이다.

　필자는 경제학자이다. 그리고 필자가 가치 기반 접근법으로 상황을 분석할 때 가장 먼저 분석하는 항목은 당신에게 중요한 것은 무엇인가라는 질문에서 출발한다. 이유인즉 사람들은 사물, 관계, 행동, 사태에 대한 가치를 평가할 때, 자신에게 중요한 것들, 자신이 추구하는 가치들에 기반하기 때문이다.

　"당신에게 중요한 것은 무엇인가" 하는 질문은 "당신이 필요한 것은 무엇인가" 하는 질문과는 판이하게 다르다. 필자의 딸이 했던 대답은 후자의 질문에 해당하는 것이었다. 우리는 온갖 종류의 것들을 원한다. 하지만 원한다고 그것들이 다 필요한 것이라고 할 수는 없다. 매슬로우의 피라미드에 따른다면, 우리는 풍요로움, 안전, 소속감, 궁극적으로 자기실현을 위해서 온갖 종류의 것들을 필요로 한다(Maslow, 1943). 그런 의미에서, "당신이 필요한 것은 무엇인가"라는 질문은 매슬로우의 욕구 피라미드에 나열된 요소들을 상기시킬 수도 있다.

따라서 선호가 반드시 가치와 동치 관계에 있다고 할 수는 없다. 가령, 여러분이 지금 너무 술 한잔하고 싶은 상태라고 가정해 보자. 그렇다면 여러분은 그 술에 대한 선호를 가지고 있다. 하지만, 만일 여러분이 지금 여러분에게 중요한 것이 무엇인지를 생각해 보게 된다면, 여러분은 술 한 잔, 그 자체를 답으로 하지는 않을 것이다. 오히려 공부할 시간이라든지 뇌를 단련시켜야 한다든지 다른 생산적인 일을 선호해야만 할 것이다. 심지어 술 한잔이 좋을 것이 없다는 것을 깨달을지도 모른다.

예술과 과학의 영역에서 선호와 가치 사이에 존재하는 차이는 아주 중요한 점을 시사한다. 한 가지 예를 들어 보자. 여러분은 현대 무용 강습에 참여하게 되었다. 첫 번째 강습에서 여러분은 1분을 1시간 같이 느낄 수도 있다. 하지만 몇 번 더 참석하게 되면서 여러분은 스스로 현대 무용에 호감을 가지게 될 수도 있고, 가치를 매길 수도 있다. 선호를 변화시키는 것, 어떤 특정한 선호를 가치로 승화시키는 것, 이 모든 것은 교육의 힘이다. 가치를 인식함으로써 분명히 선호는 변화된다.

한 개인이나 조직, 또는 사회에서 중요한 것이 무엇인지 묻는 것은, 명백히 그 개인이나 회사, 또는 그 사회에서 원하는 것이 무엇인지 묻는 것을 넘어서는 대답을 요한다. 그리고 그 답은 기본적이자 필수적이기도 하다. 경제학자들은 원하는 것이 무엇인지 물어보는 질문을 선호가 무엇인지 물어보는 질문으로 재구성할 것이다. "그것은 얼마인가?"라는 도구적인 그리고 부차적인 질문에 대해 대개는 "가격"을 매겨 대답한다. 그러나 가치가 가격으로 환산될 수 없음은 명백하다.

사람들은 물건 뿐만 아니라, 타인의 행동, 상황, 실천 방식 등에 대해서도 평가한다. 그러기 위해서는 기준이 되는 가치가 무엇인지 먼저 파악해야 한다. 그 가치 안에서 행동이나 상황이 발생하고 실천이 이루어졌다면 긍정적인 평가와 보상이 주어질 것이고, 이에 위배된다면 부정적인 평가와 개선이 이루어져야 할 것이다. 이와 같은 논리는 비단 개인만이 아니라, 회사, 조직, 국민성 등에도 동일하게 적용된다. 가치와 연관된 행동, 실천, 집단 행위를 우리는 덕 또는 덕목이라고 한다.

가치 기반 접근법에서는 어떤 물건이나 관계, 커뮤니티, 기관 등 어떤 상황이나 상품들을 평가할 때 대상의 특성이 지니는 가치에 중점을 둔다. 그 가치는 미, 유용성, 우정, 다양성이 될 수 있다. 만일 우리가 어떤 물건을 통해 추구하는 가치를 인식하고 실현할 수 있다면 우리는 그 물건을 선호하게 될 것이고 그렇지 않다면 한 켠으로 미뤄 두게 될 것이다. 그러한 목적이 되는 가치를 우리는 콘텐트 가치content values, 또는 목적적 가치goal values라고 한다. 콘텐트 가치는 어떤 대상, 상황 또는 기업 내부적으로 질적인 부분을 구성한다. 목적적 가치는 그 대상의 지향점, 즉 어떤 상황이나 기업이 도달하고자 의도하는 바를 뜻한다.

가치와 문화

누구나 개인적으로 가치를 두는 부분이 있다. 필자 역시 마찬가지이다. 예를 들자면, 중요하게 생각하는 어떤 새로운 통찰력, 기호, 믿음, 진실성, 신념, 훌륭하다고 생각하는 그림 한 점, 맛있는 아이스크림, 괜찮은 구두와 같은 것들이 있다는 뜻이다. 그리고 이 가치를 실현하기 위해서는 타인들의 의견이 반영될 수도 있지만, 우선적으로 개인적인 경험이 수반되어야 한다.

동시에 우리는 이 가치를 다양한 집단의 사람들과 공유한다. 필자의 경우, 학문적 가치는 학계의(모두는 아니지만) 인사들과, 예술적 가치는 여러 분야의 사람들과 공유한다. 또한 필자의 네덜란드인 다운 기질은 네덜란드인과 공유한다. 우리는 문화의 일부가 되는 경험을 하게 되는데 이는 가치를 공유함으로써 가능하게 된다.

우리는 누구나 특정 문화권에 소속된다. 그리고 특정 문화권에 참여하기도 한다. 그리고 그 문화를 반영하는 가치를 지닌다. 예컨대, 네덜란드인으로서 필자는 축구와 스피드 스케이팅 문화에 대한 특별한 자부심과 자국의 역사, 네덜란드 특유의 안락한 분위기(네덜란드인은 안락한 분위기를 아주 선호한다)에 대한 가치를 평가하고, 미국인(필자의 제2의 시민권인)으로서 대학 농구 문화, 기업가 정신, 근교를 드라이브 하는 묘미, 파머스 마켓에 대한 문화를 공유하고 평가한다.

문화의 가치는 공유 가치로 정리된다. 다시 말해, 문화권은 각 문화권에서 그 문화를 공유하는 사람들이 있기 때문에 존속되고 구분된다.

가치들을 구분하기

가치에 대한 논의를 추상적으로 몰고 가는 것이 꽤 괜찮아 보일 수도 있다. 하지만, 우리는 가치란 우리가 하고 있는 일과 연관되며, 일상에서 활성화되어 있다는 점에 대해 분명히 논했다. 다음 단계에서 필요한 과제는 활성화된 가치는 무엇인지, 그 영향력은 얼마나 강력한지를 구체화시키는 것이다. 가치 기반 접근법의 핵심은 연관된 가치들을 구조화시킨다는 점에 있다. 한가지 난점이라면 가치들을 뚜렷하게 구분하여 명명하는 부분이다. 앞선 어그부츠의 예를 상기해 보자. 그 비싼 신발 값을 지불하지 않겠다고 했을 때 이 상황과 관련하여 제기되는 질문은, 어떤 가치가 그 상황에서 활성화되고 있었는가에 대한 것이다. 필자에겐 무엇이 중요했고 또 무엇이 딸을 실망시켰는가? 아이를 버릇없이 키울까 드는 두려움, 아버지로서의 책임감, 또는 제품의 우수한 미적 가치에 대한 것들이 그 상황에 작용하고 있었다. 그렇다면 필자 역시 미적인 부분에 대해 고려하고 있었다는 얘기이며 이를 가리켜 콘텐트 가치 content value라고 한다.

또 다른 어려움은 우리는 즉각적으로 우리가 처한 상황에서 어떤 가치가 작용하고 있는지 알기 어렵다는 점이다. 그러기 위해서는 일련의 탐구 과정이 필요하기 때문이다. 대개 우리는 한 상황에서 일어나는 행동들의 동기나 그 속에서 일어나는 감정 등을 탐구하는 과정을 통해 연관된 가치들이 어떤 것이었는지 알게 된다.

탐구 과정을 용이하게 하고 행동에 반영되는 그리고 유발하는 가치들이 무엇인지 의식하려면 가치의 종류를 구분하는 것이 도움이 된다. 그 첫 번째 구분법은 이미 앞서 기술한 대로, 행동이나 실천에 적용되는 가치들과 일련의 상황과 사물에 적용되는 가치들을 구분하는 것이다.

● 경제학자들의 대화 속에서 사라져 버린 가치들

가치라는 주제를 경제학 대화 속에 끌어들인 장본인은 고전 경제학자들이다. 사실, BC 350년 경에 교환 가치와 사용 가치를 구분했던 사람은 아리스토텔레스이다. 고전 경제학자들이 그 개념을 계승하여 교환 가치에 대한 논리를 발전시켰다. 그리고 사용 가치에 대해서는 근본적으로 논의에서 제외시켜 버렸다.

● **칼 막스** Karl Marx

20세기 경제학자들은 모든 것에서 가치의 개념을 부각시켰다. 그들은 투여된 노동의 총량으로부터 객관적으로 재화의 (교환)가치의 측정 방식을 끌어내려던 칼 막스의 노력은 실패했다고 판단했다. 게다가 한계주의 marginalist 경제학자들이 대안으로 진전시켰던 주관적 평가 역시 교환 가치를 설명하기에는 불충분하다는 것을 인식했다.

따라서 존 힉스 John Hicks가 가치와 자본 Value and Capital(Hicks, 1939)을, 제라드 데브루 Gerard Debreu가 가치론 The Theory of Value(Debreu, 1959)을 출판했을 때, 그들은 가치의 개념을 제거하고 가격이 수요와 공급 사이에서 어떻게 결정되는지 보이고자 했다. 데브루는 심지어 성공적으로 가치라는 용어를 교묘히 피해갔다.

경제학 교과서들의 시작은 폴 사뮤엘슨 Paul Samuelson의 그 유명한 교재(필자 역시 경제학도로서 공부했던)로부터 시작한다. 경제학 교과서들은 가치의 개념은 무시하고, 가격과 유용성에 대한 것들만 잔뜩 실었다(Samuelson, 1947).

오직 오스트리안 Austrians과 같은 소수의 경제학자들만이, 가치의 개념을 손에서 놓지 않았던 것이다.

20세기 철학자들 역시 가치의 개념에 대해서는 숨기고 무시하기에 급급했다. 자신들의 분석 방식에서는 그러한 모호한 개념을 다루기 위한 조건들을 구체화시키는 방법이 없었다. 포스트 모던 철학자들도 그 개념을 싫어했다. 필요한 것은 가치를 구체화하고 실현하게 할 수 있는 언어이다. 그들이 가치에 대해 의구심이 들게 했던 요인은 바로 여기에 있다.

필자는 비판적인 견해를 보여 준 경제학자들과 철학자들에게 감사한다. 동시에 필자는 그들이 가치의 개념에 대해 묵살해 버리는 작업에 지나치게 열중해 왔음을 스스로 드러냈다고 확신했다. 이제 우리는 이 책을 통해 가치의 개념을 되찾기 위한 시도를 하게 될 것이다.

덕은 행동과 연관 관계에 있는 가치이다

사람들에게 여러분은 어떤 가치를 지니고 있습니까? 혹은 어떤 가치를 지향하고 있습니까? 라고 물어보면 대개는 "정직", "겸손", "용기", "신중함"과 같은 것을 나열하는 모습을 종종 관찰한다. 기관에 근무하고 있는 사람들을 수없이 컨설팅했을 때도 "조직에 대한 충성심", "고객 우선주의", "열정", "진실성", "진정성"과 같은 가치를 언급하곤 했다. 가만히 들여다 보면, 그러한 가치들은 그 사람들이 지금 하고 있는 일, 그들의 행동, 그들과 연관된 실천을 이어 가게 하는 질적인 부분과 무관하지 않다. 이러한 가치를 가리켜 덕 또는 덕목이라고 부른다.

덕은 고대 그리스 로마인들의 대화에서 일상적인 주제였다. 아이들은 19세기 말까지 학교에서 덕에 대해 배웠다. 알고보면 제인 오스틴Jane Austin의 오만과 편견Pride and Prejudice과 같은 소설이나, 미국의 앤디 그리피스 쇼나 초원의 집과 같은 TV프로그램에서도 그랬다. 이 덕에 대한 인식은 사라지거나 제거 되었다가 최근 다시 철학자들과 심지어 경제학자들의 이목을 사로 잡았다. 특히 데어드르 맥클로스키는 대표작 부르주아의 덕목Bourgeois virtues(McCloskey, 2007)에서 덕과 관련하여 예리한 논증을 펼친 바 있다.

아리스토텔레스와 다른 그리스 철학자들이 우리에게 가르침을 주듯이, 덕은 내면화된 행동 가치이다. 정직한 사람은 행동 자체가 정직하다. 그가 정직한 행동을 하는 이유는 처벌이 두려워서라거나 칭찬을 듣고 싶어서가 아니라, 그가 정직이라는 덕을 지니고 있기 때문이다.

고결한 사람은 올바른 소통을 기반으로 합리적인 선택을 할 수 있다. 자신의 가치가 무엇인지 인식하고 상황을 판단할 필요가 있다. 고대 그리스 로마 철학자들이 상기시키는 바와 같이, 그러한 과정을 실천하는 데에는 부단한 노력이 필요하다. 또한 우리는 자신이 속해 있는 문화의 영향으로 덕의 형태를 만들어 간다. 만일 우리가 친구 관계나 조직 문화를 중요하게 생각하는 문화권에 소속되어 있다면, 우리는 개인주의적 삶을 중요하게 생각하는 문화권보다 더 빠르게 의리에 대해 배우게 될 것이다.

아리스토텔레스는 니코마코스 윤리학을 통해 우리에게 네 가지 기본 덕목에 대해 가르침을 준다. 이 네 가지 덕목이 주요한 이유는 가치를 실현하는 모든 행위에 대해 설명하고 있기 때문이다. 신중Prudence, 절제Temperance, 용기Courage, 정의Justice가 그 네 가지 덕목이며, 훗날 토마스 아퀴나스Thomas Aquinas 같은 기독교 신학자들은 믿음Faith, 소망Hope, 사랑Love의 세 가지 신학적 덕목을 덧붙여 7가지 기본 덕목을 완성했다. 각 덕목에 대한 자세한 논의와 논쟁들은 다른 저서에서도 상세히 다루어지고 있다. 맥클로스키McCloskey의 부르주아의 덕목들Bourgeois Virtues(McCloskey, 2007)을 참조하라.

가치는 상황, 물건, 실천, 사람과 연관된다

주지하듯이, 가치는 "중요한 것이 무엇인가"에 대한 대답이다. 세계 가치 조사world value survey와 같은 가치에 대한 조사 작업은 전 세계의 사람들로부터 가족, 종교, 성, 다양성, 권한, 민주주의, 환경, 자연, 개인성, 자유, 원칙과 정의와 같은 온갖 종류의 이슈에 대한 응답을 모으고 조사하고 분석한다. 잉글하트Inglehart와 웰젤Welzel은 세계의 가치를 다른 흥미로운 지도value maps를 고안했다. 그 지도는 가치들의 클러스터 양상을 보여 준다. 예를 들면, 중국인들은 유교적 가치인 조화와 같은 가치를 신봉하고, 미국인들은 개인주의를 선호하는 것을 분석해 냈다.

데이비드 스로스비David Throsby 역시 필자의 동료이자 문화 경제학자로서 가치 기반 접근법을 추구하는 일인이다. 그림이나 공연과 같은 문화재(cultural goods)[7]에 대한 논의에서, 그는 그러한 재화와 관련된 일련의 여섯 가지 가치인 미학적 가치, 상징적 가치, 사회적 가치, 영적 가치, 역사적 가치, 진정성의 가치를 제안했다. 이 여섯 가지 가치들은 자주 인용되는데 각각의 가치는 예술 작품의 특정한 정성적 특성을 가리킨다(Throsby, 2001). 이 분석 결과는 예술 작품의 다면적 특성을 여실히 드러낸다. 그러나 우리가 "가치의 실현"이라는 것에 관심을 기울인다면 보다 넓은 범위의 가능한 가치들을 고려한 그 이상의 것이 더 필요하다.

그래서 나는 앞에서 살펴본 가치들을 크게 네 가지 영역을 중심으로 분류하여 클러스터 모델을 만들었다. 그간 수많은 경험적인 연구들을 통해 모든 종류의 설정, 가령 전문가 집단의 조직, 문화 관련 기관의 맥락에 이 클러스터 모델을 적용시켜 보았고 지금까지의 결과는 만족스럽다. 이 모델을 적용했던 주된 이유는 사람들이 자신의 일터에서 가치를 정의하고 용이하게 적용시킬 수 있도록 하기 위함이었다.

그 모델은 a) 개인적 가치, b) 사회적 가치, c) 공적인 가치, d) 선험적 또는 문화적 가치로 구분되며, d의 가치는 C2, C3(다시 말해, 예술, 종교, 문명의 범주)를 자아내는 것으로 앞의 세 가지 가치를 초월하는 가치들로 분류된다(C1은 인류학적인 의미로 이해되는 문화를 뜻하며 나머지 a, b, c의 영역에 해당된다).

네 가지 영역에 대한 의미는 다음과 같다.

---

[7] 문화재(cultural goods)는 문화상품(cultural commodities)이나 일반적으로 한국에서 문화재라고 부르는 개념과는 구분된다. 여기서는 이를 구분하기 위해 cultural goods를 (CG) 약어로 표기한다.

a) 개인적 가치

이 영역에서 지칭하는 가치들은 개인들이 지니고 있는 모든 가치를 의미한다. 따라서, 개인적이다. 그러나 어떤 가치들은 자신이 연관된 관계에 대한 것이기도 하다. 예를 들면, 나에게는 셰익스피어가 특별한 가치를 지니는데, 이유인즉 그의 연극 작품들이 나를 고취시키고, 나의 지적 능력과 해석적이고 감정적인 기량을 계발하는데 영향을 끼치기 때문이다. 연극 리어왕은 현재 나에게 중요한 개인적 가치를 지닌다. 왜냐하면 그 작품을 통해 어떤 (사랑과 배신과 관련된)상황들을 이해 하는데 도움을 주기 때문이다. 이런 모든 것들은 개인, 개인성과 관련된 질적인 부분들을 구성한다.

조직이나 기관의 맥락에서 개인적 가치는 사실 쉽게 간과된다. 그러나 조직 역시 분명히 개인의 기량이나 장인 정신 등을 발산함으로써 개인적 가치도 실현된다. 개인적 가치의 다른 예를 보면, 건강, 자율성, 독립성, 진정성, 인식, 호기심(학문을 하는데 훌륭한 작용을 하는 가치이다), 강인함, 즐거움, 개인적인 발전 등이 있다.

사실 대부분의 이러한 가치들은 정의하기에 모호한 측면이 없지 않다. 예컨대, "진정성"이라는 가치는 꽤 멋져 보이긴 하지만 "당신은 언제 그렇게 되는가?"라는 질문에 답할 수 있는가가 중요하다: 우리는 자신이 추구하는 가치에 맞게 행동할 때 그 가치는 우리 행동을 통해 실현된다. 중요한 점은 그러한 "가치들"에 호소할 때는 분명히 그 가치들이 상징하는 바를 정확하게 구체화시킬 수 있어야 한다는 것이다.

b) 사회적 가치

어떤 가치가 인간 관계의 특성을 지시할 때 그 가치는 사회적이라고 한다. 우정은 이를 설명하기 위해 용이하고 괜찮은 예이다. 물론 사회적 가치 역시 개인적 가치라고 간주할 수도 있지만, 우정은 명백하게 자신을 넘어서서 최소한 타인 한명 이상과 결부되는 상황에 연관 된다는 점에서 개인적 가치와는 구분된다. 사회적 가치는 공유된다. 비단 우정 뿐 아니라, 가족, 동료, 커뮤니티, 이웃, 아늑함[8]이나 존중, 품격, 클럽, 사회적 지위 역시 같은 논리를 적용할 수 있으며, 사회적 가치로 구분 된다.

c) 사회 지향적 가치

어떤 가치가 한 사회 전체처럼 광범위한 범위의 관계에 영향을 미칠 때 우리는 그것을 '사회 지향적 가치'라고 한다. 셰익스피어의 작품은 문명이라는 태피스트리의 중요한 부분을 구성한다는 점에서 분명 사회 지향적 가치를 자아낼 수 있다. 왜냐하면 연극과 같은 공연은 사회의 질적 향상에 기여하기 때문이다. 사회 지향적 가치는 정의, 지속 가능성, 자유, 안보, 평화와 같은 정치적 가치들도 포함한다. 정치 활동은 사회 지향적 가치를 실현하기 때문이다.

사회 지향적 가치는 또한 문화적 가치(C1)에 포함된다. 사람들의 공유 가치를 함축하고 있기 때문이다. 우리가 어떤 집단에 대해서 생각해 볼 때, 그 집단 구성원들이 공유하는 것과 다른 집단과는 차별적으로 존중하고 있는 것이 무엇인지를 파악하려 한다면, 대개 그 집단의 문화적 가치를 공유 가치를 통해 확인한다. 예컨대, 신중함은 네덜란드인들이 존중하

---

[8] 역주 : 네덜란드인들에게 아늑함(coziness), 네덜란드어로 gezelligheid라고 하는 단어는 다소 특별한 의미를 전달한다. 단순히 건축, 인테리어적인 측면에서 만들어 내는 분위기가 아니라, 가족 간, 커뮤니티 간 조성되고 또한 "공유"되는 분위기를 포괄한다.

는 문화적 가치이고, 개척 정신은 미국인들의 문화적 가치이다. 호프 슈테드에 따르면, 어떤 집단이나 조직을 특성화하는 것은 문화적 가치이다 (Hofstede, 2003).

국가 단위로 생각의 범위를 넓혀 보자. 연장자에 대한 존중이나 호의, 신중함과 같이 한 사회에서 공유되고 있는 문화적 가치는 동시에 사회 지향적 가치로서도 작용하고 있다는 것을 쉽게 알 수 있다.

d) 선험적 또는 문화적 가치

이 범주로 분류되는 가치들에 대해 생각해 볼 때, 사람들은 자기 자신이나, 자신을 둘러 싸고 있는 협의의 또는 광의의 관계 속에서 연관성을 찾기보다는, 추상적이고 이상적인 것, 또는 프랙시스, 아이디어, 과학 또는 예술에 연관되는 가치들을 떠올린다.

선험적 가치는 역사적이고 예술적이며 과학적인 가치들을 아우른다. 셰익스피어는 17세기 영국에서 혁혁한 공을 세웠고 그 이래로 전통을 일궈 왔다는 점에서 역사적인 가치를 지니고 있다. 그의 예술적 가치는 비범한 문학성과 탁월한 작품성, 사실 지금까지도 문학 비평가들의 끊임없는 작품 해석을 가능하게 하는 그 작품성은 더 이상의 설명이 필요 없다. 그의 과학적 가치는 학계에서 특히 인문학계에서 작품에 끊임없는 논의를 만들어 낸다.

또 다른 문화적 가치는 도덕적 가치이다. 도덕적 가치는 존경, 존중, 신의, 정의, 용기, 열정, 호혜와 같은 것들이다. 영적인 가치나 종교적 가치, 우리가 경험하게 되는 어떤 신성함, 깨달음과 같은 형이상학적인 가치들도 이 범주에 해당된다.

외적 가치와 내적 가치

선험적 가치는 내적인 가치인가? 문득 그런 생각이 들었다. 그렇다면 예술적 가치도 마찬가지인가? 예술적 가치는 내적인 가치인가? 예술의 내적 가치에 대해 확신하는 사람들이 있는가 하면, 반대로 부정하는 사람들도 있다. 필자는 전자의 편에 서려고 한다. 그러기 위해서 필자는 다음 장(6장)에서 이와 관련된 개념들을 정확히 명시하고자 한다(예술은 비매품이다라는 단락을 참조하라).

초월적 / 문화적	사회지향적인
예술적인, 역사적인, 종교적인, 연민의, 세계 평화, 진, 선, 미, 과학, 우아함, 계몽, 희생, 신성함, 도덕성	정의, 문명, 교육, 자유, 공명 정대함, 자유, 평등, 사회 보장, 안전, 평화, 국가주의, 애국심, 창의적인, 결속, 종교, 지식, 경험
개인적	**사회적**
프로네시스, 용기, 정의, 희망, 사랑, 부모 되기, 친구/ 동료, 지혜, 유희, 열정, 기업가 정신, 자아, 장인 정신, 건강, 자아, 독립성, 항의적인, 풍요로운, 개인적 성장	사회적 지위, 책임감, 가족, 우정 교우 관계, 커뮤니티, 소속감, 멤버쉽 특권, 정체성, 창의성, 기여, 품위 겸손, 동지애

그림 5-1 가치 클러스터 : 네 가지로 분류되는 가치

사용 가치와 금전적 가치

일상에서 우리가 도구적 가치를 지니는 여러 가지 물품에 고마운 마음을 갖는 것은 당연하다. 음식은 우리를 살찌우게 하고 망치는 못을 박을 수 있도록 유용성을 제공한다. 어그부츠는 추운 날씨에 발의 온도를 따뜻하게 유지시키는 기능을 하고, 칼은 절단할 수 있는 도구적 가치를 지닌

다. 또한 리어왕 공연은 극작이 공연물로서의 연극이 되도록 도구적 가치를 제공한다.

고전 경제학자들이 사용 가치에 대해 말할 때, 그들은 보통 기능적이고 도구적인 가치를 염두에 두고 있었지만, 오늘날 대부분의 경제학자들은 다른 가치들이 연관되어 있음을 알게 된다. 그러나 저자가 지금 이 책을 통해 하고 있는 작업, 즉 그러한 가치들을 구체화시키는 작업은 사실상 흔치 않다.

사용 가치는 실용적이다. 컴퓨터는 그 유용성으로 가치가 평가된다. 우리는 컴퓨터를 사용하기 위해서 워드작업을 하지 않는다. 대신, 좋은 저작물을 만들어 내거나 문명에 기여하는 등의 가치를 실현하기 위해서 컴퓨터를 사용해서 워드 작업을 한다.

사용 가치는 도구적 가치이다. 우리는 그 도구적인 가치를 유용하기 위해 모든 종류의 제품, 가령, 야채, 이발, 망치, 컴퓨터, 자동차, 도로 등에 의존한다. 표준경제학에서는 유용성으로 인해 가격을 매길 수 있는 것들에 집중한다. 이에 반해, 가치 기반 접근법은 단순히 유용성에 대한 추구를 넘어서 우리에게 중요한 것이 무엇인지를 바라보고 깨닫게 하는 것에 집중한다.

그렇다면 경제적 가치는 어떠한가?

통상적으로, 어떤 재화가 경제적 가치를 지닌다는 것은 그 재화가 금전적 가치로 환산되어 교환이 가능하다는 것을 뜻한다. 가령, 앞의 일화들의 경우에서, 어그부츠는 180유로와 교환되는 것에 유익하고, 리어왕 공연은 보조금을 받는데 유익하다. 경제학에서 이루어지는 논의의 대부분은 금전적 가치에 초점을 두곤 한다. 왜냐하면 바로 그것이 경제적 가치를 제시하는 형태이기 때문이다. 즉, 경제적 가치는 금전적인 양을 나타낸다.

그러나 가치 기반 접근법에서 금전적 가치는 도구적 가치로 이해된다. 다시말해, 도구적 가치는 말 그대로 도구적인 역할을 하는 기능에 충실할 뿐이다. 왜냐하면 금전적인 총량 그 자체로는 개인적 가치, 사회적 가치, 사회 지향적 가치, 선험적인 가치 중 그 어느 가치의 의미도 가지지 않기 때문이다. 돈은 우리가 중요하게 여기는 어떤 가치를 실현하기 위한 재화로 전환되어야만 한다. 예컨대, 극단에서 티켓 수입이나 보조금을 확보하여 예산을 마련하는 목적은 훌륭한 공연을 하고 유능한 공연팀으로 부상하기(누가 알겠는가 그 팀이 극장 역사에 한 획을 그을지)위해서이다. 따라서 가격이란 중개자의 역할에 불과하다.

지폐 뭉치는 지폐 뭉치 그 자체이며, 이 돈으로 재화 획득이 가능하다는 것이 보장되기 때문에 가치를 지닌다. 티켓 구입을 통해 사람들은 자신에게 중요하게 여겨지는 가치의 실현을 예상하기 때문에 티켓에 대해 지불 의사를 가진다. 티켓은 그 자체로 그저 티켓에 불과하다.

앞의 어그부츠의 일화에서처럼 가격은 사회적 가치를 지닐 수도 있다. 십대 소녀들에게 그 사치스러운 가격은 부모가 그들을 위해서 얼만큼 희생할 수 있는가 하는 것을 간접적으로 표시한다. 이러한 재화를 지위재 positional good라고 한다. 다시 말해, 소유주는 지위재를 통해 어떤 특별한 사회적 지위를 갖는다.

따라서, 교환 가치나 가격은 원칙적으로 진정한 가치라고 간주될 수 없다. 그것은 다소 복잡한 과정의 결과물로 도출된 숫자에 불과하다. 교환 가치나 가격이 지니는 중요한 기능은 돈을 쓰는 사람(소비자)의 입장에서는 무슨 재화(혹은 가치)를 포기해야만 하는가를, 그리고 수취인(생산자)의 입장에서는 그들이 무슨 재화(혹은 가치)를 획득할 수 있는가를 보여 주는 것이다. 가격은 그들의 행동에 영향을 미친다. 가격이 너무 높으면 소비하는 사람의 입장에서는 행동에 제한을 받을 것이고 가격이 너무 낮으면 판매하는 사람의 입장에서는 행동을 중단하려고 할 것이다. 거의 그렇다. 가격이 함축하는 것은 지극히 제한적이다.

교환 가치와 가격은 모두 오로지 도구적인 기능으로서 존재한다. 이 둘은 연관된 가치를 실현하기 위한 수단이다. 가격은 그 자체로 의미도, 가치도 없다. 단지 숫자에 불과하다. 중요한 포인트는 여기에 있다. 우리는 교환 가치나 가격을 다른 가치를 실현하게 하는 일종의 수단적인 가치로 이해해야 한다는 점이다.

교환 가치와 가격의 중요성은 시그널의 기능을 한다는 것에 있다. 예술 작품의 가격이 상승한다는 것은 판매자들에게 소비자의 지불 의사가 높아지고 있다는 것을 시사한다. 가격이 내리는 현상은 그 제품에 대한 시장 참여자들의 관심이 사그라들고 있다는 신호를 보낸다. 가장 유용한 재화인 물처럼 가격이 없는 제품은 충분한 공급이 이루어지고 있다는 시그널을 보낸다. 콘서트 티켓 가격이 비싸다는 것은 관객들이 객석 점유율을 올리는데 장애가 될 수도 있지만 그 티켓은 무언가 그만큼 희생할 만한 가치가 있다는 것을 의미하기도 한다. 관객들이 공연 티켓을 사려는 지불 의사 능력이 없을때, 공연팀의 디렉터는 다음과 같이 유추할 것이다. A) 공연이 별로이다. B) 티켓 가격이 너무 비싸다. C) 아니면 둘 다에 해당된다. 따라서, 시장 참여자들은 가격 분석을 바탕으로 행동 방향을 정할 것이다.

제작자들은 교환 가치를 통해 타인의 평가에 대해 알게 된다. 교환 가치는 다른 세계, 예컨대 다른 종류의 제품을 만들어 내는 분야들, 예술계, 출판업계, 젊은세대 등 다양한 분야와 마주하는 기회를 만들어 내지만, 그렇다고 해서 가격 그 자체가 가치 있게 되지는 않는다. 게다가 가격을 표시하는 숫자들은 실현되는 가치들을 포괄하기에는 너무도 불완전한 지표이다. 가격은 많은 것들을 뒤로 제쳐두고, 정작 중요한 가치들을 은닉해 버린다.

■ 일상에서, 그리고 정책 결정 과정에서 교환 가치가 주목 받는 이유는 무엇인가?

한 가지 이유는 사람들은 원하거나 필요로 하는 것들을 교환 가치를 통해서 습득할 수 있기 때문이다. 예컨대 앞에서 예로 들었던 극단이 교환을 위한 충분한 도구들을 실현할 수 없다면, 배우들은 급료도 받지 못할 것이고 결국 그 극단은 문을 닫아야 하는 상황이 될 것이다.

다른 이유는, 도구주의적인 시대에, 사람들은 숫자에 대해 익숙해져 있기 때문이다. 교환 가치의 큰 장점이 바로 가치의 수치화가 용이하다는 데에 있다.

또 다른 이유로는 교환 가치는 구체화하지 않고도 이용할 수 있는 모든 종류의 가치를 언급하기 때문이다. 교환 가치는 포괄적이다. 워렌버핏이나 빌게이츠 같은 인사들의 재산이 수십 억 달러라는 얘기를 들었을 때, 우리는 즉각적으로 그 돈으로 획득 가능한 모든 재화에 대해 쉽게 상상할 수 있다. 요트, 대저택, 호화로운 휴가, 부유하고 유명세를 탄 기업 등. 그러나 우리는 그들이 실제로 무슨 가치를 실현하는지에 대해서는 알 수 없다. 가령, 그들이 실제로 화목한 가정을 실현하고 사는지, 둘도 없이 속내를 털어 넣을 수 있는 친한 친구들은 얼마나 되는지, 자기 스스로는 얼마나 성숙한 자아를 만들어 가고 있는지 판단할 수 없다.

예전에 동료들과 저녁 식사를 하면서 질문을 던진 적이 있다. 그 첫 번째는 이 저녁은 무엇에 좋은지, 무엇을 위해 유익한가 하는 질문이었다. 물론 우리는 저녁 식사를 통해 신체에 영양분을 공급해야 하지만, 우리 모두가 여기 앉아 있는 이유는 그게 전부가 아니다. 우리는 대화, 소통을 하기 위해서 함께 저녁 식사 자리에 모여 있다. 따라서, 중요한 것은 이 저녁 식사 자리를 통해 공유하는 소통의 가치이다. 동료들 간 좋은 관계를 형성하고 미래 지향적인 협조를 희망한다.

그러나 고작 통계 자료로 남게 되는 것은 저녁 식대 금액이 찍힌 영수증 뿐이다. 이는 소비로 분류될 것이고 경제학적 모델이 적용되어 회계사들은 그 지출로 인해 레스토랑의 직원들은 얼마나 수익을 받게 될지 계산할 것이다. 저녁 식사를 함께 하면서 나누었던 생산적인 대화는 식대 계산과 식당의 이윤으로 일축되고, 표준경제학적 분석의 관점으로 우리가 실현했던 가치들은 배제된다.

● 가치, (사회)규범, 그리고 덕목들

• **가치**

행위, 재화, 실천, 사람 및 사회 체제social entity에 대한 질적인 부분을 일컫는다. 사람들은 좋고 유익하고 중요하며 아름답고 유용하고 바람직한 구조적인 사회체제를 추구한다. 가치는 개인적인 경험을 토대로 한다는 점에서 개인적이고, 사람들과 공유함으로써 임팩트를 끌어 낸다는 측면에서 사회적이다. 예컨대 나에게는 진실성이 중요한 가치이고, 그 진실성을 가치로서 공유하는 사람들과 소통할 때 그 가치는 최고로 발현된다.

• **(사회)규범**

사회적 행동들을 안내하고, 지시하고 규정하는 규칙들이다. 사회적 규범은 대개 어떤 형태로든 나타난다. 사람들은 인사를 나눌 때, 인사를 받은 사람들은 상대방에게 다시 인사를 건넨다. 규범이 함축하고 있는 것은 예의, 또는 존중과 같은 가치이다. 예술계에서는 보통 어떤 작품에 대해 의견을 말할 때 아름답다고 표현하는대신 "음–", "흥미롭군요"라고 짤막하고 부드럽게 표현하는 것이 권장되기도 한다.

• **덕목들**

좋음을 지향하는 행동들의 (내면화된)특성들이다. 고결한 사람들은 스스로의 가치에 올곧은 행동을 하는 사람들이며, 자기절제, 신중함, 용기, 정의를 지향한다. 아리스토텔레스의 니코마코스 윤리학에서는 이를 기본 덕목이라고 정의하고 있다. 여기서 믿음, 소망, 사랑의 세 가지 신학적 가치를 더해서 일곱가지 기본 덕목이 구성된다.

프로네시스와 가치

　자신이 지향하는 가치와 타인의 가치를 인식하는 것, 인식하고 있는 가치를 기반으로 행동하는 것은 다른 문제이다. 우리는 그러한 가치들을 평가하는 방식과 실현하는 방식에 대한 판단이 필요하다.

　문제는 가치들은 형태가 없다는 점이다. 예술적 가치나 사회적 가치는 구체화시켜 수치화 할 수 없다. 게다가 우리가 자신의 가치를 따라 행동을 할 때에도 대개는 그 가치들을 매번 의식하면서 행동하지 않는다. 집에 있거나 셰익스피어 연극을 보러 갈 때에도 언제나 가치를 따지지 않는다. 그렇게 하고 싶으니까 한다. 수없이 많은 강의와 워크샵을 해 오면서 내가 발견한 점은 - 이것 역시 쉽지는 않지만 - 우리는 다른 사람들이 하는 행동 및 언행을 통해 그들이 가지고 있는 가치들을 유추할 수 있다는 것이다.

　특별한 워크샵에서 뿐만 아니라 일상 생활에서도 사람들은 자신이 지니고 있는 가치를 인식하고 의식적으로 활성화시키는 것이 얼마나 어려운지 알 수 있기 때문에 나는 최고의 선택을 하려고 노력하는 것이 중요하다고 특히 강조하고 싶다.

　물론 자신에게 중요한 것이 무엇인지 모른채 그냥 행동할 수도 있다. 그러나 사람들이 어떤 요인으로 인해 타인이 하는 일에 관심을 기울이게 되는지, 사람들은 무엇에 지불 의사를 가지고 있는지, 또는 어디에 기여하고 싶은지 알고 싶다면, 여러분은 그 사람들이 어디에 가치를 두고 있는지에 관심을 둘 필요가 있다. 이는 마케팅의 기본 실천 원리이기도 하다. 만일 여러분이 리더쉽 프로그램에 참가하게 된다면, 그 프로그램은 인식, 세심함, 자신에 대해 알기, 자신의 열정에 대해 깨닫기와 같은 요약하자면, 당신이 지니고 있는 가치에 대해 인식하도록 안내하는 것임을 금방 알아차리게 될 것이다. 가치의 인식과 실현을 염두에 두고 행위를 이어 나가는 것은 프로네시스 혹은 실용적 지혜와 연관되는 사항이다. 우리는 어린 시절 이미 이와 관련된 경험을 한 바 있다. 예컨대, 생일 파티에 초대 친구 리스트를 작성하는 것이나 교실에서 옳지 못한 타인의 행위를 선생님께 적절한 방법으로 얘기하는 것 등이다. 이런 종류의 앎은 나이가 들면서 혹은 경험이 쌓이면서 향상될 것이라고 생각된다. 그리고 우리의 일상적인 행동으로 간주되기도 한다.

셰익스피어 연극을 보러 가기로 결정했다면, 우리는 연극을 보러 감으로써 실현하게 되는 가치가 무엇인지 파악하고, 그 가치는 이것을 선택함으로 인해 상쇄될 다른 가치보다 더욱 가치있는 행동이라는 것을 정당화해야 한다. 나의 경우, 이는 직관적이고 감정적인 문제로 귀속된다. 마치 그 연극을 보러 가지 않으면 죄책감이 들 것 같거나 그 연극을 보러 가는 것이 즐거우면 가기로 결정한다(그러나 감정은 항상 명확한 기제로 작용하는 것이 아니고, 다른 감정들을 억누를 수도 있기 때문에, 조심스럽게 판단해야 한다). 분명한 점은 사람들은 계산기를 두드려서 이와 같은 행동에 대해 결정을 내리는 것이 아니라는 것이다.

객석에 앉으면서부터 실질적으로 관련된 행동이 일어난다. 적어도 나의 경우에는 그렇다. 동반자(보통은 아내나 친구 부부들)의 기대심에 부응하는 사회적 행동을 해야하는 환경이 주어지면, 나는 함께 간 사람들이 서로 즐거운 시간을 보낼 수 있도록 훈훈한 분위기도 조성해야 한다는 일종의 책임의식을 느낀다.

이 의식은 동반한 지인들에게도 신경 쓰고 배우들이 얼마나 연극을 잘 소화하는지도 함께 얘기하면서 서로 편안한 대화가 이루어지는데 도움이 되는 대화 거리를 찾는 행동으로 이어진다. 설령 낮 시간에 업무에 집중하느라 피곤 했을지라도, 그 연극이 전하는 메시지는 무엇인지를 생각하면서, 진지하게 공연을 보는데 몰두해야 한다. 가령 코렐리아는 왜 아버지의 비위를 맞추지 않았는지, 또 그녀의 아버지는 왜 그렇게 비이성적으로 행동했는지 등을 생각하면서 연극의 흐름에 동참하였다. 인터미션 시간에 아내는 의심스러운 눈초리로 내게 공연을 제대로 보았는지 물어 보았다. 아내의 질문들에 적절하게 잘 답하고 있는 자신의 모습에 나 스스로도 적잖이 놀랐다. 작품에 대한 사전 지식과 공연의 내용을 잘 섞어서 그 대화에 재빨리 대응했다.

아내는 쉽게 호응해 주지 않기(결코 한번도 쉽게 넘어간 적이 없다) 때문에, 나는 더 열심히 현명하게 대처해야 한다. 분위기 있는 저녁 시간을 조성하기 위한 적절한 행동의 필요성을 인식하고 행동하는 것, 이와 같은 것들은 프로네시스와 연관된다.

연극이 끝나고 지인들과 다 함께 차를 타고 돌아오는 길에 (사실, 다른사람 얘기나 정치, 테라피에 대해 얘기하는 것은 더 쉽다) 일부러 대화의 초점을 연극 내용에 두려고 했다. 함께 했던 경험(여기서는 연극을 함께 본 것)에 대해 나누는 것은 예술적 가치를 실현하는 것 뿐 아니라, 사회적 가치를 실현하는 한 방법이다.

여러분 역시 비슷한 경험을 통해서 자신의 행동을 스스로 관찰해 볼 수 있다. 그러한 작업은 자신의 행동과 연관된 가치가 무엇인지, 또 실현된 가치는 무엇인지, 신중하게 생각하고 평가하는 과정을 통해 프로네시스는 무엇에 관한 것인지 의식하는데 도움이 된다.

다음의 내용은 모두 프로네시스와 연관된 행동들이다.

- **가치를 발견하고 구체화 하기**
  당신에게 중요한 것은 무엇인가? 당신에게 중요한 가치는 무엇인가? 예컨대, 필자는 어그부츠 사건을 겪으면서 개인적 가치인 아버지의 역할, 가정의 평화 유지라는 사회적 가치에 대해 깨닫게 되었다.

- **고결하게 행동하기**

    연관된 덕목에 부합하는 행동을 하는 것. 신중하고 절제하며 용기있고 정의로우며 믿음을 잃지 않고 소망을 가지고 사랑을 실천하려고 노력하는 것이다. 이러한 행동들은 진정성에 유관하다.

- **가치 매기기** valuing

    자신이 갈망하는 것들, 다양한 사회적 관계들, 자신이 연관된 다양한 대화나 소통의 범주들과 같은 가치에 대해 평가하는 것을 말한다. 결혼 생활을 유지하기 위해 자신은 무엇을 희생할 의사가 있는가? 사회적 관계 유지를 위해 자신은 무엇을 기여할 의사가 있는가? 와 같은 질문들은 가치 평가에 대한 답을 도출하는데 도움이 된다.

- **가치의 발현** valorization

    극장에 가는 편을 택함으로써 필자는 사회적 가치와 문화적 가치를 실현한다. 여기서 말하는 가치의 발현이란 금전적인 가치나 문화적 가치, 또는 사회적 가치가 실현되는 것, 가치를 실재화시키는 것을 뜻한다.

- **평가**

    다른 것들과 비교 했을 때 추구하는 가치의 중요도는 어느 정도인가? (예를 들어 여러분이 만일 연극을 보러 가기 위해 친구와의 선약을 취소했다면, 그 교우 관계가 지니는 가치와 연극이 지니는 가치의 경중을 이미 비교한 것이다.)

- **가치의 변경 및 전이**

    어떤 과정에서 우리는 자신이 지니고 있는 가치를 변경할 수 있다. 예컨대, 셰익스피어 공연을 봄으로써 자신에게 셰익스피어가 차지하는 가치의 정도가 향상될 수도 있다. 반면 또 다른 관객들은 자신의 기대치에 못 미친다고 할 수도 있다. 그렇다면 다음 기회에는 다른 선택을 하게 될 것이다. 종교나 대학들에서 그러하듯이 문화 관련 기관들은 종종 사람들이 지니고 있는 가치를 바꾸게 하려는 어떤 분명한 목적을 지니기도 한다.

이제 우리는 경제학 모델이 전제로 하는 합리적 의사결정을 넘어서는 분야와 연관된 프로네시스의 과정에 대해 알아 본다. 보통 합리적 의사결정이라고 운운하면서 제안하는 분석결과는 가시적인 결과를 지칭하는 숫자 조합, 잘 고안된 알고리즘을 토대로 한 해석과정을 거친다. 프로네시스의 과정은 분석적이라고 하기보다는 해석적이라는 특성에 더 가깝다. 프로네시스를 다루는 과정은 훨씬 암시적이기 때문에 터득하기도, 실천하기도 더 어렵다. 하지만, 우리는 상황의 복합성과 상관없이 프로네시스를 연습하고 있다. 왜냐하면 그것이 바로 삶이기 때문이다. 그것이 바로 온갖 종류의 경제활동을 포함하는 일상에서 끊임없이 겪고 있는 그 어그부츠 사건과 같은 것들의 연속이기 때문이다.

■ 가치의 발견과 선택

가치 기반 접근법에 거부 반응을 일으키는 한 가지 이유는 엄격한 가치들에 대한 두려움과 절대적인 그리고 고정된 가치의 실천과 타인에게 관철시키는 관행에 대한 두려움 때문이다. 가령, 종교적 가치의 실현을 명목으로 혹은 가문의 명예의 수호를 명목으로 주변을 파괴시키는 사람들과 같은 예를 떠올려 볼 수 있다.

프로네시스의 개념이 필요한 이유는 가치를 구체화하여 해석하고 그에 맞게 행동하는 것이 쉽지 않기 때문이다. 물론 어떤이들은 자신들이 추구하는 혹은 그래서 지니고 있는 가치가 무엇인지 이미 알고 있다고 주장할 수도 있다. 자신들의 가치는 신성하고 신비로우며 그래서 진실하다고 할 것이다. 그들에게 묻고 싶다. 그들은 어떻게 알고 있다는 것인지, 무슨 근거로 다른 사람들보다 더 잘 안다고 하는 것인지 말이다.

또 다른 극단주의에 있는 사람들은 가치의 중요도는 수치로 표현되어야 한다고 주장한다. 따라서 계산될 수 없는 가치는 그것의 유용성을 알 수 없다며 거부한다. 결론적으로 이러한 부류의 사람들은 저자가 시도하고 있는 가치에 대한 논의가 전혀 합리적이지 않다고 여긴다. 만일 그러하다면, 우리의 행위는 무엇에 근거해서 발생하는가? 우리는 어떻게 바른 소통을 하며 어떤 단초를 떠올려서 최소한 이따금씩이라도 최고의 선택을 하려고 노력하는가? 분명히 사람들은 자신이 지니고 있는 가치들을 이해할 수 있다. 가치 기반 접근법은 그 이해를 바탕으로 진행된다.

때때로 학생들은 사람들이 자신의 가치를 스스로 결정하거나 발견하는지에 대해 묻는다. 대개 이러한 질문을 하는 저변에는 자신들은 자율적 개인이므로 스스로 자신들에게 중요한 것은 무엇인지 결정할 수 있어야만 한다고 믿고 싶기 때문이다.

그 질문에 대해 필자는 사람들은 자신이 지니고 있는 가치를 충분히 발견할 수 있다고 답할 것이다. 그 가치들은 대부분 신앙에 가까운 믿음보다 더 일관적이며 일상에서 반복된다. 게슈탈트나 융, 프로이드를 추종하는 정신 분석학자들 역시 같은 얘기를 할 것이다. 그러므로 우리는 무엇이 자신에게 중요한지 생각하면서 할 일을 하고 그 길을 더듬어 나아가고 있는 것이다.

결국, 언제나 그렇듯이 필자는 듀이 Dewey(Dewey, 1915)가 그랬던 것처럼 실용적인 입장을 고수한다. 자신이 지니고 있는 가치를 발견하든지 혹은 결정하든지 우리는 어떻게 해서든 그 가치에 따라 행동해야만 한다. 이런 딜레마에 대해 고민하고 해결하고자 노력하는 것이 자신이 지니고 있는 가치에 맞게 행동하는 것과는 상관없다고 생각된다면, 그저 인간의 자유의지란 무엇인가, 신은 증명될 수 있는가, 혹은 인문학의 종점은 어디인가와 같은 주제들과 함께 일요일 저녁 도마 위에 내버려 두자.

06
종이 한 장 차이, 재화의 소유와 공유

　최고의 선택을 하기 위한 기로에서, 사람들은 결정적으로 자신이 지니고 있는 가치가 실현되는 방향을 택한다. 앞 장에서 인식의 중요성에 대해 다루면서 실현 가능한 다양한 가치들에 대해 다루었다. 가치를 분류하고 인식하는 중요성에 대한 이해를 토대로, 이 장에서는 그러한 가치를 실현하고자 할 때 구체적으로 어떤 실천이 필요한지 그 방법에 대해 생각해 보고자 한다. 이를 위해 재화의 생산과 획득에 대해 이해해야 할 필요가 있다.

　교우 관계의 가치를 소중하게 여기는 한 남자가 있다고 하자. 그러나 정작 그 자신은 외톨이 신세였다. 분명 그는 교우 관계의 가치에 대해 인식하고 있기 때문에 외톨이라는 처지 또한 인식할 수 있다. 그에게는 우정이라는 가치가 그저 이상의 일부일 수도 있지만 그 우정이라는 가치를 실현하기 위해 무엇인가를 행동으로 옮길 수도 있다. 다시 말해, 그의 삶 속에서 "우정"이라는 가치를 발현하는 것이다. 그렇다면 여기서 제기되는 질문은 "어떻게" 즉 방법에 대해서이다. 그는 어떻게 우정을 현실 속에서 실현시킬 수 있는가? 대답은 아주 간단해 보인다. 어떻게든 그는 사람들에게 가까이 다가가야 하고, 친해질 수 있는 기회를 만들어야 한다.

그러한 행동을 통해 그는 이상적 가치로서의 "우정"을 실존하는 가치인 "우정"으로 전환시킬 수 있다. 이와 같은 가치의 전환은 개인적인 사랑에 대해서도 마찬가지이다. 만일, 그 어떤 관계도 맺어지지 않는다면 사랑할 수 있는 기회조차 생길 수 없다. 더욱이 개인적인 연인의 관계를 추구한다면 그 관계는 좀 더 특별해야 한다.

우정이거나 사랑이거나 요점은 간단하다. 관계는 일종의 재화로서 잃을 수도 획득할 수도 있다. 그 남자 역시 그런 관계를 얻을 수도 있지만 잃을 수도 있다. 이런 재화는 돈을 주고 산다거나 정부가 제공해 줄 수 있는 성격의 것이 아니다.

가치를 현실화하기 위해서는 행위가 수반되어야 한다. 가치를 실현하는 중요한 방법은 그와 유관한 재화를 가지거나 만들어 내는 것이다. 이 유인즉, 우리는 재화를 통해서 가치를 실현할 수 있기 때문이다. 재화는 커피 한 잔이나 컴퓨터와 같이 손에 잡히는 것일 수도 있지만, 관계, 소통, 커뮤니티, 사상, 예술적 표현과 같이 비가시적인 것일 수도 있다.

기본적으로 재화란 유익함을 주어야 한다. 설사 법률적 용어로 정의 되지는 않을지라도 우리는 재화를 "가질 have" 수도 있고 소유 possess 할 수도 있다. 재화는 우리가 가진 모든 소유물이고, 그 소유물은 가치를 실현하는 데 중요한 역할을 한다.

정말 그러한가?

재화의 특성을 이렇게 소개하는 것이 처음에는 다소 이상하게 들릴 수도 있는데, 이는 여러분이 재화를 무엇인가 손에 잡히는 소유물들로만 이해하고 있기 때문이다. 마치 커피 한잔이나, 컴퓨터와 같이 사고 팔 수 있는 것들에만 재화를 국한시켰기 때문이다.

이제 필자는 재화에 대한 편협한 시각에서 벗어나 가치 기반 접근법을 이해하는 데 중요한 두 가지에 대해 설명하고자 한다. 우선 기본적으로 우리는 재화를 넓은 범주에서 이해할 필요가 있다. 즉, 재화에 대한 이해 범주를 표준경제학적인 관점보다 더 넓히고자 한다. 서비스(테라피 세션이나 강의와 같은)와 같은 비가시적인 재화들, 사회 안전이나 문화 유산과 같은 손에 잡히지 않는 집단재collective goods나 공공재public goods와 같은 것들을 넘어 여기서는 우정, 가정, 사회, 믿음, 예술, 과학과 같은 재화들도 포함할 수 있는 정도로 재화의 범주를 확장한다. 재화의 범주를 확장하는 것에 대해 다시 한 번 아주 진지하게 인식하고 다음 단계로 나아가기를 권한다. 왜냐하면 그 차이는 결론적으로 사회와 경제에 대한 판이하게 다른 해석을 낳고, 부와 가난, 이타주의와 같은 현상들까지도 다른 관점으로 이해하게 될 것이기 때문이다.

첫 번째 포인트 : 소통과 동반자의 중요성에 대해 이야기하고 있는 로빈슨 크루소 이야기에서 출발한다. 왜 그런 요소들을 재화라고 하지 않는가?

디포Defoe의 저작물인 로빈슨 크루소Robinson Crusoe는 한 남자가 난파를 당해 외딴섬에 홀로 남겨지면서 사회와 격리된 채 홀로 삶을 일구어가는 과정에 대한 이야기이다.

로빈슨 크루소 이야기는 경제학 입문에 있어 아주 괜찮은 예제이다. 가령, 현재의 소비와 미래의 소비간 거래에 대해서(가령, 씨뿌리는 작업을 통해 현재 시점에서의 수확과 나중에 더 큰 수확을 하는 것과 같은) 완벽한 설명을 제공한다. 투자와(로빈슨크루소 자신과 프라이데이 간에 일어나는) 노동의 분화(프라이데이는 로빈슨 크루소가 식인종 무리들로부터 구해 준 야만인이다)와 같은 의미들을 담고 있다. 이 책에서 로빈슨 크루소는 전형적인 호모 에코노미쿠스 homo economicus(경제적 인간)의 모습을 보인다. 따라서, 경제적 인간이 행동하는 법을 이해하고 싶은 사람에게 이 책은 완벽한 예제가 된다.

인문학적 해석으로 본다면 이 이야기는 휴먼 드라마로 귀결된다. 이야기의 초점은 28년 간 외딴 섬에서 지내면서 얻게 된 정화된 경험에 맞춰질 것이고 서고에서는 교양서로 분류할 것이다.

그러나 사실 경제학자들이 자신의 관점을 그 소설에 적용시키는 것이 그렇게 이상해 보이지도 않는다. 줄거리 앞부분에서 크루소는 이미 경제적 비용 효율을 분석하고 섬에 고립된 상황을 놓고 이해 득실을 계산하는 모습을 보인다. 만일 아주 섬세하게 이 소설을 읽어 본다면 그와 같은 크루소의 계산법은 표준경제학적으로 이행되는 관례적인 방식과는 아주 다르다는 것을 발견할 수 있다. 그 부분을 정리해 보면 다음과 같다.

좋음	나쁨
• 여전히 살아 있다.	• 동떨어졌다.
• 배가 난파 되었는데 혼자만 살아 남았다.	• 혼자 비참한 신세가 되었다.
• 굶지는 않는다.	• 인간 사회에서 분리 되었다.
• 야생 동물이 없다.	• 무기가 없다.
• 따뜻하다.	• 옷이 없다.

크루소는 난파된 배에서 성경(그의 신념과 관련된) 몇 권을 포함한 여분의 물자를 획득할 수 있었다는 점을 덧붙일 수도 있었다. 또한 배에서 동전 몇 닢도 찾아냈다. 하지만, 그 섬의 경제계에서 동전은 필요없는 물건이었다.

크루소의 관점은 그를 둘러싼 사회적인 상황이 결핍되어 있음을 강조한다. 그래서 오랜 기간 홀로 지내다가 누군가를 만난 것은 아주 중요한 사건이 된다. 프라이데이는 단순히 크루소가 옷가지와 생필품을 나누어 줄 수 있었던 누군가일 뿐 아니라, 크루소의 동반자이기도 했다. 크루소가 프라이데이에게 영어를 조금씩 가르쳐 주면서 그 둘은 소통할 수 있게 된다. 크루소에게 소통이란 엄청난 가치를 지니는 것이었고 우리는 바로 그 장에서부터 사회적 가치를 발견하게 된다. 크루소는 그러한 가치를 실현하면서 훨씬 더 나은 그리고 풍요로움을 느끼게 된다. 우리 인간은 동반자와의 소통을 필요로 한다. 동반자와 소통, 이 둘은 기본적 욕구이다.

실제로 수요 공급 곡선, 교환과 가격, 비용과 효과로 착색된 안경을 쓰고 있는 사람들은 그러한 가치들을 발견할 수 없다. 하지만 가치 중심적으로 착색된 안경을 쓰고 있다면 동반자와 소통의 가치가 점점 시야에 들어오게 된다.

가치 기반 접근법을 경제학에 적용시킴으로써 교우 관계는 하나의 재화로 인식된다. 소통 역시 재화이다. 그 둘은 그냥 얻어지는 것이 아니다. 크루소는 그것들을 획득하기 위해 희생을 하기도 하고 자신의 노력을 투입하기도 했다. 그리고 그 재화는 유익하다.

두 번째 포인트는 질문 한 줄로 함축된다

필자가 하는 모든 강의와 워크샵에서 항상 청중들에게 묻는 질문이 한 가지 있다. 자신이 소유한 것들 중 가장 소중한 것 한 가지의 이름을 말해 보라는 것이다. 한번은 어떤 강의를 하던 중에 그 질문에 대해서 모든 학생들이 하나 같이 돈이라고 답했던 적이 있었다. 한 남학생은 많은 돈을 가지고 싶기 때문에 돈을 소유하는 것이 중요하다고 했다. 오직 한 여학생만 예외적으로 행복해지고 싶어서 돈을 가지고 싶다고 답했다.

그리고 나서 쉽지 않은 질문을 한 가지 더했다. 가장 마지막까지 가지고 있고 싶은 것은 무엇인지 물었다. 많은 돈을 원했던 그 남학생은 질문에서 요하는 답이 가시적인 것에 국한되어야 하는지 되물었고, 나는 상관없다고 답했다. 그러자 그는 즉각적으로 생각을 바꾸었다. 그가 지닌 가장 소중한 것은 가족과 친구들이라고. 다른 학생들도 하나, 둘 자신의 생각을 바꾸기 시작했다. 어떤 여학생은 자유를, 또 다른 여학생은 두뇌, 지능을 얘기했다. 몇몇은 건강을 손꼽았다. 그 누구도 돈이나 자동차와 같은 물질적 재화를 언급하지 않았다. 언젠가 한번 어떤 여학생이 우스갯소리로 자신의 아이폰이라고 얘기한 적도 있었다.

자, 이제 독자 여러분들에게 묻겠다. 여러분이 가지고 있는 것들 중 가장 소중한 것은 무엇인가?

혹시 아직도 예전에 구매했던 어떤 물건이나 정부가 제공했던 어떤 것을 마음에 두고 있는가? 아니면 법적인 의미로 해석된 어떤 소유물을 떠올리고 있는가?

잠시 진지하게 생각할 시간을 가져 보시길 권한다.

참으로 이상하지 않은가? 아마도 대다수의 사람들이 원하는 것은 돈일 것이다. 하지만, 돈으로는 여러분이 손꼽는 가장 중요한 것을 살 수 없다. 친구나 가족을 돈으로 살수 없음은 자명하다. 그렇다. 돈은 여러분이 건강을 유지하도록 도움을 준다. 그렇지만 법적으로 건강을 소유할 수는 없다.

우리에게 가장 중요한 것을 배제시키는 논리로 경제 현상을 단적으로 설명하는 것이 이치에 맞아 보이는가? 표준경제학은 가족, 친구, 자유와 같은 것들을 재화로 생각하지 않는다. 그러나 가치 기반 접근법은 그런 것들을 재화로서 수용한다. 이러한 관점의 변화는 세계관의 변화까지도 초래하게 된다.

재화란 무엇인가?

아리스토텔레스에 따르면, 그의 저서 정치학Politics에서 정의하기를, 재화란 인간의 삶과 웰빙을 영위하기 위한 수단이라고 하였다(Aristotle & Ross, 1995). 따라서 재화는 가치를 실현하기 위한 수단이다. 그러므로 처음에 이 책에서 언급했던 정의로 돌아간 셈이다.

19세기 후반에 오스트리아 출신 경제학자인 칼 맹거Carl Menger는 재화의 속성에 대한 연구를 통해 다음과 같이 결론 지었다. 즉 재화는 필요need를 희생해서 얻는 무엇이다. 이와 같은 사상은 경제학에서 재화를 광의적 의미로 이해할 수 있도록, 즉 가족의 의미나 우정과 같은 종류를 포함할 수 있는 길을 열어 놓았다. 그러나 맹거는 다시 그 결론을 협의적 의미로 좁혀 버렸다. 말하자면, 경제학자들은 재화의 개념적 이해 범위를 엄격하게 제한하고 시장에서 교환이 가능한 재화로 그 범주를 국한시켜야 한다고 역설하였다. 어쨌거나 후일 경제학자들은 집단재를 도입하면서 이를 깨뜨려야 했다(Menger, 1871).

가치 기반 접근법에서 재화는 사람들로 하여금 가치를 실현할 수 있게 해 주는 특성을 지니고 있음을 강조하며, 정성적인 부분을 포괄하는 광의적 의미로 재화의 의미를 되찾도록 기반을 제공한다. 광의적 해석으로 재화는 집단재를 포함하여 모든 다른 종류의 가격화 될 수 없는 재화들, 그리고 시장에서 거래될 수 없는 종류의 재화들까지도 아우른다.

사람들은 재화를 습득하거나 생산한다. 그리고 그 재화를 얻기 위해서는 무엇인가 희생해야만 한다.

따라서 필자는 다음과 같이 재화를 정의한다.

재화란 한 개인, 어떤 그룹 또는 한 무리의 사람들이 소유하는 유익한 모든 것으로서, 형태는 가시적이거나 비가시적일 수 있으며, 재화의 습득을 위해

서는 어떤 종류의 노력이나 희생이 수반된다.

재화는 우리가 가치를 실현할 수 있도록 하기 때문에 중요하다.

이제 일반적 개념의 "재화"에 대한 이해를 바탕으로 우리에게 가장 중요한 재화가 무엇인가에 대한 답을 계속 찾아 가보기로 한다. 사실 우리는 이미 경험재와 상상재에 대해서는 익숙하다. 복권은 환상을 판매한다. 상상재이다. 축제나 박람회는 경험에 대한 다양한 것들로 구성된다. 쉬운 예로, 사람들이 박물관 티켓을 살때 구입하고자 하는 것이 무엇인지 생각해 보라. 여러분이 그 입장권을 사는 것은 무슨 재화를 얻기 위함인가? 티켓은 경험재일까? 이 책에서 얘기하고 있는 것을 좀더 따라가 본다면, 여러분은 티켓은 단순히 경험재가 아니라는 사실을 깨닫게 될 것이다. 그 안에는 가치가 작용하고 있다는 점을 확신하게 될 것이다!

우리에게 가장 중요한 재화

처음 이 단원을 쓰기 시작 했을때 나는 재화의 종류를 나열하고 사유재와 집합재로 인식되는 재화들에서부터 논의를 시작하고 나중에 공유재를 덧붙였다. 그러다가 나 자신조차도 표준경제학적 접근법으로, 즉 사물과 거리를 두면서 "제도"에 대해 얘기하고 있었음을 깨닫게 되었다. 하지만 내가 원래 의도하던 나의 접근법은 세계를 주체로서 그 자체의 관점으로 보는 것이었다. 그래서 이전에 썼던 내용들을 모두 지우고 우리가 살아가고 있는 이 세상에서 일어나는 삶 속의 경제 활동, 경제 구조를 이해하기 위해 이 단원을 처음부터 다시 시작했다.

나의 하루 일과는 침대에서 일어나면서부터 시작한다. 이 일화를 읽으면서 그냥 남의 일이라고 거리를 두지 말고 본인의 일상도 생각해 보면서 부디 이 과정에 따라와 주기를 바란다. 침대에서 일어나면서 처음으로 떠올리는 것은 표준경제학에서 얘기하는 어떤 것을 사거나 팔아야 하는 종류의 재화에 대한 것은 아니다. 한번 생각해 보라. 아주 평범한 한 가정의 가장의 입장으로서, 정치인으로서, 또한 학자로서 보내게 되는 일상에서 물건을 사고 파는 것이 대단한 부분을 차지하지는 않는다. 오히려 가족의 일원으로서, 대학의 직원으로서, 시청의 직원으로서 해야 하는 일들에 대해 집중한다. 나의 하루는 대부분 온갖 종류의 소통으로 이루어진다. 내가 가르치는 박사과정에 있는 학생들을 포함한 석사과정, 학사과정에서 공부하는 학생들, 함께 연구하는 동료들, 연구 조교들과 토론하고, 강의를 한다. 시청에서는 공무원들, 시민들과 끊임없이 미팅하고, 정치가들과 광범위한 주제에 대해 논의한다. 때때로 이렇게 책도 저술하고 이메일을 읽고 답해야 하며, 학부회의와 같은 업무도 주관해야 한다. 저녁에 강의가 없거나 친구들과도 약속이 없는 날이면 가족들과의 오붓한 저녁 식사를 계획한다. 하루를 마감하는 타이밍에, 오늘 돈을 얼마를 쓰고 벌었나를 계산하지 않는다. 오히려 하루를 돌아보며 내가 가족들과 얼마나 좋은 시간을 보냈는지, 학생들에게 양질의 강의를 했는지, 내가 주관했던 모든 회의에서 의미있는 대화가 이루어졌는지, 이를 통해 좋은 관계를 만들어 냈는지를 평가해 본다.

크루소의 예를 따른다면, 나의 행동들이 필자가 헤아리고 있는 재화에 어떻게 기여했는가, 즉, 가족애, 동료애, 지식의 축적, 바른 소통, 학계, 민주주의, 공정함, 우정이라는 재화에 얼마나 기여했는지 평가해 보려고 애쓸 것이다. 이 모든 것들은 나에게 중요한 재화들이며 내가 추구하는 가치의 실현에 유익하게 작용한다.

때로 가게에서 물건도 산다. 그 물건들은 대개는 나에게 중요한 것을 실현하기 위해 도구적인 의미로 사용된다. 휘발유를 구입하는 것은 가야 할 목적지에 이를 수 있도록 하며, 음식을 사서 먹음으로써 하루 일과를 할 수 있도록 에너지를 얻는다. 식료품점에서 사는 채소는 가족의 건강한 저녁 식사를 위해 유익하다. 모기지 이자를 지불 함으로써 비를 피할 수 있는 지붕이 있는 집에서 가족들과 함께 지내는 것이 가능하다. 또한 나는 자주 책을 구입하곤 하는데 이 소비 행위로 연구활동에 기여할 수 있다. 나의 경우 일상의 대부분은 소통, 토론, 강의, 회의로 구성된다. 소비활동은 이를 위한 부수적이고 도구적인 활동이다.

또한 우리는 일상에서 집합재의 혜택도 누린다. 정비된 도로, 식수, 하수처리, 경찰이 제공하는 사회 안전 등은 사실 쉽게 잊고 사는 혜택이지만 감사해야 하는 부분이다. 이 재화들 역시 본질적으로 추구하는 가치 실현을 위해 도구적인 역할을 한다. 예컨대 나는 대학 그 자체를 위해서 살아 가고 일하는 것이 아니라, 대학이라는 장소를 통해서 훌륭한 동료 학자들을 만나고 학생들을 가르칠 수 있고 "훌륭한 소통"을 실현할 수 있기 때문에 대학에서 일한다.

"네네, 맞는 말입니다. 하지만, 어쨌든 당신은 특권을 누리고 있지요. 하루 하루 입에 풀칠할 걱정은 하지 않잖아요." 전형적으로 돌아오는 피드백이다. 재미있는 사실은 보통 이런 반응은 내일 먹을 빵 걱정없고, 비를 가려 줄 지붕 아래 사는 특권을 누리고 있는 사람들로부터 나온다. 물론 전쟁 속에서 생사의 갈림길에 있는 사람들, 기아에 허덕이며 피난처를 찾는 사람들, 아이들을 데리고 목숨 건 이민길에 오르는 사람들이 이런 질문을 한다면 필자는 당연히 여기에 응수해야 할 것이다. 그러나 그들 역시 삶을 "가지기" 위해 투쟁을 하고 있다. 삶을 가진다는 것은 소통과 동료애, 커뮤니티, 지식, 기술과 삶을 유의미하게 하는 모든 것들에 집중할 수 있게 된다는 것을 시사한다.

따라서 이 책에서 다루고 있는 주제는 모든 종류의 재화의 습득에 관한 내용들이다. 특히 우리가 돈으로 살 수 없고 법적인 소유권이 없는 재화들, 그러나 삶에, 우리 경제에 분명히 중요한 작용을 하는 재화들에 관한 것이다. 표준경제학은 모두 사유재와 집합재에 관한 주제들, 재산권에 대한 내용들로 구성된다. 따라서 이 책에서 다루고자 하는 영역은 그 막후에 가려져 있다. 이제 우리는 다른 재화들에 대해서도 고려해야 한다. 다른 재화들의 특성과 습득 방법에 대해서, 그리고 어떻게 평가할 것인지 구체적으로 이해해야 한다.

가장 중요한 재화는 공유재이다

"바른 소통"이라는 재화에 대해서 생각해 보자. 나에게 소통은 필수적으로 중요한 재화이다. 언제나 어디서나, 가정이나 일터에서 그리고 친구들 사이에서도 바른 소통이 이루어지도록 신경쓰고 노력한다. 이것은 크루소 역시 찾아 헤맸던 재화이기도 하다. 크루소는 그 섬에서 살아 남으려고 발버둥쳤지만 얘기할 사람이 한 명도 없었다. 혼자 고립되었던 사람들은 타인들과 대화하고 사회활동을 하는 것에 어려움을 겪는다고 알려져 있다. 알렉산더 셀커크 Alexander Selkirk는 디포가 살았던 시대에 실제로 섬에 고립되었던 선원이다. 그는 구조 후에 사회 생활을 하는 데 어려움을 겪다가 결국 자기집 뒷마당 동굴에서 생애를 마감했다. 크루소가 섬에 고립되었던 시간이 28년 간이었다는 것에 비하면 그가 사회와 단절되었던 시간은 단지 5년에 불과했다. 하지만, 크루소는 그 와중에 프라이데이라는 소통할 수 있는 인물을 만나게 되었다는데에 차이점이 있다. 설사 크루소와 프라이데이가 같은 언어를 쓰는 것은 아니었을지라도 그들은 서로가 소통 가능한 언어를 빠르게 개발했다. 시간이 흐르면서 감정을 공유했고, 나중에는 해야 할 일 등에 대해 상의하기도 했다. 크루소는 동반자가 있다는 사실에 기뻤고 누군가와 소통할 수 있음에 감사했다. 짐작컨대, 이는 상대방에게도 마찬가지였을 것이다.

동료애가 의미하는 것은 무엇인가? 실제로 프라이데이는 크루소를 도와 재화의 총량을 늘리는데 도움을 주지 못했을 수도 있다. 프라이데이가 어느 정도 크루소의 일을 도왔다 하더라도 그도 역시 의식주에 대한 소비량이 있었을테고 그 소비량은 생산량을 초과 했을 수도 있다. 설사 그렇다해도 프라이데이는 크루소에게 누군가와의 소통의 가능성을 열어둘 수 있는 존재였으니 그와 함께 있는 것에 대해 여전히 긍정적인 평가를 내렸을 것이다. 심지어 사용 가능한 재화의 양이 줄어 들었다고 했을지라도 결론적으로 그는 기꺼이 동반자를 위해서 빵과 고기를 포기한 것이다.

그 빵과 고기는 크루소가 양을 직접 키웠고 곡식을 심고 추수하고 탈곡하였다는 점에서 사유재이다. 그 재화들은 크루소에게 귀속된 것이며 크루소의 결정에 의해 프라이데이와 공유한 것이다. 만일 프라이데이가 크루소에게 물어보지 않고 그 재화들에 손을 댔다면 그는 화를 내며 프라이데이를 내쳤을지도 모른다.

그들이 나누었던 소통은 그 둘에게 귀속된 것이므로 이는 또 다른 문제이다. 그들은 소통을 공유했다. 그것은 하나의 공동 생산이다. 프라이데이도 노력을 기울였고 크루소도 마찬가지이다. 일방적인 대화가 상호 교환적인 대화와 똑같을 수는 없다. 서로가 많은 노력을 기울일수록 크루소도 프라이데이도 더 좋은 기분을 느낄 것이다(크루소는 해변을 산책하면서 자기가 다시 휘파람을 불기 시작했으며 저녁 식사 시간을 기다리게 된다는 것을 깨닫는다. 왜냐하면 그는 이제 소통할 수 있는 동반자가 있기때문이다). 프라이데이가 그 대화를 즐긴다는 점 역시 크루소에게는 중요하다. 그들은 대화를 생산하는 것뿐 아니라,

함께 "소비"한다. 즐거움은 상호적인 가치이다. 그 대화는 크루소와 프라이데이가 공유하는 것이다. 다시 말해 그것은 공유재이다.

어쩌면 대화나 소통을 재화라고 부르는 것이 이상하게 들릴지도 모른다. 하지만, 경제학적 관점에서 그것은 빵을 재화라고 부르는 것과 전혀 다르지 않다. 소통을 위해서는 시간과 노력, 인적·사회적 자본이 투입되어야 한다. 노력 없이 소통은 일어날 수 없다. 공짜가 아니다. 직접적인 비용이 0원이라고 하더라도 기회 비용이 발생할 것이다. 빵과 같이 소통 역시 만족을 제공한다. 지금까지 얘기로 미루어 보면 공유재는 마치 사유재와 별반 다를 것 없는 것 같다. 하지만, 소통은 사유재가 될 수 없다. 이유인즉, 그 누구도 단독적인 소유권을 주장할 수 없기 때문이다. 크루소는 그 둘 간의 대화가 자기에게 귀속된 것이라고 주장할 수 없다. 소통은 분리가 불가능하다. 함께 공유했던 대화 내용을 두고 "이 부분은 내 것이고, 저 부분은 당신 것이예요. 이 부분 대신 저 부분을 줄께요."라고 말할 수 없다. 소통은 교환이나 매매가 불가능하며, 공유될 수 밖에 없다.

소통은 역시 집합재도 될 수 없다. 순전히 집합재라고 하는 것은 불가분의 것으로 비경쟁적인 특성을 지닌다. 비록 크루소가 프라이데이를 제외시켜 놓고는 소통을 만들어 낼 수 없다고 해도 그 둘은 쉽게 다른 이들을(프라이데이 부족들과 같은) 그 둘 간의 소통에서 제외시킬 수 있다. 그 둘의 소통은 그 둘을 제외하고는 배타적이다. 어쩌면 어떤 상황이 발생했을 때에는 한 쪽이 그것을 포기할 수 있다. 실제로 크루소는 구조된 이후 그랬다. 따라서 소통이란 사유재나 집합재의 종류에 부합하지 않는다. 그것은 공유재이다. 프라이데이와 크루소 둘 다 그것을 공동으로 소유하고 만끽한다.

물론, "소통, 대화"라는 재화는 다른 질적인 측면과도 관련이 있다. 연인과의 소통은 낯선이와의 소통보다 더 높은 질적 수준을 가질 것이다. 동료와의 대화는 비전문가와 하는 대화보다 더 전문적이고 깊이 있는 수준으로 진행될 수 있다. 대화에 참여한 사람들은 모두 다른 정도의 노력을 투입하기 때문에 모두 같은 혜택과 결과물을 누릴 수는 없다. 그러나 그것은 어떤 쪽도 그 전부를 취하거나 상대를 배제할 수 없기 때문에 공유재로 규정된다.

공유재shared goods는 여기서 정의된 바와 같이 표준경제학에서 다루고 있는 공동재common goods의 개념과는 차별화된다.[9] 공동재는 모든 사람이 접근 가능하며 경쟁을 허용한다. 따라서 경제학자들은 무임 승차자 문제free rider problem가 공동재의 유지에 큰 문제를 발생시킨다고 본다. 바다의 경우를 살펴보자. 바다는 모든 사람들이 자유롭게 접근할 수 있다. 바다에서 자유롭게 헤엄치고 있는 고래들은 공동재이다. 그것들을 포획하여 시장에 파는 것은 수익성이 좋다. 무임 승차자 문제는 여기서 발생한다. 고래를 많이 잡는 어부가 더 많은 이득을 취한다. 공동재는 이 문제 때문에 고전 경제학적 분석에서는 공동재에 대해서는 결핍되어 있다.

하지만, 공유재에는 이 문제가 적용되지 않는다. 한 쪽에서는 자신의 생각과 노력을 쏟아 붓고 있고 다른 한 쪽은 그저 동참하는 척하며 생산해 내는 소통은 모든 참여자들이 자신들의 노력을 기여하는 대화보다 확실히 덜 풍성한 소통이 생산 되기 마련이다. 둘 이상의 참여자가 어떤 대화에 관여할 때에는 팔짱 끼고 뒤로 물러서서 태만하게 있는 사람들도 분명 있을 수 있다. 프라이데이와 크루소가 하는 소통에 당신도 끼었다고

---

[9] common goods는 보통 국역으로 공동으로 소유하고 있는 자산이라는 점에서 공유재로 번역되어 왔으나, 본 서에서는 공유의 의미를 물적 자산에서 비물적 자산까지 아우르는 재화를 모두 공유한다는 의미로 shared goods과 차별을 두기 위해 common goods를 공동재로 표기한다.

가정해 보자. 그 둘이 얘기하는 동안 당신은 점차 그 소통에 적극적으로 참여하지 않고 어떤 기여도 하지 않고 태만해지게 된다. 당신의 소극적인 태도에 대해 그들이 어떻게 생각하는지를 떠나서, 그 대화에서 상대적으로 당신은 기여하는 바 없이 그들보다 더 많은 것을 건진 것처럼 비춰질 수도 있다. 어떤 정보나 아이디어를 얻을 수도 있겠지만 당신은 그 소통에서 제외될 것이기 때문에 그 소통은 당신의 것이 될 수 없다. 그저 자리를 지키고 있었을 뿐이다(물론, 여러분은 그러한 소통을 통해 유익한 정보를 빼낼 수도 있다. 하지만, 과연 여러분이 집에 돌아가서 부인에게 혹은 남편에게 자신이 정말 유익한 대화를 했다고 말할 수 있는가?).

일단 여러분이 공유재가 재화라는 것을 알게 되었다면, 여러분은 도처에 공유재가 존재한다는 것을 알게 될 것이다. 우정, 가정, 가족, 동료 간 협력 관계는 공유재이다. 신뢰 역시 공유재이며, 지식, 음악, 예술(뒷부분에서 좀 더 자세히 다루겠다) 모두 공유재이다. 커뮤니티도 분명히 공유재이며, 공동체, 공동체 정신 또한 그러하다. 앞에서 예로 들었던 학생들이 자신에게 가장 중요한 소유물에 대해서 나열하는 과정에서 보았듯이 거의 모든 경우에 사람들은 자신에게 가장 중요한 것을 언급할 때 공유재에 속하는 재화를 적고 있는 모습을 발견하곤 한다.

나는 강의를 할 때 한 예로 "지식"이라는 단어를 즐겨 사용한다. "지식"은 마치 어떤 정보와 생각, 모델과 같은 것들의 패키지 같은 마치 자신의 것으로 취하기 위해 돈을 주고 살 수 있다고 생각하는 사람들도 있는 것 같다. 하지만, 이런 접근 방식은 "지식"이 제대로 활성화되는 체계에 부합하지 않는다. 여기서 분명히 해 두고 싶은 것은, 나는 지식을 어떤 흥미로운 나아가 통찰력을 키울 수 있는 일종의 설명으로서 전달하려고 한다는 점이다. 왜 그렇게 하냐고 물어보신다면? 분명 그것은 돈을 위한 재화가 아니기 때문이다. 나는 학교에서든 책을 통해서든 지식을 공유하기 위한 목적으로 전달한다. 하지만 만일 이런 의도로 지식을 공유하고자 하는 사람이 필자 혼자일 뿐 이라면, 공유재는 생산 되지 않을 것이다. 앞에 앉아 있는 사람들 역시 많은 노력을 기울여야 한다. 자신이 만들고 있는 소음을 이해해야 하고 그 소음을 그들에게 의미있는 어떤 것으로 변환시켜 그 진가를 알아볼 수 있어야 한다. 물론 나 역시 사람들이 어디까지 무엇을 파악하고 있는가 하는 부분을 이해하도록 노력을 기울여야 한다.

"나"의 지식을 가치있게 만드는 것은 바로 공유라는 과정을 통해서이다.

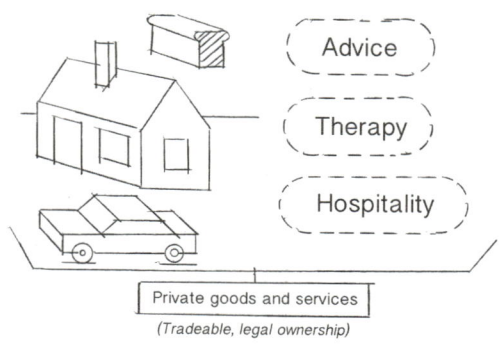

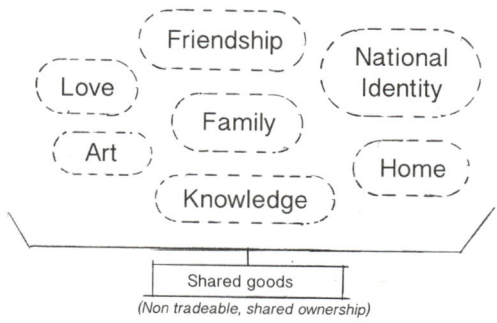

그림 6-1 사유재와 공유재

공유재는 보통 실천의 형태로 나타난다

이 책에서 담고 있는 여러 종류의 지식은 지식이 되기 위해 공유되어야 할 뿐 아니라 지속적인 활동이 수반되어야 한다. 보통 여기까지 설명하고 나면 일반적으로 사람들은 "교우 관계는 당연히 공유재이다."라고 반응을 한다. 그러나 그걸로 끝이라면 이 지식은 금방 사라지고 말 것이다. 왜냐하면 지식은 활성화될 때 재화로서의 가치를 지니기 때문이다.

다시 말해, 하나의 실천이 되어야 한다. 따라서 사람들은 공유재의 개념에 대해서 반드시 생각해 보고 어떤 상황이나 연구 과정, 소통 가운데 스스로 적용해 볼 필요가 있다. 어떤 사람들은 공유재에 대해서, 그리고 공유재에 대한 가치평가 방법 등 깊이 있는 탐구를 해야할 필요도 있을 것이다.

우정 역시 지속시키고 발전시키기 위해서는 실천이 수반된다. 상호 간 이루어지는 대화, 생각의 나눔, 대화, 소통, 경험의 공유, 전화 통화 등 모든 종류의 활동은 우정이 발현하게 하는 활동들이다.

그러므로 공유재는 그 재화를 발생시키고 지속시키며 발현하게 하는 모든 종류의 활동과 상호 작용으로 구성된다. 다르게 말하면 공유재는 그 재화를 구성하는 실천 그 자체를 의미한다.

피아니스트나 댄서, 공예품을 만드는 장인의 경우를 생각해 보라. 그들은 매일 매일 자신의 기술을 유지하고 발전시키기 위해 연습한다. 마찬가지로 사람들은 지식, 우정, 가족 관계, 예술과 같은 것들을 우리가 "가지고 있는 것"이라고 말할 수 있으려면 꾸준한 실천이 필요하다.

(창의적) 공동재 (Creative) Commons

　공유재의 개념은 우리가 일상 속에서 하는 모든 활동들, 즉 회의에 참석하거나 일반적인 대화를 하거나 책을 읽거나 모든 종류의 공유재를 지속시키고 발전시키고 발현하기 위해 서로 주고 받는 찬사 등을 가리킨다. 발현이라고 하는 것은 가치를 실현하는 것을 뜻한다.

　자신의 가치를 추구하는 과정에서 현재 진행 중인 또 다른 실천 과정의 혜택을 받게 된다. 사람들은 음악 장르, 과학적 원리, 예술적 환경, 사회적 공간, 웹사이트, 우리가 관심을 가질 만한 것 등을 발생시키는 다양한 실천적 영역들을 개발해 왔다. 그러한 실천 영역을 가리켜 공동재라고 한다. 여러분은 그것에 기여하고 참여함으로써 혜택을 받을 수 있다.

　공동재는 자신이 노력을 들이면 누구든지 이용 가능하다. 전통적으로 공동재로 이해되는 예는 마을의 주변을 둘러 싸고 있는 공원이다. 그곳은 마을 사람들 누구나 사용할 수 있는 공간이다. 공동의 공간은 사람들이 함께 모여 대화를 공유하는 장소이다. 물고기를 보유한 바다 역시 공동재이다. 위키피디아 역시 인터넷의 여타 오픈 리소스처럼 공동재이다. 공동재는 선택적이다. 즉 여러분은 그것을 사용할 것인지 사용하지 않을 것인지에 대해 선택권을 갖게 된다. 다른 용어로는 공동 관리 자원이라고도 한다. 예술적 영역의 경우 창의적 공동재creative commons라고 하기도 한다(Ostrom, 1990).

　우리는 항상 공동재를 사용한다. 예술의 공동재는 제도, 소통, 그 예술 세계를 구성하는 활동들을 말하며 그 예술의 가치를 자양시키고 알린다. 필자가 핑크 플로이드의 음악을 듣거나 셰익스피어 연극을 보거나 프랑스 영화를 볼 때 같은 종류의 활동을 하는 사람들과 예술적 가치를 공유한다. 기업가는 숙련된 기술, 부지런한 문화, 중요한 재정 시스템, 지식의 실천 등 모든 종류의 공동재를 사용한다. 그러나 그러한 자원이 공유될 수 있는 환경이 조성되어 있지 않다면 기업활동은 활성화 될 수 없다. 마찬가지로 예술의 공동재가 부재한 환경에서 예술의 가치가 실현되는 것은 불가능하다.

공동재는 하나의 실천으로 구성된다. 판매를 위한 실천적 행위가 아니기 때문에 사유재가 아니다. 공동재는 집합재도 아닌 것 같다. 왜냐하면 그것은 정부가 제공하는 것도 아니고 모든 사람들은 아니지만 많은 사람들의 참여가 요구되기 때문이다. 사람들은 어떤 대가 없이도 공동재를 사용할 수 있다.

바로 이 점이 하딘Hardin이 그 유명한 논문, 공동재의 비극[10]에서 공동재는 지속 가능하지 않다고 결론 지은 주요 특성이다(Hardin, 1968).

공동재의 남용을 막기 위한 유일한 안전장치는 그 재화를 사유화하거나 집합화하는 것이다. 사유화는 지적 재산권 등 개인 재산권이 결부되어야 한다. 이런 권한은 재화를 매매 가능한 상품으로 만들어 버린다. 집합화는 정부가 그 재화에 대한 사용권을 이양해야 한다는 것을 의미하며 구성원들은 공동의 법에 의거하여 사용할 수 있음을 뜻한다. 정부는 사용권을 분배하고 공동재의 생산물에 대한 규제와 재정적 지원을 할 수 있다. 그러면 그 재화는 집합재가 된다.

하지만, 공동재는 Wikipedia나 다른 오픈 소스 프로그램과 같이 사회적 실천으로 남을 수도 있다. 설사 사용하는 사람은 많다고 해도 그 재화

---

[10] 이 책은 공유지의 비극이라고 국역된 적 있으나, 하딘과 오스트롬(Elinor Ostrom)이 다룬 the commons는 공동으로 소유하는 토지와 같은 재화, 주로 그 토지에서 산출되는 자연자원에 대해 다루고 있다. 따라서 이는 원 저자, 클라머가 의도하는 보다 넓은 의미에서의 공유재 shared goods와 구분되어야 하기에, 원 저자와의 협의를 거쳐 the commons를 공동재로 표기하였다.

를 지속시키고 노력시키는 사람은 소수가 될 수도 있다.

공동재는 외부인들에게도 개방되어 있기 때문에 여기서 정의하고 있는 공유재와는 차별화된다. 공유재는 그 재화에 기여하지 않고 재화의 생성에 참여하지 않는 외부인들은 배제하기 때문이다. 공동재는 그 재화의 지속성과 발전을 위해 노력하는 사람들에 의해 공유되긴 하지만 그것의 사용자 범주로 외부인까지도 포함한다.

공동재는 사회적이라는 특성을 갖는다. 그 용어는 그리스어인 코이노이아koinoia에서 비롯되었는데 다음의 다섯 가지로 설명된다(Lohman, 1992) :

(1) 참여하는 것은 반드시 외부의 강제없이 자유롭게 이루어져야 한다.
(2) 참여자는 목표의 중요도나 그것의 설정기간과 상관 없이 공동의 목표를 공유해야만 한다.
(3) 참여자들은 공동으로 공유하는 무엇인가를, 예컨대 공동 소유의 자원이나 귀중품 혹은 행동에 관한 것 등을 가지고 있어야 한다.
(4) 참여자들은 필리아philia(종종 우정이라고 잘못 해석되는데, 상호성의 의미를 함축하는 단어이다)에 연관 되어야 한다.
(5) 사회적 관계는 공정성을 기반으로 해야 한다.

이 모든 특성들은 예술과 연관된 공동재에 꽤 잘 적용될 것 같다. 예술가들은 자유롭게 참여하고, 예술 발전이라는 공동의 목표를 가지고 있으며, (대개는) 비공식적인 협회 활동이나 예술사를 통해 규정된 어떤 전통과 같은 것을 공유하고, 어떤 방식으로든 서로에게 상호적으로 신경 쓰고, 예술이라는 범주 속에서 적용되는 규범은 다른 참가자들에게도 공정하게 적용되기 때문이다. 이 같은 특성들은 과학자들에게도 마찬가지로 적용되는데, 특히 오픈소스 소프트웨어를 개발하는 사람들이 이 다섯가지 특성에 부합된다는 점을 지적하고 싶다.

공유재의 오너쉽(소유권)

공유재를 소유하는 방법은 무엇인가? 앞서 예로 들었던 지식에 대한 이야기와 공동재에 대한 논의를 통해 이미 그 답에 대한 힌트를 언급했다고 생각한다. 좀 더 쉽고 확실하게 이해를 돕기 위해 "우정"을 예로 공유재에 대해 좀 더 자세히 상술하기로 한다.

바른 소통처럼, 교우 관계 역시 (관련된 친구들과) 오너쉽을 공유한다. 그리고 우정을 만들기 위해서 (단순히 금전적인 것 만은 아닌)비용도 들고 희생도 요구된다. 그리고 모든 종류의 가치를 실현하는데 유익하다. 자, 그러면 여러분은 우정을 어떻게 얻을수 있는가? 그것은 구입할 수 없는 재화이다. 다시 말해, 우정은 판매할 수 없다 ("저기요, 제가 좀 많이 바쁘거든요. 제 친구 좀 사가실래요?"라고 말할 수 있는 종류의 것이 아니다). 우정은 정부에서 제공하는 어떤 프로그램으로 생성될 수 있는 것도 아니다.

언젠가 아시아 지역에서 한 남학생이 필자의 박사 과정생이 되기 위해 네덜란드로 온 적이 있다. 이곳으로 오기 전에 그는 쭉 그의 가족들과 주로 생활했다. 처음 만난자리에서 필자는 그에게 친구를 만들어야 할 것이라고 일러 주었다. "어떻게요, 교수님?" 그는 친구를 만드는 방법을 알고 싶어했다. 친구를 만드는 방법이라? 그저 다가 가서 "내 친구가 되어줘."라고 말한다면 먹힐까? 그렇지 않다는 것을 우리 모두는 아주 잘 안다. 돈으로 해결할 수 없다는 것도 우리는 잘 알고 있다.

친구 관계는 일련의 경험을 함께 하고 서로를 위하는 과정의 공유를 필요로 한다. 이것은 우리 모두가 잘 알고 또 쉽게 이해하는 부분이다. 고대 그리스인이 이 논의에 끼어든다면 "친구란 모든 것을 공유하는 관계이다."라고 할 수도 있다. 그러나 그 의미가 우정을 수동적인 것으로 규정하자는 것은 아니다. 우정은 지속시키고 강화하기 위한 노력이 수반될 때 유지될 수 있다. 이것이 우정이 의미하는 실천이다. 아리스토텔레스는 어느 정도의 상호성이 필요하다는 것을 지적했다. 한 친구가 다른 친구를 위해 어떤 것을 기여한다면, 다른 친구 역시 다음 번에는 자신이 친구를 위해 무엇인가 기여해야 할 것이다. 친구는 서로 도와야 하고 서로의 말을 귀담아 들어 주고 함께 저녁 식사를 하고 서로를 위해 지원해 주는 것 등의 활동이 필요하다. 좋은 친구 관계를 위한 이 모든 활동과 제스처는 어쨌든 간에 우정을 위해 기여하는 것이다.

공유재에 기여한다는 것은 그 재화를 지속시키고 만끽하고 가치를 증가시키는 모든 활동이다. 기여는 공유재를 구성하는 실천에 있어 핵심 활동이며, 그 공유재가 여러분의 것이라고 주장하기 위해 여러분은 기여 활동 의사를 가지고 있어야 한다.

기여한다는 것은 필자가 여기에서 구성하고 있는 틀거리에 있어 아주 중요한 역할을 하고 있다는 것을 곧 보게 될 것이다. 재화의 교환을 위한 자리에서, 사람들은 사유재의 교환을 목적으로 돈을 지불하고 받는다. 경제학자들은 그것을 지불 의사willingness to pay라고 얘기하며 사람들이 어떤 정도의 돈을 지불할 의사를 지칭한다.

기여 활동 의사willingness to contribute 란 공유재에 기여할 의사가 있음을 나타내며, 이 경우 교환 가치와 같은 어떤 즉각적인 보상은 이루어지지 않는다. 어떤이가 아픈 친구를 방문한다해서 어떤 보상이 생긴다거나 그 아픈 친구가 방문한 친구에게 교환 가치의 논리로 이해되는 종류의 보상을 하지는 않는다. 단지 우정이 돈독해 질 뿐이다. 친구의 방문을 받은 친구는 후일 어떤 형태로든 자신 또한 그 친구에게 보답하겠다고 기여 의사를 가질 것이다.

정리하자면, 기여 활동 의사는 지불 의사와는 다르다. 후자의 경우, 기대되는 바는 동등한 가치의 교환으로 실현된다. 그러나 전자의 경우 기대되는 바는 그 기여가 공유재에 가치를 부여하는 것으로 실현된다.

소비와 생산의 개념의 적용은 사유재의 경우에는 잘 부합하지만, 공유재의 경우에는 사실 앞뒤가 잘 맞지 않는다. 왜냐하면, 여러분이 아이스크림을 먹거나 컴퓨터를 사용하는 등 재화를 소비하면 그 재화의 가치(여기서는 가격)는 떨어진다. 그러나 여러분이 우정을 "소비"할 때, 그 가치는 오히려 올라갈 것이다. 우정을 사용함으로써 또한 여러분은 우정을 생산한다. 프라이데이와 크루소가 서로 소통하는데 더 많은 시간을 할애할수록 그들은 서로 대화하는 것을 더 즐기고 더 많은 우정을 생산하게 된다. 종종 가볍게 대화를 나누는 것은 "동료애"를 생성할 것이고 보다 많은 소통을 공유할수록 더 긴밀한 관계를 형성하게 될것이다. 소비할수록 더 많이 생산되는 것이 일반적으로 시장 논리에서 이해되는 생산과 소비의 개념에 잘 맞는 것 같지는 않다.

공유재의 가치는 그 공유재에 연관된 모든 소유주가 투입하는 것(노력, 시간 등)에 의존하기 때문에 우리는 재화의 공동 생산, 공동 생성이라는 말을 쓸 수 있다. 다르게 말하면 공유재는 어떤 형태의 협력을 필요로 한다.

앞서 밝힌 바와 같이, 표준경제학은 이런 모든 효과들을 합쳐서 외부효과라는 이름으로 아우를 것이다. 말하자면, 그러한 것들은 시장 교환과 (시장 교환에 필수적인)가격의 외부에 있는 요인들로 치부된다. 이런 주장에 대해 필자는 시장 교환은 다소 부수적인 현상일 뿐이라고 응수할 것이다. 즉, 필자가 펼치는 반론의 요지는 시장 교환이란 공유재 혹은 공동재를 구성하는 사회적 실천이 외부에 있는 것이라는 주장이다. 표준경제학은 기본적인 동시에 전체를 이루고 있는 핵심을 놓치고 있기 때문에 사람들이 매일 매일 실현하고자 하는 가장 중요한 재화를 구분할 수 없다.

공유재의 가치 평가

　공유재는 가격화되어 매매가 불가능한 재화이므로 정량화 하는데 어려움이 있다. 그래도 사람들은 어쨌든 공유재의 가치와 우수성에 대해 비중을 둔다. 그들은 어떤 특정한 친구 관계가 다른 것들 보다 훨씬 가치있다고 우위에 둘 것이다. 따라서 자신들이 생각할 때 가장 가치있다고 평가하는 공유재에 가장 많이 기여할 것이다. 적어도 그들이 이 책의 주제인 바른 소통을 토대로 올바른 선택을 계속해서 추구하는 선에서 사람들은 그렇게 행동한다.

　공유재의 가치는 가변적이다. 다시 말하면, 상황에 따라, 시기에 따라 대화의 가치는 변할 수 있기 때문에 고정적인 어떤 것으로 특성화될 수 없다. 가족의 가치, 친구의 가치를 의식하지 못한다면, 그것들을 잃을 가능성이 높다. 일에만 빠진 비즈니스맨은 훗날, 그가 일과 가족을 맞바꾸었다고 후회하게 될지도 모른다. 비록 그는 자신은 최선을 다해 가족을 부양하기 위해 노력했다고 하겠지만, 바쁜 일과로 인해 종종 가족 곁을 지키지 못했기 때문에 가족을 잃을 위험성 또한 가지고 있는 것이다.

　의식이라는 요인이 가치 기반 접근법에 있어 왜 중요한지는 바로 여기에 있다. 우리는 자신이 지니고 있는 가치를 의식하고 우리가 바른 소통과 올바른 선택을 하기 위해 그러한 가치를 실현할 수 있어야 하며 그러한 과정에 유익한 재화가 무엇인지에 대해서도 의식할 필요가 있다.

> ● **몇 가지 개념의 정리**
>
> • 가치
> 가시적이거나 비가시적인 형태로 존재하며 사람들이 가치있다고 생각하는 무엇이다. 사람들은 재화를 소유하고 향유하기 위해 자신들의 자원을 희생할

의사가 있다. 재화는 소유에 저항력을 가진다. 재화는 모든 종류의 가치의 실현을 위해 유익하다.

• 공유재
몇몇 사람들 또는 한 그룹의 사람들에 의해 공유되는 재화로, 명확한 법적인 정의의 소유권으로 규정되지 않는다. 어떤 개인이나 법적 확인 절차 따위로 공유재의 소유권을 주장할 수 없다. 공유재는 다른 멤버들의 유입을 차단하지는 않지만, 대개는 멤버가 아닌 사람들에게는 배타적이다. 내부적으로, 외부적으로 경쟁이 일어날 수 있고, 이해 관계자들의 기여를 바탕으로 공유재는 생성된다.

• 사유재
개인이 소유권을 갖는 재화이다. 사유재가 시장에서 판매 가능한 형태가 될 때 그 사유재를 통해 발생되는 결과물은 오직 소유주에게만 귀속된다. 이러한 형태의 재화는 타인에게 이전할 수 있다. 몇몇 개인이 법적인 공동 소유권을 주장할 때에는 소유권이 공유될 수 있다. 공동 소유권은 법적으로 그 귀속에 대한 정의를 명확하게 규명한다.

• 상품
교환이 일어나는 상황에서 사유재로서 존재하는 재화이다. 그런 상황에서 재화는 판매 가능하며 그 목표는 가격화되는 것에 있다.

• 집합재
어떤 집적 단위의 주체가 어떤 재화의 소유권을 가지고 있을 때 그 재화를 집합재라고 일컫는다. 보통은 한 나라나 어떤 정치집단이 그 소유주가 되며 법적인 보장을 받는다. 소비의 측면에서 집합재는 비경쟁적이고 비배제적인 것으로 취급된다. 그 재화를 통해 생성되는 결과물은 다소 보편적인 것에 가깝다.

• 공동재
명확한 법적인 소유권이 규정되어 있지 않다. 불특정 다수의 사람들, 기관이나 국가차원에서 공동으로 소유한다. 공동재에서 생성되는 결과물에 접근하는데 제한이 없지만, 잠재 사용자들 간에 경쟁이 존재한다. 예컨대, 누군가 고래 한마리를 잡았다면, 또 다른 누군가는 그 고래를 잡을 수 없다는 논리를 내포한다.

> • 클럽재
>
> 특정 클럽의 멤버가 되면 습득할 수 있는 재화이다.
> 이 재화는 제임스 뷰캐넌James Buchanan이 처음으로 주장하였다(Buchanan, 1965). 클럽재는 멤버가 아닌 사람들을 배제 시킨다는 특성을 가지고 있으며 경쟁적이기도 하다(아마도 멤버들 사이에 대기자 명단이 있을 수도 있다). (창의적) 공동재는 지금 진행되고 있는 대화처럼, 어떤 원천이 된다. 사람들은 이 재화의 생산과 소비에 자유롭게 참여할 수 있고 혜택을 누릴 수도 있다. 그러나 범위와 방법에 대해서는 참여 조건(또는 멤버쉽)의 영향을 받는다.

재화의 분류

재화는 갖가지 형태로 존재한다. 사람들은 재화를 사고, 재화의 생산에 기여함으로써 획득하고, (깨끗한 공기처럼) 개인적 노력없이 만끽하기도 한다. 다양한 종류의 재화를 어느 정도 구분하여 정리하는 것은 유용해 보인다. 우선, 오너쉽을 기반으로 재화를 구분해 본다. 어떤 재화는 개인적으로 소유할 수 있고, 어떤 재화는 집단적으로, 혹은 공동으로 공유하는 중요한 재화들도 있다. 그리고 서비스나 아름다운 건물과 같이 단순한 즐거움을 주는 재화들도 있다. 여기서는 위에 주어진 정의에 근접하게 재화를 분류하고자 한다. 따라서, 우리가 가지고 있는 재화가 어디에 속하는지 탐구하기 위해 우리는 다음의 범주에 대해 먼저 이해해야 한다.

■ 사유재

우리가 구입해서 재산권을 가지고 있는 모든 상품을 포괄한다. 우리가 가지고 있는 옷가지들, 컴퓨터, 자동차, 집과 같은 것들을 생각할 수도 있지만, 우리가 구입하는 전기 에너지, 헤어컷, 미술관 방문, 호텔에서 지내는 것, 최근 모기지 때문에 받았던 (유료)컨설팅과 같은 재화도 생각해 볼 수 있다. 표준경제학에서 얘기하는 재화와 서비스는 사유재에 포함된다.

■ 집합재 또는 공공재

우리가 어떤 집단의 일부로서 만끽하는 재화들, 예컨대 깨끗한 공기, 안전 보장, 교육 제도, 민주주의 제도, 자국의 문화 유산 및 세계 문화 유산, 안정적으로 보장되는 대중 교통 등을 일컫는다.

■ 창의적 공동재

노력을 기울여 접근 가능한 모든 실천들을 뜻한다. 사람들이 접근할 수 있는 모든 과학 및 예술 분야의 다양한 실천들, 암스테르담의 거리 문화, (매주 한번 열리는 파머스 마켓같이)지역에서 일어나는 실천적 행위들을 생각해 볼 수 있다.

■ 클럽재

멤버쉽이 있어야 접근 가능한 재화나 실천들을 말한다. 가까운 예로 필자가 가입되어 있는 축구클럽이나, 회장을 맡고 있는 철학 클럽 혹은 세계 문화 경제학회, 또는 아내가 활동하고 있는 합창단 등과 같은 것이다.

■ 공유재

우리가 다른 사람들과 공유하는 재화나 실천들을 가리킨다. 필자에게 공유재는 가족, 친구, 동료, 시청에서 함께 일하는 우리팀, 모든 종류의 지식, 예술, 영화, 그리스도교의 실천적 교리들, 함께 뛰는 축구게임, 온갖 종류의 기억들과 같은 것들을 나열할 수 있다.

또 다른 분류법으로는 우리는 이러한 재화들을 통해 실현되는 가치에 초점을 두는 방법이다. 따라서 재화를 분류하기 위한 질문은 다음과 같이 시작된다: 이 재화는 어디에 유익한가? 앞장에서 우리가 네 가지 영역으로 가치를 구분했던 것을 상기해 보자. 개인적, 사회적, 사회 지향적, 그리고 선험적 가치 네 가지로 가치 영역을 분류했던 것을 따를 수 있다.

문제는 재화 한 단위가 다양한 가치 실현에 유익할 수도 있다는 점이다. 음식 재료로 주로 쓰이는 가지는 개인적으로 영양분을 제공 받을 수 있다는 점에서 유익하고, 가족의 건강한 식단을 위해서도 유익하다. 따라서 사회적 가치를 생성하기도 한다. 필자의 철학적인 가치에 바탕을 둔 실천 행위들은 아마도 네 가지 범주의 가치 영역에 다 해당될 것이다. 다음의 다이어그램을 참조해 보자.

여러분이 재화를 소유하기 위해서는 법적으로든지 아니든지 간에 그 재화가 나타내는 실천적 행위에 참가할 수 있어야 한다.

초월적 / 문화적	사회지향적
도상, 기, 종교적인, 의례, 상징적 음악, 특정한 예술, 실천 방식, 숭고한 경험, 요가 수행, 댄스 파티, 자연 체험, 진실을 찾는 활동	평화 · 안전 · 결속 · 자유 · 정의 평등 · 조화의 경험, 길 하수정화 시스템, 문화 유산, 각양각색의 가게, 도시, 풍경, 국가 또는 인종에 따른 문화, 역사, 시민권, 지속가능한 과정

개인적인	사회적인
빵, 집, 옷, 컴퓨터, 야채, 휴가, 부모 역할의 경험, 친구·동료·예술가·과학자의 역할 경험, 충고 얻기, 미용하기, 치료, 교훈	교우 관계, 모든 종류의 관계, 커뮤니티, 이웃, 클럽, 공동체 의식, 업무 환경, 창의적 배경, 부족, 갱, 충실함, 신의·명성·존경의 경험, 멤버쉽

그림 6-2 (공유)재화의 네 가지 영역

예술은 비매품이다

앞으로 전개될 주제를 다룸에 있어 먼저 설명한 개념들을 예술이라 규정된 영역에 적용시켜 설명하고자 한다. 예술의 영역에서 공유재와 공동재의 정의는 어떻게 확인할 수 있는가? 여기서도 역시 우리는 표준경제학적 관점을 따르지 않을 것이다.

표준경제학자들의 주장을 무너뜨릴 한 가지 방법은 예술은 비매품이라는 점을 강조하는 것이다. 한 심포지엄에서 옥션하우스(예술품 경매장소)에서 온 사람들과 논쟁논 벌이는 것은 참으로 재미있었다. 어쨌든 결국 예술 시장은 예술품을 사고 파는 것에 관한 것들로 가득차게 된다. 그렇지 않은가? 물론, 사람들은 그림을 살 수 있지만, 그러한 행위를 통해서 구매자가 예술을 사는 것은 아니다. 경매장에서 근무하는 사람들과 경제학자들의 반응은 뻔하다. "무슨 말도 안되는 소리야." 정말 그런가? 문제는 그들이 예술 작품을 대하는 데 있어, 표준경제학적 분석 방식을 따르고 사유재와 재산권과 같은 방식으로 상황을 분석한다는 것에 있다. 만일 그들이 공유재의 개념을 인식하고 공동재가 작동하는 방식을 제대로 이해한다면 이 문제적인 의식이 어디에서 잘못 되었는지 이해할 것이다.

이는 내가 학생들에게도 늘 명확히 짚어주는 방법이기도 하다. 강의실에서 내가 주로 던지는 질문은 우리가 박물관 티켓을 살 때 그 돈은 무엇에 대한 비용으로서 지불하는가? 하는 것이다. 다른 여러 가지 교훈을 곰곰이 생각해 보면서 학생들은 종종 "경험"이라는 답을 내어 놓는다. 즉, 그 학생들은 박물관을 경험재를 판매하는 곳으로 생각한다는 뜻이다.

해답은 "접근성"이다. 말하자면, 입장권은 우리에게 박물관에 접근할 수 있는 허용권을 준다. 운영 시간 동안 그들이 무엇을 하고 즐기든지 상관없이 그들이 박물관에 들어올 수 있도록 해준다. 사람들은 화장실을 사용할 수도 있고, 박물관 내의 카페에서 또는 작품 하나 앞에서 온종일 시간을 보낼 수도 있다. 무얼하든 방문객에게 선택권이 있다. 그들이 지불한 것은 "접근성"에 대한 대가이다.

방문객들이 얻는 경험의 경도는 방문객 자신들의 노력 여하에 따라 다르다. 생각없이 그저 박물관 안을 배회하는 것과 소장된 작품들에 관심을 기울여 의식적으로 관람하는 것이 전혀 다른 종류의 경험을 만들어낸다는 것은 자명한 사실이다. 예술을 경험하기 위해서는 진지하게 예술작품과 소통하기 위한 노력이라든지, 작품을 대하면서 자신만의 후기를 만들어 본다든지, 그 작품에 대해 알아보려고 하는 등의 노력이 수반되어야 한다. 아마도 예술에 대한 배경지식이나, 작품을 해석하는 눈을 갖추는 것은 박물관을 관람하면서 얻을 수 있는 경험의 질적 향상에 기여할 것이다.

그 과정에서 관람객들은 예술은 공유재라는 것을 알아가게 될 것이다. 그들이 예술의 진가를 알아보면서 그 작품은 한 개인의 것이 아니라 다른 이들과 공유하고 있음을 깨닫게 될 것이다. 이 공동 소유주들은 큐레이터, 예술사가, 박물관 디렉터, 예술가, 예술 비평가, 예술을 사랑하는 모든 사람들, 캐주얼하게 박물관을 잘 찾곤하는 방문객들을 모두 포함한다.

예술은 하나의 공동의 실천이다. 예술은 하나의 소통으로 존재한다.

박물관에서는 어떤 특정한 유명한 그림을 전시할 때 어디에 전시할 것인지 장소를 선택해야 한다. 왜냐하면 예술계에서 그 작품은 두드러지게 중요한 의미를 전달하기 때문이다. 그리고 방문객들은 오직 그들이 그 소통에 참여할 의사가 있을 때에만 그 의미를 경험할 수 있다. 그 그림이 왜 중요한지, 어떻게 이해할 것인지를 의식하고 있을때, 그들은 예술이라는 소통에 기여하거나 참여하게 된다. 단지 테이블 위에 돈을 올려 놓으며 거래하는 것 이상의 행위이다. 예술은 공동 창작의 과정을 통해 그 의미가 실현된다.

예술은 생산 제품이 아니다. 예술은 생산되는 것이 아니며 소비되지도 않는다. 예술은 하나의 소통이자, 공동의 실천 그 자체이다. 예술은 공동으로 창작되고 생성되는 것으로서 존재한다.

분명 예술은 비매품이기 때문에 필자는 그저 티켓 판매에만 모든 에너지를 쏟아붓는 박물관 디렉터나 극장 디렉터에 대해 상당히 비판적이다. 왜냐하면 그들이 공연하고 전시하는 예술은 그것을 보는 사람들이 그 예술 작품에 대해 기여하게 될 때에만 그 가치를 발현하고 삶 속으로 편입될 수 있기 때문이다. 오히려 그들이 신경써야 할 부분은 어쨌든 사람들이 그 소통에 참여하고 기여하도록 해야 한다. 사람들은 어떻게 자기가 경험한 것을 삶 속으로 소화시키고 다른 이들과 얘기하고 나누는지, 그러한 활동을 어떻게 고무시킬 것인지, 어떤 방식으로 자신들이 체험한 것을 공유재로서 인식하고 그 진가를 알아보게 할 것인지에 대해 고심해야 한다. 그리고 나서 사람들이 예술에 기여할 수 있게끔 – 금전적으로든 시간이나 노력을 통해서든 – 전략을 수립해야 할 것이다. 단순히 입장권을 판매하는 것보다 그 장소의 가치를 실현하는 길은 이와 같은 인식과 방법을 통해서 가능하다.

예술의 내재적 가치와 외재적 가치

예술의 내재적 가치와 외재적 가치는 어떠한가? 필자는 이 부분에 대해서 앞 장에서 잠깐 언급하면서, 이와 관련된 논의를 분명히 이해하기 위해서는 몇 가지 개념이 더 필요하다고 밝힌바 있다. 그 중 핵심 개념이 바로 예술을 공유재로서, 하나의 소통으로서, 하나의 실천 행위로서 이해하는 것이었다. 어떤 가치들은 오직 예술계 안에서만 의미를 갖기 때문에 내재적이다. 그리고 그 가치들을 이해하기 위해서는 그 소통의 범주안으로 들어가야 한다(이 논의는 다음 장에서 좀더 구체화하기로 한다).

예술은 다른 외재적인 실천에 있어서도 유용한다. 사람들을 교화시키거나 커뮤니티와 국가 정체성 강화에도 기여한다. 이처럼 예술은 다른 재화나 실천이 가지고 있는 가치가 발현될 수 있도록 유익하게 작용하기 때문에 예술은 외재적가치를 갖는다고들 한다.

예술이 비매품이라는 주장이 타당한 이유에 대하여 다음의 몇 가지 사항을 정리해 보자.

- 예술에 관한 지식은 공유되며 그 지식이 유용하게 되기 위해서는 공유되어야만 한다.
- 그 지식은 오직 예술에 관한 지식과 유관한 소통이 지속될 때만 살아있는 지식이 되고 활성화 된다.
- 그 소통은 보통 명확하게 규정되지는 않지만 제한된 그룹의 사람들에 의해서 생성된다는 점에 있어서 배타성도 있다.

- 그 소통에 대한 오너쉽은 참여하는 사람들에게 부여된다.
- 오너쉽은 판권과 같은 어떤 법적인 혹은 경제학적 해석으로서의 소유권이 아니라, 멤버쉽, 사회적 지위, 타인들에게서 받는 존경심과 같은 것들을 함축한다.
- 참여자들은 소통을 통해 어떤 혜택을 누린다는 점에 있어서 유익하다.
- 참여자들은 어떤 방법으로든 그 대화에 참여함으로써 기여한다.
- 다른 참여자들과 공동으로 그 소통에 참여하여 결과물을 "생산한다."
- 공유재를 "소비"한다고 하는 것은 그 재화와 관련된 소통에 기여하는 것으로서의 의미로 이해된다. "생산" 역시 마찬가지이다.
- 내재적 가치는 예술이라는 그 실천적 행위 안에서 발현되는 가치이며, 외재적 가치는 다른 실천 영역들을 위해 예술이 유익함을 제공하는 가치이다.

표준경제학적 관점으로 보았을때, 예술을 실천하기 위해 자신의 수입을 포기하는 예술가의 행동은 그저 사심없는 행위나 비이성적인 행동으로 치부되기도 한다. 그러나, 예술을 하나의 소통, 또는 공유재로 인식하고, 예술가 자신이 가진 어떤 것을 희생하고 기여활동의사를 실천함으로써, 일종의 예술가로서의 지위나 멤버쉽과 같은 재화를 획득한다. 그리고 분명 이러한 결과물은 그들에게 중요한 가치를 지닌다. 하지만 역시 중요한 다른 한 가지는 예술가들의 작품 활동이란 오직 다른 사람들이 함께 참여하여 기여할 의사를 보일 때에야 활성화될 수 있다는 점이다. 왜냐하면 예술은 단순하게 예술가의 소유물이라고 하거나 작품을 사는 사람의 것이라고만 단정 지을 수는 없기 때문이다. 예술은 예술로서 공유될 때 예술로서 존재한다.

재화의 생성과 소멸

예술을 예시로 들어 설명한 재화의 특성은 다른 분야에도 적용될 수 있다. 즉, 재화는 생성과 소멸의 주기를 지닌다(Appadurai, 1988). (공동)생산을 통해 생성되어 공유되고 다른 사람들이 동참하기도 하고, 거래를 통해 교환 되기도 한다.

표준경제학에서는 그 모든 것을 생산, 분배, 소비의 순간에 입각해서 규정하고 파악하려 한다. 하지만 가치 기반 접근법은 우리에게 과정의 복잡성과 그와 같은 순간들에 기여하는 실천적 행위의 중요성에 대해 일깨워준다. 실제로 예술 작품을 소비하는 것이란 무엇이며 가지는 또 왜 그렇게 중요한가? 구입한 가지를 씹는 것을 소비한다고 하는 것은 다소 설명이 부족해 보인다.

오히려 어떤 레시피로 요리하는 순간이 그 가지를 소비한다고 하는 편이 더 적합해 보인다. 그렇다면 여기서 제기되는 질문은 누가 그 요리를 함께 공유하고 그 자리에서 어떤 종류의 소통이 일어날 것인가 하는데 있다. 마찬가지로 예술 작품을 사는 순간을 두고 사람들이 예술을 소비한다고 할 수는 없다. 분명 표준경제학적 관점과는 다른 관점이 적용되고 있다.

어떤 재화의 가치는 그것을 통해서 무슨 일이 일어나는지에 의해 영향을 받을 것이다. 어떤 그림이 창조(생성)되고 사장 되기 전에 어느 순간 아주 비싼 가격에 거래되었다고 해 보자. 그 사건은 바로 그 그림의 가치에 영향을 미칠 것이다.

때때로 예술적 가치는 그 작품이 고가라는 이유 때문에 더욱 진귀하게 여겨질 것이다. 이 경우 우리는 비싼 가격이라는 요인으로 인한 **예술적 가치의 크라우딩인**Crowding in이라는 효과에 대해 얘기한다. 그러나 만일 작품이 너무 상업화 되었다고 내부적인 평가가 일어나게 되면 예술적 가치가 다시 떨어져 그 작품에 대한 관심은 소원하게 된다. 이때 예술적 가치는 **크라우딩아웃**Crowded out 되었다고 한다(Frey &Oberholzer-Gee, 1997).

재화와 상품

다양한 재화가 상업적인 거래 논리로 지배되고 있다는 점은 예전부터 지적되어 왔다(Walzer, 1983). 신체 부위(신장이나 자궁과 같은) 혹은 아이들을 거래하는 것을 포함한 부도덕적이고 부적절한 거래는 시장의 한계를 드러냈고, 모든 재화가 상품화 될 수 없음을 드러냈다.

이 장에서 강조하려는 점은 가장 중요한 재화들은 오직 기여를 통해 획득될 수 있고, 다른 이들과 공유되어야만 한다는 점에서 상품화 될 수 없다는 점이다. 금전 지상주의적 세상에서 모든 재화가 상품화 될 수 있다는 과장된 주장은 가히 문제적이다. 이런 논리대로 라면, 사람의 신체 부위나 아이들은 잠재적 상품으로 여겨질 것이다. 왜냐하면 사람들이 가격을 매기고 금전의 축적을 위해 거래할 수 있기 때문이다. 이러한 비도덕적인 거래에 반대하는 이들은 재화의 도구적 측면만을 부각시켜 가치 평가하는데에 심각하게 비난을 제기하고 있다. 그러한 비난은 문화적으로 발생하고 수용된다. 다른 시대에서나 심지어 오늘날 세계 어느 곳에서는 아이들을 사고 파는 것이나 신장 매매, 다른 여인의 자궁을 돈 주고 빌리는 거래가 상습적으로 허용되는 곳도 있다.

협동적이고 사회적인 행위 vs 이기적인 행위, 무엇이 일반적인 것인가?

표준경제학자들의 얘기를 듣고 보면 여러분은 우리 모두가 언제나 개인적인 이득을 추구하는 이기적인 인간이라는 사실을 신뢰하기 시작한다. 심지어 따뜻하고 동정심 많은 사람조차 표준경제학자들의 안경을 통해 보면 단순히 자신의 개인적 유용성의 극대화를 추구하는 인간으로 평가 될 것이다. 따라서 표준경제학적관점에서 협동이나 연민에 근간을 두는 행위는 변칙으로 취급된다.

그러나 공유재라는 개념을 도입한다면 우리는 협동적인 행위들을 일반적으로 그리고 쉽게 설명할 수 있다. 좋은 삶을 추구하기 위해, 사람들은 다양한 공유재에 기여할 필요가 있다. 그들은 자신의 가족, 친구와의 관계를 위해 노력을 들이고 희생을 감수하고, "신의", "동료애" 그리고 다른 공유재를 지속적으로 생성하기 위해 사회적 행동을 한다. 더욱이 그들은 하나 또는 다른 공동재에 기여하거나 참여한다. 혹은 종교적 교리의 실천을 위해 희생을 감수하기도 한다. 이 모든 행동들은 사회적 또는 사회지향적 재화의 실현을 의미하기 때문에 사회적이고 협동적이라는 특성을 지닌다고 할 수 있다.

표준경제학자들이 이른바 이타적인 행동에 대해 갸우뚱거리는데 반해, 가치 기반 접근법에서는 그러한 행동의 대부분을 특정한 공유재에 기여함으로써 가치의 발현을 위한 행위로 해석한다. 자신의 인생을 희생하려는 의지가 있는 군인들, 자신의 화려한 경력을 불쌍한 사람들을 돕기 위해 과감히 포기하는 사람들은 "정의", "연대"와 같은 사회 지향적 재화에 기여하는 사람들이다.

표준경제학적 관점은 사회적 행동에 대해서는 설명하지 못한다. 왜냐하면 그러한 관점으로 오직 사유재와 집합재로만 구분하기 때문이다. 따라서 사람들은 주로 자기이익의 극대화를 지향하며 무임 승차를 하고자 하는 성향이 있다는 데에 무게를 둔다. 목동들은 자기 양을 먹이는데에만 급급하고 공장주들은 대기 오염에 책임이 없다고 주장하는 사람들로 일축된다. 그렇다면, 다시 우리는 오픈 소스 소프트웨어 개발을 위해 노력하는 사람들, 지역의 정치 집단에서 봉사하고 방과 후 교실에서 자원 봉사를 하는 선생님들, 이웃을 위해 축제를 기획하는 사람들, 교회 성가대로 활동하는 사람들에 대해 생각해 보자. 영국인들과 한국인들은 대중 교통 승차장에서 줄을 선다. 일본인들은 심지어 공공장소에서 아무데나 담배꽁초를 버리는 것을 생각조차 하지 못할 것이다. 사회적 행동은 일반적인 성향을 띠는데 그 이유는 공유재가 공동의 것이기 때문이다. 공유재는 심지어 일상 생활의 큰 부분을 구성한다.

오너쉽은 사회적 행동에 중요한 동기가 된다. 오너쉽이 강조될수록 사람들은 사회적 책임감을 느끼고 더 많은 희생을 감수할 것이다.

반 사회적 행동은 사회적 책임감을 회피함으로써 발생한다. 사람들은 자신들이 기여 하지 않음을 정당화하기 위해서 공유된 오너쉽을 부인할 것이다. 혹은 교묘하게 빠져 나가려 할 수도 있다. 그런 사람들이 어떻게 하든 간에 중요한 결정적인 것은 그들이 속한 사회적 환경의 질적 수준이다. 그런 행동에 대한 계도는 사회적인 결정을 통해 이루어진다. 비 도덕적인 행동들이 용납되지 않아 사회적으로 매장시켜 버리는 결과로 나타날 것이다. 미국 문화권에서 사람들은 종종 자신들의 공동의 재화를 위해 어떤 활동을 하는지 질문을 받곤 한다. 말하자면, 그 사회의 구성원들은 사회적 기여에 비중을 두고 있다는 뜻이다. 만일 그 질문을 받은 사람이 "아무 것도 없어요." 라는 대답을 한다면 그 사람에게 금전적인 기부나 어떤 사회 활동 기관이나 문화기관의 멤버로 가입하도록 권유하는 것은 충분히 가능하다. 대부분의 문화권에서는 사회적인 맥락에서 명성과 같은 보상을 제공한다. 네덜란드에서는 왕이 메달을 수여한다.

더 중요한 것은 만족감을 준다는 사실이다. 사람들은 사회적 재화의 오너쉽에 자부심을 느끼고 공동재의 일부로 편입되는 훌륭한 삶이라는 만족감으로 보상받는다. 앞에서 언급한 바와 같이, 사람들은 자신에게 가장 중요한 소유물로 공유재를 언급한다. 그런 재화를 통해 가치를 실현함으로써 사람들은 분명 만족감을 얻는다. 그리고 그 가치를 실현하는 방법은 오직 기여와 참여를 통해 가능하다. 핵심은 사회적 행동에 있다.

여기에서도 역시 프로네시스가 작용한다. 우리는 하나의 재화를 다른 재화와 비교하여 가중치를 둘 필요가 있다. 또한 충분한 오너쉽을 유지하기 위해 얼마나 많은 노력이 필요할 것인가도 알아야 한다. 우리는 과하지도 부족하지도 않게 희생을 감수하고 싶어한다. 균형을 유지해야 한다.

학자들이 가족 생활에 더 많은 에너지를 쏟아 붓는다면 그들은 과학의 발전에 덜 기여하게 될 수도 있다. 그로 인해 학자로서의 명성과 만족감을 잃을 수도 있다. 그들은 둘 간의 균형을 유지하기 위해 분명한 또는 모호한 계산을 할 수도 있다. 하지만 어느 쪽이든 협력과 기여는 필요한 실천적 조건이다.

다시 말하지만, 사유재와 집합재는 도구적인 특성이 강하다

이 모든 것들이 의미하는 바가 사유재, 집합재, 시장거래의 개념이 중요하지 않다는 뜻은 아니다. 예술품을 사고 파는 것, 그림의 가격을 책정하는 것, 재산권의 귀속, 티켓의 판매, 진정성에 대한 주장과 도전, 이 모든 것들은 훌륭한 예술의 실현을 위한 도구적인 것임을 강조하고자 할 뿐이다. 경제학자나 법조계 인사들이 예술계의 그런 도구적인 부분에 관심을 두는 것도 괜찮을 법하다. 예술의 가치 실현을 위해 가장 중요한 것은 예술을 소통 혹은 공유의 의미로 이해하는 것이다. 더 적절하게 필자는 예술을 공유재로 인식해야 한다고 제안했다. 이를 위해서는 예술을 사야 하는 것이 아니라 예술에 기여해야 한다.

07
재화와 이상 : 재화는 무엇에 유익한가?

위대한 경제학자인 케인즈는 훌륭한 작가이기도 했다. 케인즈의 저작물들은 이 책에서 다루고 있는 주제에 중요한 자양분이 되었고, 케인즈 덕분에 필자는 경제학이 도덕적 과학이며 가치들의 관계에 대한 학문임을 깨닫게 되었다. 케인즈는 "명확한 종교적 원칙과 전통적 덕목"에 호소하였고, "수단을 넘어서서 가치를 평가하는 관점"을 갈망했다(Keynes, 1963). 그로부터 60여 년이 지난 지금이 되어서야 우리는 드디어 그 얘기에 집중하고 있다.

앞의 논의들로부터 이미 우리는 수단과 목적을 구분하는 올바른 방향으로 키를 잡았다. 첫 번째 단계에서는 문화 혹은 콘텐트를 우리의 삶이나 어떤 조직 및 사회에 대한 맥락으로 이해하는 것이었다. 수입, 생산, 부, 이윤, 상품 등은 모두 도구적 재화이며 문화는 가치에 대한 모든 것을 포괄한다. 그러므로 우리 자신과 조직, 기관, 사회에서 일어나는 행동들은 모두 그 행동들이 지향하는 가치를 실현하는 것과 밀접한 관계에 있다고 결론 지었다.

가치를 실현하기 위해서 우리는 온갖 종류의 재화들의 매매에 관여하며 재화의 생산과 소비과정에 기여한다. 따라서 "소통", "관계", "공공

장소", "지식", "예술"과 다양한 상품의 소비와 생산에도 관여하고 있다. 이 시점에서 이제 우리가 직면해야 하는 중요한 문제는 다음과 같다. "궁극적으로 이 재화는 무엇에 유익한가?" "이 재화는 어떤 목적을 지향하는가?"

이 질문들은 아리스토텔레스의 주장(제1장 참조)과도 연관되어 있다. 즉 우리의 모든 행위는 어떤 특정한 유익함에 대한 방향성을 내포한다. 만일 도구적인 관점들로 머릿 속이 가득 차 있다면, 이 질문에 대해 반사적으로 아리스토텔레스가 언급한 그 좋음은 지극히 주관적이어서 정의하기 힘들다고 반박할 것이다. 물론 누구나 자신이 추구하는 바는 다르다. 하지만 이런 종류의 논쟁은 끝이 없는 이야기일 뿐이다.

지극히 도구적인 관점에서 내리는 결론은 그저 경제 성장, 이윤 추구 따위의 수단에 대한 초점을 정당화시키는 것이다. 나는 포스트 모더니스트들의 주장에 대해서도 사실 확신이 없다. 대신 나는 사람들이 부단히 추구하는 유익함에 대해서 좀 더 깊게 이 문제를 풀어 보려고 한다. 역시 끝이 없는 이야기일 것이라고 생각하는가? 과연 그럴까?

매슬로우의 피라미드를 넘어서…

이 연구의 여정의 출발점은 가치에는 우선 순위가 있다는 데 있었다. 말하자면, 사람들은 특정한 어떤 가치에 다른 가치들보다 중요성을 부여한다는 것과, 어떤 재화나 실천들은 다른 재화나 실천 사항들보다 더 가치있게 인식된다는 두 가지 전제를 가지고 논의를 시작했다. 다시 말하면 가치와 재화에는 일종의 우선 순위가 존재한다.

하나의 재화는 다른 재화로 연결되고 하나의 유익함은 다른 유익함을 뒷받침 한다는 사실을 앞서 확인했다. 돈은 모든 종류의 물질적 재화, 예컨대 차나 요트와 같은 것들의 획득에 유익하다. 자동차는 또 다른 모든 종류의 재화들에 유익함을 제공한다. 요트 역시 마찬가지이다. 요트는 그 소유주로 하여금 자존감과 같은 가치를 제고한다. 그렇다면 자존감은 더 상위에 있는 혹은 더 중요한 가치를 실현하기 위해 필요한가?

대부분의 재화와 가치는 그것들이 또 다른 재화와 가치의 실현을 위해 존재한다는 점에서 도구적이라고 할 수 있다. 우리는 어떤 목적을 이루기 위해서 정직하고 용기있고 사랑할 수 있는 마음을 가진 사람이 되고 싶어 한다. 우리는 재화를 그 자체로 소유하기 위해서라기 보다 다른 목적(음식, 집, 연극 공연 티켓)을 성취하기 위해 획득한다. 가정을 꾸리기 위해서 집을 필요로 하고, 집은 하나의 수단으로서 상위에 있는 목적, 즉 가정을 이루기 위해 존재한다. 그러나 가정은 차례로 또 다른 가치, 사랑이나 배려와 같은 것의 실현에 유익함을 제공한다. 음식은 가족들의 건강한 저녁을 위해서 유익하고, 연극 공연 티켓은 어떤 특별한 경험과 장소에 대한 접근성에 유익하다. 아리스토텔레스는 우리가 무엇을 하든 간에 우리 자신은 어떤 궁극적 목표를 의식하고 추구하고 있다고 밝힌 바 있다.

내가 세미나나 강의를 할 때마다 언제나 겪게 되는 상황은 사람들이 이러한 가치와 재화의 관계를 매슬로우의 피라미드와 연관시킨다는 점이다. 매슬로우의 피라미드는 사람들의 욕구를 정리한 일련의 수직 구조이다. 하지만 매슬로우는 인간 욕구의 수직 구조를 만들어 낸 것이지 가치의 실현을 위한 수직 구조를 만들어 낸 것이 아니다(Maslow, 1954). 매슬로우의 피라미드에서는 인간은 기본적 욕구인 의식주에서부터 보다 상위에 위치한 욕구들인 안전, 사회적 관계, 자존감, 자아 실현과 같은 단계의 욕구를 실현한다는 논의를 형상화하였다. 이 모델에서는 자아 실현이 최종 단계에 속한다. 이 수직 구조 역시 대단한 통찰력을 제공한다. 강의실에서도 나는 학생들이 매슬로우의 피라미드에 얼마나 영향을 받고 있는지 쉽게 관찰할 수 있다. 그러나 이것은 가치 실현과는 다른 문제이다. 그래서 보통은 다음과 같은 질문으로 가치의 실현과 욕구의 실현이라는 다른 문제를 구분할 수 있도록 한다.

자아 실현의 의미를 구체적으로 생각해 볼 때 여러분은 언제 자아를 실현하는가? 이 질문에 대한 답은 사실 콕 집어 내기가 쉽지 않다. 자아 실현의 문제는 그런 류의 것이다. 만일 자아 실현이 의미하는 바가 어떤 가치나 재화의 실현과 동일시 된다면 우리는 자아 실현이 잘 되었는지를 확인하기 위해서 확인할 수 있는 재화나 가치가 무엇인지 분명히 알고 있어야 한다.

사람들에게 인생의 목표가 무엇인지 물어보면 "진정성", "개인의 성공이나 출세", "유용성", "행복" 등의 단어를 나열하기도 하는데 보기에는 멋져 보인다. 하지만, 사실 이 용어들의 속은 텅 비어 있다. 이런 답만으로는 그들이 원하는 구체적인 가치와 재화가 무엇인지 알 수 있는 길이 없다. 이러한 논리를 따르자면, 아돌프 히틀러는 진정성을 추구했던 행복한 사람으로 평가되어야 한다. 왜냐하면 그는 자아 실현에 성공 했을 뿐 아니라 개인적으로도 출세했기 때문이다. 하지만 나는 사람들이 히틀러의 삶과 같은 경우를 좋은 케이스로서 염두에 두고 살고 있다고 생각하지 않는다.

아리스토텔레스는 인간 행위를 이른바 목적론적 관점으로 바라본다. 우리 인간은 어떤 목적 telos을 가지고 행동한다. 예컨대, 우리는 휴식을 취하는 행동이 어떤 회사에 취직하기 위한 준비를 위해서일 수도 있고 어떤 중요한 일을 시작하기에 앞서 심신의 안정을 취하기 위해서일 수도 있다. 또는 이미 어떤 중요한 실천을 시작했고, 그 일련의 과정에 휴식이 포함 되어 있을 수도 있다. 목적 telos은 계속 이 책에서 반복되는 "그것(어떤 실천이나 재화)은 무엇에 유익한가?"라는 질문에 궁극적인 답이 된다. 다시 말하면 그 질문에 대한 답은 결국 행동과 삶이 부단히 추구하고 있는 가치로 귀결된다.

머리부터 발 끝까지 철두 철미하게 표준경제학적 관점으로 무장한 도구주의자는 우리가 하는 모든 일의 목적을 유용성과 복지에 두고 있다. 분명히 우리는 소비자로서 유용성 또는 행복의 극대화를 추구하고 있다. 그러나 정작 "유용성"이란 콘텐트가 없는 추상적인 개념이다. 만일 우리가 매번 "그것(어떤 실천이나 재화)은 무엇에 유익한가?"라는 질문에 그저 "유용성의 총합을 증가시키기 위함이다."라고 한다면 이 답은 정말 의미가 없다. 설령 우리가 행복의 개념을 부가한다 해도 우리는 더 이상 할 얘기가 없다. 내가 셰익스피어 연극을 보러 가는 것이 자신의 유용성을 증가시키고 조금 더 행복해지기 위해서인가? 설사 그 연극을 보고 필자가 좀 더 행복해 진다고 하더라도 실제로 그런지 알기가 모호하다. 오히려 셰익스피어 연극 특유의 우울한 분위기와 메시지 때문에 더 침울해 질 수도 있다.

내가 셰익스피어의 연극을 보러 간 이유는 스스로 인식하고 있으며 추구하고자 하는 가치 때문이다. 앞 장에서 설명했던 것처럼 그 가치들을 실현하기 위해 우리는 재화를 필요로 한다. 그리고 앞서 밝힌 전제에 따라 어떤 재화는 다른 재화들보다 필자에게는 더욱 의미있고 중요하다.

같은 문제는 "복지"를 목적으로 여긴다고 해도 발생한다. 만일 복지가 모든 개인의 유용성을 늘리는 결과로 여겨진다면 그것은 모호할 뿐 아니라 무의미하기까지 하다. 그리고 만일 복지가 도구적 재화들과 금전적 단위로 환산되는 가치들로 구성되어 있다면 우리는 여전히 그 모든 재화들이 무엇에 유익한지 알 수 없다. 우리가 그 질문에 대한 답을 찾기 위해서 지속적으로 노력하는 한 필연적으로 그 답은 정량화될 수 없는 재화로 귀결된다는 것을 알게 될 것이다.

아리스토텔레스가 제시한 목적론적 관점은 우리에게 가장 중요한 가치가 무엇인지 인식하고 그 가치를 실현하기 위해 필요한 재화는 무엇인가를 구체적으로 찾도록 한다. 여기까지 이해하고 따라왔다면 이제 필자가 제기할 다음의 질문은 "여러분이 하고 있는 일은 무엇에 유익한가?"이다. 좀 다른 방식으로 이 질문을 바꾸면 "무엇이 당신의 이상인가?" 또는 "당신은 무엇에 기여하고 있으며 그 목적은 어디에 있는가?"이다. 사실 이 모든 질문들이 가리키는 것은 한 점이다. 아리스토텔레스가 제시한 텔로스telos, 즉 궁극적인 목적이다.

나는 지난 몇 년간 이 질문을 기회가 있을 때마다 여러 부류의 사람들에게 묻곤했다. 문화 예술기관의 수장들, 은행가들, 공무원들, 학계의 동료들, 친구들, 학생들, 로펌의 동료들 등 다양한 그룹에게 화두로 던져 보았다.

로펌의 거부 반응

그는 클라스 반 에그몬드Klaas van Egmond였다. 한때 네덜란드에서 환경 문제에 있어 선두에 있었던 인물이고 지금은 대학에서 교수로 재직하고 있다. 그가 현실적으로 던진 질문은 바로 이것이었다. "그래서 사실상 당신은 여기서 무엇을 하고 있는가?" 그는 이 질문을 강조하기 위해 온몸을 써가며 격정적으로 대화를 이끌었다. 그 로펌의 파트너들은 이해할 수 없다는 표정으로 마치 그를 화성에서 온 사람처럼 쳐다 보았다. 그들은 반 에그몬드가 얘기하는 방식에 익숙하지 않았던 것이다. 변호사들은 자신들이 지니고 있는 가치에 대해 이야기하거나 무언가 심각한 문제에 대해 거론하는 것을 싫어 하기로 유명하다. 반 에그몬드는 같은 질문을 반복했다.

나는 이 로펌의 파트너들에 대해 잘 알고 있었다. 사실 이런 반응은 충분히 예상할 수 있었다. 왜냐하면 나의 박사 과정 학생과 이 회사의 문화자본에 대한 연구를 함께 진행한 적이 있었는데, 그때 우리는 이미 이 로펌은 창의성이라는 이슈를 다루는데 아주 서투르다는 사실을 간파했기 때문이다. 이 회사의 파트너들은 좀 더 지적인 도전을 추구했고 자신들이 경험했던 업무보다 좀 더 고무적인 종류의 일을 하고 싶어했다. 전형적으로 전문가 집단이 창의성이라는 이슈에 대해 고심할 때면 거의 통상적으로 이런 반응이 나타나곤 했다.

그러나 이 사례에서 우리 연구팀을 놀라게 했던 점은 그 로펌 사람들은 그 문제(그들은 도전이라고 부르는 것을 더 선호한다)에 별로 관심이 없더라는 것이다. 그들의 관심사는 오직 어떻게 하면 더 많은 수익을 창출할 수 있을까 하는 이슈에만 있었다(일반적으로 로펌의 파트너들은 개인적 기여도와 상관없이 총 이익을 같은 비율로 분배하여 이윤을 취한다). 변호사들을 이 문제(도전)에 집중할 수 있도록 매번 화제를 전환했지만 그들은 그다지 협조적이지 않았다. 잠시후 마침내 그들의 얼굴이 어두워졌다. 아마도 그들에게는 매번 같은 질문이 떠올랐을 것이다. 도대체 지금 이 이슈가 우리의 수익 배분 비율을 높이는 것과 무슨 상관이 있다는 것인가?

로펌에서 반 에그몬드가 강의를 시작하기 전에 내가 먼저 그 로펌 변호사들을 상대로 당신들에게 가장 중요한 것이 무엇인지를 물으며 가치 기반 접근법으로 생각의 변환을 유도하려고 애썼다. 그러자 그 중 한명이 주저없이 대답했다 : 내가 받을 돈이요. 다른 이들은 모두 고개를 끄덕였다. 예외가 없었다. 이 책에서도 계속 강조하다시피, 나는 돈이 궁극적인 목적이 될 수는 없다고 설명했다. 그러나 그들 중 누구도 쉽사리 수긍할 리 만무했다.

그래서 나는 질문을 약간 바꾸었다. "여러분이 받을 수익은 무엇에 유익한가요?" 만일 그래도 계속 "더 많은 수익이요" 라는 대답이 나왔다면 이쯤에서 여러분은 다음 질문이 "더 많은 수익은 무엇에 유익한가요?" 라고 나왔을 것임은 쉽게 알 수 있을 것이다. 그러나 그들에게 이러한 탐구 과정은 별 소용이 없었다. 변호사들이 직업적으로 자신들이 훈련 받았던 대로 오히려 능숙하게 질문의 방향을 바꾸었다.

우리는 포기하지 않았다. 그래서 온갖 전략을 다 활용했다. 우리는 그들에게 러시아 영화인 The Return(안드레이 크바진체프 Andrei Zvjagintsev 감독)을 보도록 했다. 영화 줄거리는 한 아버지가 두 아들과 이전에 가본 적이 없었던 곳으로 여행을 떠나는 것이다. 이 영화가 전하고자 하는 메시지는 그 아버지가 아버지로서 두 아들을 위해서 자신이 추구하는 가치가 무엇인지, 아들은 아들로서 간직하고 있는 가치가 무엇인지 깨닫는 과정을 보여주는 것이었다. 드라마틱한 결말에 사람들은 잠시 조용했다.

그러나 우리가 그 의미에 대해 논의하려고 했을 때 몇몇은 "여기는 교실이 아닙니다."라며 이를 거부했다. 그럼에도 아랑곳없이 나는 어느 정도 밀어 부쳤다. 그리고 그 자리에 앉아 있는 대다수의 사람들이 바로 그 영화에 나오는 반항적인 젊은이들과 같음을 알아챘다. 그렇다면 아버지는 어디에 있는가? 이 회사에 그 역할을 하는 사람은 없었던가? 이 회사에는 그 영화에 나오는 아버지가 했던 어떤 책임감을 짊어지고 있는, 바로 리더의 역할이 무엇인지 먼저 깨달아야 했던 것이 그들의 문제 – 아, 죄송, 도전이라는 단어를 더 선호했지 – 가 아니었던가?

나는 그들에게 아리스토텔레스를 읽어 보았냐고 물었다. 재화, 궁극적 좋음, 그리고 덕에 대한 토론으로 이끌어 보려고 했다. 이 화제에 대한 토론은 흥미로웠지만 내가 어떤 변화를 주었는지에 대해서는 잘 모르겠다. 우리는 피드백 세션을 따로 마련했다. 이 토론은 꽤나 효과적이었던 것 같다. 특히 로펌 사람들은 우리팀이 이끌었던 세미나를 통해서 다른 동료들의 장점을 서로가 알 수 있었던 점에 감사했다. 그리고 나서 우리는 필드 세션을 마련했다. 우리는 그들에게 추운 날씨에 물이 새는 텐트에서 기본적인 네덜란드식 음식만 제공하고 자신들의 이야기를 하도록 자리를 마련했다. 그들은 어떻게 변호사가 되었을까?

그 미팅을 한 후 나는 혼란스러웠다. 왜냐하면 그들 중 대부분은 무언가 다른 것을 하고 싶어했고, 법에 대한 공부를 그만할 수 있는 어떤 우연이 생기기를 바랬기 때문이다. 심지어 어떤 커플은 법조문은 정말 지루하다며 혐오감까지 드러내기도 했다. 아니 어떻게 이런 사람들이 법조계에서 살아 남았단 말인가? 나는 스스로에게 자문할 수 밖에 없었다.

그러나 얘기가 무르익으면서 그들은 모두 다른 이유로 변호사가 되었다는 사실을 알았다. 그 중 몇은 법이라는 제도를 매력적으로 느끼고 있었고 법조계 발전에 기여하고 싶어했다. 또 몇몇은 변호사라는 직업이 재미있어 보여서, 다른 몇몇은 이 직업이 마치 불타는 승부욕을 드러내는 스포츠 선수 같아 보여서 이 직업을 택했다고 했다. 그러나 한가지 공통점은 타인들을 도울 수 있다는 점에서 만족감을 느끼고 있었고, 이는 전형적으로 도움을 주는 입장에 서 있는 유형의 모습이다. 그들은 자신들의 법률 자문으로 고객이 만족하는 모습을 보고 싶어했다.

이 케이스는 필자가 추구하는 접근법을 적용함에 있어 난관을 겪었던 사례이다. 하지만, 이 경험을 통해 가치 기반 접근법이 추구하는 탐구 과정은 결국 사람들은 회사를, 사회를 궁극적 목적에 근접하도록 이끈다는 점을 확신했다. "돕는다는 것", "이긴다는 것"이 무엇에 유익한지 계속 탐구해 보라. "돈"이 그 답이 될 수 없다는 것은 두말할 필요도 없다.

재화는 중요한 가치를 실현하는데 유익한가?

　사람들을 도와 준다는 것은 그 자체로 유익한가? 도움을 준다는 것은 무엇에 유익한가? "이긴다"거나 "개인적 성공"을 성취하는 것은 무엇에 유익한가? 이 탐구 과정은 계속되어야 한다. 우리는 어디까지 도달할 수 있는가?

　내가 한 명의 브라질 출신 동료를 방문한 적이 있었다. 그때 열 네살짜리 소년을 소개 받았던 적이 있다. 그 아이는 꽤나 똘똘하고 차분해 보였다. 그래서 에라 모르겠다 싶어 그 쉽지 않은 질문을 해 버렸다. 그 아이에게 가장 중요한 것이 무엇인지. 의외로 그 소년의 답을 듣기까지는 오래 걸리지 않았다. "돈, 역사, 그리고 가족이예요." 아이의 아버지도 거기 같이 있었다. 분명 아들이 가족을 손꼽은 점에 아버지는 흡족해 했다. 역사는 왜 중요한지 물었더니 자신은 그 주제를 정말 좋아하기 때문이고, 그래서 역사에 대해 더 많은 것을 알고 싶다고 했다. 그렇다면 돈은? 그 소년은 돈이 있으면 여행을 할수 있으니까 갖고 싶다고 했다. "그렇다면 중요한 것은 돈이 아니고, 여행이구나. 그럼 여행은 무엇에 유익하다고 생각하니?" "다양한 사람들을 만날 수 있어서 좋아요." "그렇다면, 여행 그 자체가 목적은 아니로구나. 그건 다양한 사람들을 만나는데에 대한 것이구나." 열 네살 소년에게 이 정도면 충분했다고 생각한다. 그 소년은 이미 그가 지니고 있었던 돈이라는 도구적인 가치로부터 두 단계나 올라갔던 것이다.

　나는 그 로펌의 파트너들이 자신들의 목적을 깨닫지 못하는 것을 용인하기로 했다. 어쨌거나 결국 자신들이 추구하는 것은 금전적 이익이라고 결론 지을 수도 있다. 설사 그렇다해도, 그들은 돈을 넘어서는 목적이 필요하다. 이상적으로 보이는 기관에서 일하는 사람들 역시 그들이 추구하는 재화 또는 그들이 무엇에 기여하기를 바라는지 구체화 시키는데 어려움이 있다. 우리가 이른바 비영리기관이라고 부르는 기관에서는 왠지 이 탐구 과정이 어렵지 않을 것 같아 보인다. 왜냐하면 그들은 추구하는 바가 금전적 이익이 아니라면 그들의 목표가 명확해야 하기 때문이다. 그러나 가끔 그렇지 않은 경우들도 있다. 비영리 기관에 대한 여러 저서를 통해 보면 목적에 대한 그 질문은 비영리 영역에서 아주 중요하다. 경제학자들은 그들의 모델을 구성하기 위해서 무언가 극대화 될 수 있는 것을 목적으로 삼는다. 그러나 비영리 기관들이 극대화하고 있는 것은 모호하다. 극장의 목적은 객석 점유율을 최대화하는 것인가? 혹은 최대의 관심을 받는 것이 그 목적인가? 네처Netzer의 저서 비영리기관들Non-profit organizations과 드러커Drucker가 쓴 비영리기관 운영Managing the Non-profit Organization을 참조해 보라(Netzer, 2011; Drucker, 1992).

극장 평가를 위한 한 프로젝트를 맡으면서 나는 극단의 목표에 대해 명확한 이해가 필요했다. 그 극장이 추구하는 바는 무엇인가? 아마도 훌륭한 극장이 되는것? 그래서? 훌륭한 극장은 무엇에 유익한가? 일단 이 탐구 과정을 한번 시작하면 가능한 여러 가지 답이 될 것 같은 재화들이 팝업처럼 튀어 나온다. 나와 함께 일했던 한 극장에서는 네덜란드 연극의 풍부한 전통을 지속하고 싶어했고, 또 다른 극장에서는 궁극적으로 정의를 실현하는 작품을 만들고 싶어했다. 아주 종종 극장들은 청중에게 도전해 보고 싶어한다. 마치 길 잃은 영혼을 찾아 다니는 전도사처럼 관객들이 그들의 연극을 보는 것이 얼마나 의미있는 일인지를 기억시키려 하는 것 같다. 그러나 필연적으로 이 답은 다음의 질문을 불러온다. 그 도전은 무엇에 유익한가? 이에 대한 답은 모호하다. 사람들에게 충격을 주고 혼란스럽게 하거나 관객들의 마음에 변화를 일으키는 것은 그 자체로 유익한 활동이 아니다. 아마도 제작자들은 이런 소기의 목적을 달성했다고 생각될 때 자기들만의 성취도에 흡족해 하겠지만, 필자는 그 극장이 더 이상 관객의 지지를 받을 수 있을지 의문스럽다.

일반적으로 문화 관련 기관에서는 예술 활동의 지속 이상으로 바라는 것이 있다. 말하자면, 예전에 안해 본 방법으로 예술의 형태에 변화를 주고 싶다든지 청소년층이나 학생층과 같은 특정한 이해 관계자들에게 이전에 몰랐던 어떤 것의 진가를 발견하게 함으로써 작품에 대한 호감도를 높임으로써 그들의 평가에 변화를 유도 한다든지, 예술 자체 이상의 목적을 가지고 있다. 그런 기관들은 티켓 매출의 극대화나 스폰서의 규모로는 자신들이 추구하는 것을 정당화 할 수 없다고 한다. 나도 인정한다. 그러나 그들 역시 그러한 지향점에 이르기 위해서 과정의 구체화가 필요하다. 특히 사람들이 그 극장에 관심을 기울이도록 하거나 어떤 방법이 되었든 기여하고 싶게 만들고 싶다면 말이다. 더욱이, 극장에서 일하는 사람들이 하고 있는 일에 대해 제대로 평가하고 싶다면, 일의 목적과 더불어 질적인 측면에서 무엇을 가장 실현하고 싶은지 더욱 분명히 할 필요가 있다. 그렇지 않으면, 그 극장에서는 결국 모든 예술 작업들은 도구적인 잣대들, 예컨대 입장 관객 수, 연간 공연 수, 수익 비율 등과 같은 것들을 기준으로 평가되어야 하는 위험에 놓이게 된다.

이 장에서 설명하고 있는 탐구 과정은 사람들(경제학자들은 사람들이라고 부르는데 익숙하다)이나 기관 모두에게 적용 가능하다. 훌륭한 가족을 이루고 싶어할 수도 있고, 개인의 소질을 계발하고 싶어할 수도 있다. 사람들은 자신이 잘하는 것을 하고 싶어한다. 음악가는 연주를 잘하고 싶어하고, 배우는 연기를 잘하고 싶어하고, 교사는 잘 가르치고 싶어한다. 그들은 모두 무엇인가에 기여함으로써 더 나은 상태를 추구할 수 있다. 또 어떤 사람들은 좋은 사회를 만들기 위해서 정당에 가입하곤 한다.

잠시 차도 한잔하고, 간식도 좀 먹고 우리집 개도 마당으로 내보내서

놀게 하고 신문도 가지러 나갈 겸 잠시 펜을 놓겠다.

넬슨 만델라 별세. 신문의 헤드라인이다. 이 남아프리카인은 흑인들의 자유를 위해서 치열하게 싸운 살아있는 전설이었다. 사람들은 그를 간디처럼 추종했다. 만델라와 간디는 둘 다 그들의 유익함에 대한 존경을 받고 있는 좋은 사례이다. 비록 내가 그들의 어떤 부적합한 면을 보고 그렇게 존경할 만하다고 생각지 않는다 해도, 나 역시 그들에 대한 기본적인 생각은 같다. 그들은 나에게도 중요한 무엇인가를 상징한다. 기사는 만델라가 유죄 선고를 받고 투옥될 당시 남겼던 유명한 말로 시작하고 있었다. 그가 한 다음의 말은 나에게도 신선한 충격으로 다가왔다.

> "저는 백인 우월주의에 맞서 싸웠습니다. 그리고 흑인 우월주의에도 맞서 싸웠습니다. 제게 소중했던 것은 이 세상이 모든 사람들에게 동등한 기회를 주는 조화롭고 이상적인 곳이 되는 것이었습니다. 이 이상은 제가 살고 싶었던 세계이고 또 실현되기를 바라는 것입니다. 그러나 만일 필요하다면, 저는 이 이상을 위해 죽을 준비가 되어 있습니다." (Mandela, 1964)

이 글은 바로 내가 여러분에게 이상을 구체화시키는 것의 중요성을 피력하고자 했던 바를 잘 표현한다. 유죄 판결을 받으면서도 그 열정을 가지고 부단히 추구했던 이상. 그의 민주주의에 대한, 그리고 자유로운 사회, 조화를 이루는 사회에 대한 이상은 그가 헌신했던 유익함을 표현한다. 그것을 위해 그는 모든 것을 기여하고 심지어 목숨까지 내어 놓을 의사가 있었던 것이다.

때때로 나 자신과 학생들에게 묻곤 한다. 우리는 무엇을 위해서 목숨을 내어 놓을 수 있는가? 우리가 삶을 포기할 만한 이상을 가지고 있는가? 극장의 제작자는 훌륭한 예술을 위해 목숨을 내어 놓을 수 있을까?

강의 중에 한 학생이 무엇을 위해 죽을 수 있는지 물어보는 질문이 그를 불안하게 만들고 이 수업에 집중하기 힘들다고 지적한 적이 있었다. 사람들은 멍청한 이유 때문에 삶을 위태롭게 하며 어떤 아이디어 때문에 삶을 포기한다는 것 역시 멍청해 보일거라고 하면서. 직감적으로 그 학생은 어떤 경험에서 저런 말을 하는구나 라는 생각이 들었다. 그 때 그 학생 옆에 앉은 학생이 "우리는 무엇을 위해서 사는가?"로 질문을 바꾸면 어떻겠냐고 제안했다. 그 강의실에 있던 학생들은 안도의 한숨을 쉬며 우리가 출발했던 질문으로 다시 집중했다. "우리는 대체 무엇을 위해 살고 있는가?"

어떤 이상을 위한 삶은 희생이 요구될 것 이라는 점에 우리는 동의했다. 그리고 첫 번째로 말을 꺼냈던 학생도 "희생"이라는 용어에 동의했다. 경제학자들이 그 유익함을 위한 가치의 실현을 위한 재화에 대한 모델을 만드는 방법에 대해 물어본다면 필자는 포기하겠다.

(아마도 경제학자들은 복지, 역량의 개념을 가리킬 수도 있다. 정책 결정에 있어서 기능적 역할을 한다는 점에서 그들의 의견은 맞을 수도 있다. 하지만, 우리에게 또는 박물관, 극장 등이 실질적으로 현실에서 직면하고 있는 상황에 도움을 줄 것 같지는 않다.)

목적, 텔로스telos, 또는 이상과 가치 실현

선종Zen을 수행하는 친구가 있다. 그는 계속 진정한 목적은 무목적적이라고 한다. 그 친구가 생각하는 좋은 삶이란 그저 목적이나 욕망을 내려놓고 모든 것을 흘러가게 하는데 있다고 한다. 그 친구의 얘기나, 장자Zhuangzi, 노자Lao Tzu와 같은 동양의 철학자들, 에크하르트Eckhart, 키에르 케고르Kierkegaard와 같은 서양의 철학들의 사상은 필자에게 많은 영향을 주었다. 결국 그 친구의 말은 옳았다. 우리가 계속해서 "그래서?"라는 탐구 과정을 진행하면 아마도 지혜의 대가인 부처나 예수의 통찰력에 이르게 될지도 모른다.

그 동안 나는 학생들을 가르치고 아빠 역할을 하고 바른 소통과 올바른 결정을 위한 논의에도 참여해야 한다. 분명한 목적이 있고, 마음 속에는 이상이 자리잡고 있다. 적막과 평화로 이루어진, 그저 모든 것을 흘러 가게 하는 순간, 그 순간들은 무엇을 위해 유익한가? 나의 경우, 목적으로 삼고 있는 것들을 강화하기 위해 그러한 순간들이 필요하다. 만델라는 그가 감옥에서 지내는 동안에도 자신의 신념을 지키기 위해서 그의 이상을 표명할 필요가 있었다. 후일 그는 남아프리카의 변혁을 주도한 지도자가 된다.

비록 사람들이 자신의 삶 속에서 혹은 일터에서 목적에 대해 의식하지 못한다고 해도, 이상이나 목적이 결여된 채 행동한다고 할 수는 없다. 현대사회의 도구주의자들에게는 목적이나 이상을 구체화하는 것이 불필요하다고 여겨진다. 찰스 테일러가 지적한 바와 같이, 도구주의적 프레임의 결론은 우리가 목적을 회피하는 것을 허용하는 것이라고 지적한다 (Taylor, 1991). 그는 이것을 가리켜 명시화되지 않는 윤리라고 불렀다 (Taylor, 1989). 도구주의자들의 사고 방식은 이윤, 복지, 또는 행복과 같은 목적을 만족시키는 것으로 충분하다. 상업 활동을 하는 사람들은 이윤의 극대화가 그들의 목적이라고 할 것이다. "그 이윤은 무엇에 유익한가?"라고 질문 했을 때, "회사의 지속성을 위해서."라는 대답이 돌아올 것이다. 이쯤이면 여러분들도 다음의 질문을 충분히 예상할 수 있을 것이다. "그것은 무엇에 유익한가?" 결국 이 탐구 과정이 이르는 지점은 가장 중요한 실천이란 그들의 이상과 맞닿아 있다는 점이라는 것을 인식하게 될 것이다.

인식하지 못한다면 재촉해 봤자 소용이 없다. 그저 재촉만 한다면 적개심이 일어날 것이다. 사람들은 과정, 타겟, 결과, 이익, 수단과 방법에 대해 논의하는 것에는 능숙하다. 하지만 그들의 삶, 행동이 무엇과 연관되어 있는지 그것들은 무엇에 유익한 지에 대한 주제를 꺼내기 시작하면 토론에 쉽게 뛰어들지 못한다. 이상에 대한 인식의 결여는 보통 조직의 미션을 적어 놓은 것을 보면 알 수 있다. 그대로 드러난다. 사람들은 보통 그 조직에서 자기가 하는 것과 자기가 하고 싶은 것을 나열한다. 그들은 왜 그것을 하는지, 무엇을 위해 기여하고 싶은지, 궁극적 목적은 무엇인지에 대해서는 표명하지 않는다. 일반적으로 박물관에서 규정하고 있는 미션이란 "위대한 예술을 소개하는 것"이다. 무슨 일을 하는지는 분명하다. 그러나 그것은 무엇을 위해 유익한가? 기부자들은 이 질문에 대한 답을 알고 싶어할 것이다. 미션, 즉 어떤 조직의 사훈은 그 조직의 이상이 무엇인지, 무엇에 기여하는지를 구체화하는 것이어야 한다.

추구하는 이상과 재화를 구체화 하는 연습의 중요성

이상을 정확히 말하는 것은 쉽지 않다. 그러나 지금쯤은 분명해져야 한다. 변호사들과 얘기하는 것이든, 문화계 종사자들과 얘기하는 것이든, 일상에서 사람들과 얘기하는 것이든(경제학자들은 또 다른 문제이다), 이면의 재화를 추구하는 것이라는 점에는 동의할 것이다. 그러나 그러한 재화들은 무엇에 좋을 것인가 하는 질문에는 묵묵부답일 것이 분명하다. 필자 역시 자신이 부단히 추구하는 재화들을 구체적으로 얘기하는 것이 어렵다는 것을 겪었기 때문에 그러한 난감한 상황을 이해할 수 있다.

개인의 경우, 그들에게 정말 중요한 것이 무엇인지 물어 보는 것은 구체화 작업에 도움이 된다. "당신이 가진 가장 가치있는 소유물은 무엇인가?" 이에 대한 대답은 그들이 고군 분투하며 추구하는 재화가 무엇인지 의식하는 데에 결정적인 힌트를 제공한다. 하지만, 종종 사람들은 "건강"과 같은 여전히 도구적인 어떤 것을 가리키기도 한다. 건강은 돈과 같다. 즉, 그것은 유익하지만 건강해 지기 위해 삶을 사는것은 아니기 때문이다. 그렇다면 다음 질문은 "당신이 건강하다는 것은 무엇에 유익한가?"이다. 건강하다는 것은 우리로 하여금 우리에게 중요한 것을 실천하고, 실제로 추구하려는 목적을 실현하도록 하기 때문에 유익하다.

그러나, 가장 가치있는 소유물이 무엇인지 물어보는 것에는 오직 부분적인 답이 돌아 오곤 한다. 사람들이 가장 자주 언급하는 대답은 자녀(그리고 동시에 되묻는다. 자식을 소유한다고 언급해도 되는 것일까?), 자유, 마음, 건강과 같은 것들일 것이다. 이게 다인가? 신념이나 그들이 속한 사회나 혹은 자신이 갖고 있는 소질은 어떠한가?

구체화하는 연습을 위한 또 다른 방법으로는 사람들에게 자신이 추구하는 유토피아, 또는 이상적인 세계를 그려 보라고 하는 것이다. 유토피아는 자신이 잊고 싶거나 숨기고 싶은것, 혹은 갈망하는 것에 대한 내용을 그리게 된다. 예컨대, 학생들이 유토피유토 그릴 때 모든 사람이 서로 사랑하고 사는 세계 혹은 고요하고 평화로운 세계를 그린다면 그들은 불필요한 정보에 지속적으로 노출되는 것에 대한 불만, 혹은 소셜미디어로 인해 끊임없는 대화 가운데 있는 것에 대한 불만을 시사한다.

예전에 나는 후자의 방식으로 과학 기술 대학의 사람들을 위한 리더쉽 프로그램을 강의했던 적이 있었다. 그 사람들이 최종적으로 어떤 재화를 바라는지를 찾게 유도하는 것은 참 어려웠다. 내가 선험적 재화에 대해 얘기했을 때 사람들은 정말 절망적인 시선으로 나를 바라 보았다. 그들은 진심으로 선험적 재화가 무얼 뜻하는지, 심지어 그와 관련된 어떠한 아이디어조차 이해하지 못했다. 그들은 너무도 현실적이어서 선험적 가치에 대해서 상상조차 하기 힘든 사람들이었다.

어쨌든 자신의 유토피아를 구체화하는 연습을 진행했고 자신의 유토피아에 대해서 다른 이들과 공유하는 과정에서 필자는 한가지 공통점을 발견했다. 그들 모두의 유토피아에는 핵심적인 활동으로 과학 연구가 자리 잡고 있었다. 항공 기술 분야의 한 교수는 한 작은 조직세계에 대해 얘기했는데 그 조직은 과학에 대한 모든 연구의 집합체이며 과학자들은 핵심 분야를 구성하고, 그 외 사람들은 과학연구의 목적에 부차적인 것으로 그려졌다. 그 세계에서는 학생들과 매니저들은 모두 과학에 대한 지적 호기심을 가지고 있는 사람들로 묘사되었고, 점수를 매기기 위한 시험은 존재하지 않았다.

갑자기 그런 생각이 들었다. 이들이 필사적으로 추구하는 것은 절대적 지식, 혹은 진리, 즉 선험적 재화였다. 비록 그들의 작업은 실천적인 적용을 위한 것이긴 하지만, 어떤 절대적 진리, 무결점의 기계, 어떠한 기계적 문제도 해결할 수 있는 완벽한 솔루션을 추구하는 것이 그들에게는 가장 상위에 있는 것이었다. 이는 그들이 하는 일을 특성화하는 열정과 헌신에 대해 시사한다.

프랙시스 : 부단히 추구하는 실천의 집합체

앞 장에서 이미 나는 어떤 좋음의 가치를 실현하는 것은 하나 또는 다수의 실천에 연관 된다는 점에 대해 이야기 했다. 말하자면, 실천은 좋음을 나타낸다. 소중한 교우 관계를 위해서 우리는 여러 가지 행동을 통해 노력한다. 마찬가지로, 명예를 위해 고분분투하는 것 또한 모든 종류의 행동, 가령, 옳은 일을 위한 도전이나 자신의 명예를 실추시킨 사람과 맞선다든지 하는 여러 가지 행동으로 나타난다. 삶 속에서 신념을 지키고 실현하기 위해 사람들은 교회, 절, 모스크에 가고, 수행과 기도로 실천하고 성서구절을 공부하는 등 온갖 종류의 행동을 통해 실현한다. 진실을 추구하는 사람은 실험실이나 도서관에서 끊임없이 연구할 것이고, 세미나에 참석하는 것은 물론 집에서도 공부에 매진하고 여러 동료들과도 수많은 대화와 소통의 기회를 가질 것이다.

궁극적인 가치나 최고선을 실현하는 활동과 관련된 실천들을 가리켜 나는 프랙시스praxis라고 정의한다. 프랙시스는 내재적인 가치를 생성하며, 다른 가치나 사물에 유익할 수 있지만, 분명한 특징은 프랙시스는 궁극적인 좋음the ultimate good을 나타낸다는 점이다.

프랙시스는 그 자체로 목적을 지니고, 좋음을 실현하기 위해 부단히 노력하는 실천이다. 다른 단원이 아니라, 그냥 정의를 써 놓은 것입니다.

첼리스트들의 예를 들어 보자. 요요마, 로스트로포비치, 자클린뒤프레와 같은 유명한 첼리스트들은 많은 사람들에게 영감을 주고 음악적 즐거움을 선사한다. 물론 그러한 활동들은 그들의 수입을 늘리는데 유익하다. 첼리스트들은 연주하기 위해 필요한 모든 활동을 한다. 끊임없이 연습하고, 스스로 컨디션에 신경 쓰고 음악에 항상 귀를 열어 둔다. 다른 첼리스트들의 연주도 듣고 가르치기도 하고 공연도 한다. 그들이 첼로를 연주하는 것이 장인정신을 실천하고 수입과 상관없이 연주를 완성하는 것이 그 자체로 목적이 될때, 프랙시스가 된다. 장인정신은 과학처럼 프랙시스이다. 예술 역시 프랙시스가 될 수 있다. 적어도 필자가 생각하기에 자녀를 양육하는 것도, 가르치는 활동도 그렇다.

프랙시스에 대한 사유를 통해, 우리는 궁극적으로 무엇을 성취하고자 추구하는지, 또한 삶의 여정 가운데 어디에 어떤 실천 사항들을 위치시킬 것인지에 대해 생각해 볼 수 있다. 엔지니어들이 완전한 기계를 만들기 위해 노력할 때 그 기계 자체에 목적을 두고 정의를 내려할 필요는 없다. 그저 프랙시스에 부합하면서 동시에 프랙시스를 구성하는 다양한 활동들을 인식하고 실천하는 것이 중요하다. 왜냐하면 추구하는 이상은 프랙시스 안에 내재되어 있고, 실천은 그러한 이상이 내재된 특정한 행동들로 나타날 수 밖에 없기 때문이다.

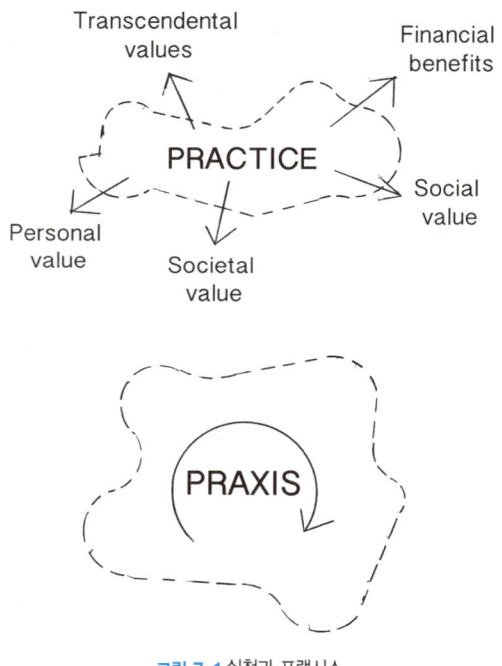

그림 7-1 실천과 프랙시스

재화는 네가지로 분류된다

가치 기반 접근법에 기초한 연구 활동을 통해 필자는 재화는 궁극적으로 네가지 영역으로 분류될 수 있음을 발견하였다. 이 네가지 영역은 앞서 소개했던 네가지 가치와 네가지 프랙시스를 기준으로 구성된다. 이 구조상 위에 위치한 두개의 영역은 보다높은 차원의 재화와 프랙시스가 포함되고, "이것 혹은 저것은 무엇에 유익한가?"라는 질문에 궁극적인 답이 된다. 사회적 영역은 한단계 낮은 클러스터 영역이다. 사회적 재화의 실현이나 그 재화를 위한 기여활동 등으로 구성된다. 사회적 재화는 대개 구체적인 관계들, 예컨대, 가족, 친구, 커뮤니티, 유대 관계가 돈독한 팀과 같은 것들로 구성된다. 가치 기반 접근법에서 강조하는 것은 그 관계들의 질적 수준이다. 즉, "더 나은" 가족, 아이들과 "더 나은" 관계를 형성하는 것, "더 친밀한" 커뮤니티, "더욱 결속된" 팀과 같은 나음을 추구한다. 이 재화들은 충성심, 동료애, 친밀감, 화목함(아늑함이라고도 번역되는 네덜란드 사회의 전형적인 사회적 가치), 지위, 사회 정체성, 특정 클럽의 멤버쉽 등 사회적 가치가 구체적으로 실현될 수 있도록 한다.

교우 관계나 자녀와의 관계를 가장 우선시하는 사람들은 이런 사회적 재화의 실현을 위한 활동들을 우선시 할 것이다. 이런 재화는 그 자체로서뿐만 아니라 궁극적 재화로서 정립되어야 한다. 만일 "그래서 그 재화는 무엇에 유익한가?"라는 질문에 대한 답이 다시 존재한다면 이 재화는 아직 도구적이거나 부수적인 가치를 따르는 것이다.

어떤 그룹이나 커뮤니티 자체가 하나의 좋음이 될 수 있는가? 종종 사람들은 자기가 소속된 집단을 위해서는 무엇이라도 할 수 있다고 말하곤 한다. 음악을 함께 연주하는 연주자들은 그들이 공유하는 것에 대해, 그 그룹의 공유재를 소중히 한다. 만일 그들이 돈을 벌기 위해 그룹을 분리해야 하는 상황이 생긴다면 끔찍하게 생각될 수도 있다. 가령, 함께 연주를 했던 팀이 더 많은 수입을 벌어 들이기 위해서 팀을 나누어 여기 저기 연주 앵벌이를 해야 한다면, 그들에게 그것은 충분히 악몽이 될 수도 있다. 왜냐하면 그들에게 그 그룹은 그 자체로 공유되고 경험되는 것이기 때문이다.

개인적 영역은 우리가 개인으로서 부단히 추구하는 개인적 재화로 구성된다. 개인적 재화는 자신을 위한 목적으로 존재한다. 우리는 좋은 아버지나 좋은 어머니가 되기 위해서, 혹은 좋은 친구, 자기 분야에서의 전문가, 위대한 음악가, 실력 있는 의사, 현명하고 행복한 사람, 이타주의적 인간 등이 되기 위해서 노력한다. 우리가 훌륭한 아버지나 전문가가 되는 것은 일종의 재화이다. 왜냐하면 그 재화를 습득하기 위해서 노력을 쏟아붓고 희생하기 때문이다. 그리고 충분한 노력이 투입되지 않으면 그것을 잃을 수도 있다. 이러한 재화는 사회적, 사회 지향적, 그리고 선험적 재화를 내포한다. 그러나 또한 개인적 재화이다. 왜냐하면 한 개인으로서 가지는 부모의 가치 그 자체로 중요하기 때문이다. 테일러는 내면의 깊이, 진정성, 개인주의를 개인적 재화로 규정한다. 아마도 자유가 엄격하게 개인적인 것으로 해석된다면 역시 그 목록에 들어갈 것이다.

예컨대, 나는 좋은 아버지, 훌륭한 남편, 훌륭한 교수이자 훌륭한 지성인이 되고 싶다. 현명한 사람이 되기를 갈망한다. 이러한 것들은 타인들과 공유하지 않기 때문에 개인적인 목표이다. 아내는 가정에 헌신하려는 필자에게 고마움을 표하기도 하지만, 여러분에게는 아마도 이렇게 말할지도 모른다. 훌륭한 교수이자 지성인이 되겠다는 목적은 훌륭한 남편이자 아버지가 되겠다는 열정과 상충하게 마련이라고. 이는 정말이지 개인사이다.

초월적 재화 또는 프랙시스	사회 지향적 재화 또는 프랙시스
진실을 찾는 활동, 우아함, 계몽, 사랑에 연관된 모든 활동, 영적인 자유, 무의 경지, 숭고함, 조화, 전체 통합, 위대한 예술의 체험, 완벽한 기술의 연마	정의의 경험, 자유, 조화, 결속, 평화, 통합, 민주주의, 문명, 상위 문명, 연민

개인적인 재화 또는 프랙시스	사회적인 재화 또는 프랙시스
지혜, 장인정신, 마음의 평화, 좋은 부모 되기, 자주성, 좋은 친구 · 훌륭한 리더 되기, 충고 얻기, 미용하기, 치료, 교훈	좋은 가족 만들기, 강한 · 격려하는 · 생명력 있는, 커뮤니티의 일원이 되기

그림 7-2 궁극적 재화와 프랙시스에 관한 네가지 분류

마찬가지로, 장인은 자신들의 기술을 잘 연마하는 데에서 최고의 만족감을 얻는다. 장인들은 자신들의 기술을 연마하는데 개인적인 목표를 둔다. 그런 과정으로 최고의 장인이 될 수 있을 것이다. 치과의사는 환자들의 이를 바르게 치료하는 데에서 만족감을 얻는다. 치료 과정이 쉽지 않을수록 만족감은 더욱 커질 것이다. 배우들은 연기를 잘하기를 원하며 음악가들은 혼신의 힘을 다해 연주한다. 그리고 예술 감독들은 최고의 예술 작품이 나올수 있도록 노력한다. 어떤 분야의 장인으로 탁월하게 된다는 것은 하나의 프랙시스이다.

젊은 세대들은 즐기는 것이 자신들의 개인적 목표라고 할 수도 있다. 그러나 정말 그러한가? 나는 즐기는 것은 개인적이라기 보다는 오히려 친구들과 무엇인가를 함께 공유하고 싶어하는 것이라고 생각한다. 따라서 그러한 목표는 사회적이다. 만일 그렇다면 그저 즐기는 것이 궁극적 좋음이 될 수는 없다. 필자의 강의를 들었던 한 의사는 자신의 목표는 그저 맛있는 음식을 먹으며 삶을 즐기면서 사는 것이라고 했다. 처음에 나는 그 사람의 얘기를 듣고 화들짝 놀랐다. 아니 이 사람은 자기 자녀들한테도 대체 어떤 존재일까? 그저 자신의 삶만 즐길 줄 알았던 한 남자로 기억되지 않을까? 그는 정말 그렇게 생각하고 있었다. 그렇다면 그에게 있어 유희는 그가 추구하는 개인적인 좋음이라고 할 수 있다.

그렇다면 우리가 부단히 추구하는 개인적 재화란 자신의 정체성을 구

성하는 것인가? 나는 이 질문에 대한 답을 지금으로서는 보류하겠다.

앞의 [그림 7-2]의 사분면 오른쪽 윗 부분에서 여러분은 사회 지향적인 영역을 볼 수 있다. 사회 지향적 재화 또는 공유재가 포함된 영역이다. 이 재화들은 국가와 같이 제법 넓은 사이즈의 커뮤니티가 공동으로 보유하고 있는 재화이다. 세계 평화, 지속 가능한 환경, 인권과 같은 목표를 실현하는 것이 중요하게 여겨질 것이다. "애국심", "민주주의", "문명", "정치적 자유", "교육", "평등"과 같은 것들의 실현을 추구하는 사람들 역시 사회지향적 재화의 실현에 기여하는 이들이다. 테일러는 오직 박애만 사회 지향적 영역으로 분류했다. 그러나 만일 자유가 정치적 자유를 의미한다면 그 역시 사회 지향적 카테고리에 들어갈 수 있다.

모든 이런 재화들은 사회적 재화와는 구분된다. 왜냐하면 사회 지향적 재화는 그 가치의 실현이 이루어지는 단위로 한사회나 세계를 염두에 두고 있고, 사회 지향적 재화를 공유하기 위해서 구성원들이 서로 알아야 할 필요도 없기 때문이다.

문화 예술 관련 기관들은 그들이 어떤 공공지원 기금에 지원할 때, 그 기관이 기여하고자 노력하는 사회 지향적 재화가 무엇인지 구체화하는데 어려움을 겪는다. 사실 그렇게 하는 작업은 거의 도전에 가깝다. 네덜란드에서는 문화 기관들이 하고 있는 활동이 경제학적으로 어떻게 얼마나 영향을 미치는 가하는 사항을 구체화 해야만 했던 시기가 있었다. 공공기금 지원 사업에 지원하기 위해서는 불가피하게 거의 모든 기관들이 자신들의 (예상)기여도를 입증해야 했다. 하지만, 경제는 그 자체로 목적 이 아니다. 경제적 이윤이나 경제 활동은 다른 좋음을 창출하기 위한 도구적인 것이기 때문이다. 그래서 경제적 영향력에 호소하는 것은 궁극적으로 사회 지향적 질문에 대한 답, 예컨대 한 사회의 문화적 질적 수준의 향상 또는 성숙한 문명 개발 정도의 답을 유보하는 것에 불과하다.

정치인들은 사회 지향적 재화, 예컨대 환경문제, 인권 수호, 군대, 시민 의식 등의 이슈에 기여하려고 한다.

사분면의 왼쪽 윗부분에서 우리는 사회적, 개인적, 사회 지향적인 것들을 모두 초월하는 예술적, 영적, 문화적, 과학적 재화들과 같은 가치들을 발견할 수 있다. 나는 그것을 선험적 재화라고 부른다. 왜냐하면 그 가치들은 형이상학적 독립체로서 정신적 영역을 지향하며 사회적, 사회 지향적, 개인적 가치들을 넘어서는 것들이기 때문이다. 대개 우리가 삶의 의미를 찾는 과정에서 궁극적으로 도달하게 되는 것은 이 영역의 어딘가에 해당된다.

만일 자연이 어떤 원천적인 의미로 그 자체로 좋음이 될 수 있다면 테일러의 리스트에 따라 선험적 재화로 생각될 수도 있다. 하지만 자연은 그 자체로 실현될 수 없기 때문에 프랙시스로서 사람들이 자연을 통해 경험하는 모든 활동들, 가령 자연 친화적 삶을 추구한다든지, 하이킹을 한다든지 그린피스에 가입한다든지 하는 것들을 포함한 활동들로 생각되어야 한다. 같은 생각은 문화적 재화에도 적용된다. 즉 문화적, 역사적, 상징적 의미들을 공유하는 재화이다. 문화적 재화가 그 자체로 좋음이 될수 있다면 선험적 재화가 된다. 이 경우 여러분은 문화적 재화는 내재적 가치를 가진다고 할수도 있고 "그것은 무엇에 유익한가?"라는 반복되는 질문에 결론적인 답이 된다.

결국 계속 그 탐구 과정을 연습해 나가다 보면 대개는 선험적 영역에 이르게 된다.그러나 종종 선험적인 경험은 오히려 모든 욕구와 목적을 목적 없이 만들어 버리기도 한다. 도교에서 주는 교훈은 우리가 자신의 길에 제대로 서 있는가 아니면 벗어나 있는가 하는 것을 돌아보게 한다. 우리가 목적으로 삼을 수 있는 종류가 아니다. 현자들은 우리에게 그저 흐름대로 흘러 가게 놔두라고 하곤 한다. 명상, 성찰, 고요함 등과 관련된 프랙시스이다.

수도자, 성직자, 수도승들은 자신의 삶을 선험적 재화의 실현을 위해 헌신하는 사람들이다. 그들은 선험적 영역의 가치를 실현하기 위해 그들이 할 수 있는 모든 것을 한다. 그런 과정으로 다른 사람들을 이롭게 한다. 똑 같은 프랙시스는 예술가, 과학자, 음악가, 치유자, 대가 등의 삶에서도 일어나고 있다.

08
사회의 부를 형성하는 원천에 관하여

굉장했다. 그 친구의 강의를 듣기 위해 동료들과 박사 과정 학생들을 포함하여 300여 명이 모여 들었다. 그녀는 훌륭하게 강의를 마무리했고 대단한 박수 갈채를 받았다. 집으로 오는 길에 우리는 얼마나 그녀가 대단했는지 감탄하며 얘기를 나누었다. 바로 이것이다. 우리가 정말로 하고 싶어하는 것을 하는 것, 예컨대 사유하고 그것을 글로 정리하고 다른 이들과 토론하는 것. 그런 면에서 그녀는 특히 천부적인 재능을 받았다고 해도 과언이 아니다.

마침 그때 나는 이 장을 저술하는 중이었고, 자연스럽게 어떤 일을 가능하게 만드는 소스[11]를 어디에서 찾을 수 있는가에 대한 화두를 꺼냈다. 그녀가 그와 같은 자리를 성공적으로 이끌 수 있었던 소스는 어디에 있는가? 우리는 금방 답을 찾아냈다. 그녀가 지니고 있는 대단한 수준의 지식(실제로 그녀의 엄청난 독서량과 방대한 지식에 놀라지 않을 수 없다)과 뛰어난 언변, 예컨대 논쟁, 농담, 비유 등을 아주 적절히 기술적으로 배합하는 능력, 그

---

[11] 역주 : source는 근원의 의미를 지니지만 일상에서 소스라는 그 자체의 단어로도 쓰이고 있고, 원 저자는 이 단어를 특별한 의미를 두고 대명사처럼 뜻을 두고 정의하였기에, source를 일반 명사보다는 대명사의 의미를 살려 그대로 소스로 번역한다.

리고 명성과 그녀의 인맥에 그 힘의 원천이 있다는 데에 우리 모두 동의했다. 그때 그녀는 공감하는 능력이 필요하다고 역설하였는데, 솔직히 처음에는 그 주장을 이해하지 못했다. 하지만, 지금 생각해 보면 그녀의 얘기에는 중요한 핵심이 내재되어 있었던 것 같다. 또한 우리는 기억이라는 주제에 대해서도 이야기를 나누었다. 그녀는 자신의 기억 속에 지식도 저장해 놓고 있지만 그 저장고 속에는 여타 다른 많은 기억들, 가령 그날 저녁의 강의와 같은 경험들이 함께 공존하고 있는데, 분명 이러한 요소들이 복합적으로 작용하여 그런 훌륭한 경험을 만들어 냈을 것이라는 얘기도 나누었다. 기억은 그녀의 경험을 구성한다. 그리고보면 그녀는 대단한 지식도 가지고 있고 천부적인 재능도 있지만 그녀의 집안 배경도 한몫하는 것 같다. 하버드 대학의 교수였던 아버지, 뛰어난 오페라 가수였다가 시인이 된 어머니를 비롯한 좋은 집안 배경 역시 중요한 소스로 작용 했을 것이다. 여러분은 아마도 그녀가 엄친 딸이기 때문에, 성공할 수 밖에 없는 성장 배경이라고 단정지어 버릴 수도 있다. 하지만, 그녀의 오이코스는 생각보다 복잡하다. 왜냐하면 그녀는 혼자 산다. 그렇지만, 어머니와 형제 자매들과는 돈독한 관계를 유지하고 있다. 그리고 그녀는 전 세계에 "가정"을 가지고 있다. 다시 말해 가령 이곳, 나의 집과 같이 언제나 그녀를 반겨주는 집과 같은 곳이 전 세계에 퍼져 있다. 이 모든 것들은 그녀에게 중요한 소스가 된다.

우리는 잠깐 얘기를 멈췄고, 나는 우리가 그녀에 대해 이야기하면서 한번도 그녀의 집은 어떤 건물이고 시가는 어떠하며 재정 상태와 보유하고 있는 재산 목록은 어떠한 지에 대해 언급하지 않았다는 점을 지적했다. 이것 참 이상하지 않은가? 라고 강조하고 싶었다. 왜냐하면 어쨌든 그녀는 경제학자이고, 시장의 덕목들에 대해서 세상에 전파하는 사람이었다. 그러나 그녀가 보여준 놀라운 실력은 시장의 논리로 분석되는 소스들과는 무관했다. 부엌 한 켠, 테이블에서 그윽한 차 향기를 맡으며, 이 대화의 핵심을 모두 이해했다는 듯이, "무슨 얘긴지 알겠어요."라고 짤막하게 얘기한 뒤, 그녀는 잠자리에 들러 방으로 올라갔다.

우리는 가난한가? 아니면 부유한가?

우리는 가치를 실현하기 위해 재화를 필요로 한다. 이 핵심 문장은 앞서 계속 다뤄왔던 내용이다. 가정을 형성하는 것은 우리로 하여금 가족, 보살핌, 서로를 지지하는 가치를 실현할 수 있게 한다. 소유 한다는 것, 소유의 문제에 있어 나는 법적인 보장이 뒷받침되는 대상들의 소유만을 고려하는 것이 아니다. 왜냐하면 우리가 소유한 모든 재화가 모두 법적인 소유권을 통해서 우리에게 귀속되는 것은 아니기 때문이다. 나의 친구는 자신이 구사하는 언변에 대해 어떠한 지적 재산권도 행사하지 않지만, 상당히 가치있는 소스이다.

가치와 재화에 대해 이해함에 있어, 우리는 같은 맥락으로 다음의 질문을 떠 올릴 수 있다. 재화의 가치는 얼마인가? 그 재화는 무엇에 유익한가? 만일 나의 친구가 엄청난 양의 주식과 현금을 보유하고 있다면 일반적으로 우리는 그녀를 부자라고 생각할 것이다.

그러나 "가정"이나 "가족"에 대해서는 어떠한가? 이 재화는 분명 가격으로 매길 수 없는 가치를 지닌다. 가족을 "소유"하는 것과 돈 뭉치를 "소유"하는 것은 어떻게 다른가? 무엇이 사람을 더 부유하게 하는가? 표준 경제학적 논리에 따르면 추가적 논의를 제외하고, 돈 뭉치를 많이 지닐수록 부자로 정의된다. 하지만 그녀 역시 그런가? 그녀는 종종 나의 가정이 부럽다고 얘기하곤 한다. 사랑스런 아이들과 서로를 배려하는 가족 구성원들, 그리고 이 집에는 손님들도 자주 온다며. 그러한 점들이 나를 더 부유하게 만드는가? 자, 다시 돌아가서, 그녀는 필자보다 훨씬 더 유명하다. 그녀의 강의는 어마어마한 군중을 끌어 모으고 그녀의 책은 뉴욕 서평 New York Review of Books에 실리곤 한다. 이런 기준으로 비교하면, 나는 그녀보다 가난한가?

앞서 얘기했던 변호사의 경우는 어떠한가? 그는 지갑이 두둑하다. 대저택을 소유하고 있고 은행 계좌에 적지 않은 잔고로 재정 상태를 증명한다. 값비싼 자동차를 몰고 이 세상 어딘가에 휴가를 보내기 위한 집도 따로 두고 있다. 그러나 우리의 대화는 무엇에 관한 것이었던가? 그는 인생에서 중요한 것을 놓치고 있는 것 같다고 자신의 삶에 대해 걱정하고 있었다. 유년 시절 그는 예술가로서 지성인으로서 자유로운 인생을 살고 싶어했다. 그는 자유롭게 여행을 다니며 세상을 만나고 싶어했다. 지금 그가 하고 있는 일이 여행의 기회를 자주 가져다 주었지만, 그가 꿈꾸어 왔던 그런 여행과는 거리가 멀었다. 이런 탐구 과정은 그를 실제로 성가시게 만들기 시작했다. 그는 돈에 사로잡힌 사람들과 일하고, 그리고 돈을 위해서 사는 사람들을 위해서 일하고 있기 때문이다.

"당신은 자신이 얼마나 부유하다고 느끼나요?" 그에게 물었다. "정말 알고 싶어요?" 그가 되물었다. "나는 당신에게 돈과 관련된 것들만 얘기했지만, 이러한 것들이 나에게 그렇게 대단할 정도로 중요하진 않아요. 정작 내가 신경쓰는 건, 내 아내와 아이들이요." 나는 그에게 사실상 그는 아내와 아이들로부터 멀어지는 모든 행동을 하고 있다고 했다. 하루에 18시간을 일하고 출장도 달고 살지 않느냐고 지적했다. 그는 한숨을 내쉬었다. 나는 그가 의기 소침해질까 걱정이 되었다. 그는 자신이 소유한 것들을 균형있게 잘 다루고 있지 못했다.

그를 만나기 몇 주전, 나는 어떤 전시회의 오프닝 행사에서 한 예술가와 대화를 나눈 적이 있었다. 주제가 돈에 대한 것으로 좁혀지면서 나는 그에게 작품을 대가로 무엇을 얻었는지 물었다. 그는 대답할 수 없었다. 왜냐하면 그의 수입은 매년 불안정했기 때문이다. 그가 최근 몇 년간 재정적으로 참 힘든 시기를 보낸 것을 알고 있었다. 그는 그저 사람들이 작품을 사기 싫어 하는 것 같다고 덧붙였다. 불평하기보다 그저 주머니 사정이 들락날락한 상황에 익숙해진 것 같았다.

"가족들과는 어떻게 지내요?" 궁금해 졌다. "휴가를 가나요?" "물론이죠, 우리 가족은 함께 휴가도 가지요." 그는 적은 돈으로 가족들과 어떻게 즐거운 시간을 보냈는지 상기된 표정으로 얘기했다. "그거 알아요? 우리가 간 곳은 진짜 부유층들이 휴가를 오는 곳이었어요. 고급스런 차들이 즐비하고 사람들은 아무렇지 않게 고급 레스토랑에 가더라고요. 그런데 말이죠, 우리는 좀 그게 단조롭고 지루했어요. 그래서 슈퍼마켓에서 와인과 빵, 치즈를 사서 공원이나 해변가에 있는 경치가 멋진 장소를 찾았어요. 그리고 진짜 파티를 했답니다." 그는 웃었다. "정말이지, 우리 가족은 스스로가 더 없는 호화로움을 창조해 냈어요. 와인에 빵과 치즈를 곁들여 정말 아름다운 장소에서 말이죠. 사실 나는 그 비싼 장소에 앉아서 자기 돈을 쓰면서 지루해 하는 사람들이 오히려 불쌍하게 보이더라고요."

자, 여러분이 보기에 누가 더 부유한가? 그 변호사인가 혹은 이 예술가인가? 오직 돈에 관해서라면 답은 분명하다. 하지만 그 예상되는 답이 옳은 것 같아 보이지는 않는다. 내가 보기에 이 둘의 경우를 비교할 수 있는 어떤 객관적인 잣대가 있어서, 이것이 저것보다 더 부유하다라고 판단할 수 있어 보이진 않는다. 관건은 우리가 가치를 평가하는데 달려 있다. 이 예술가는 좀 더 진정성이 있는 것 같다. 이유인즉, 그는 자신에게 중요한 것을 하며 살고 있기 때문이다. 반면에 그 변호사는 그가 유년 시절 꿈꾸었던 삶을 그저 갈망하는 것 같다. 그 예술가는 창의성을 중요한 소스로 "가지고" 있었던 반면, 그 변호사는 그의 전문성, 그리고 크고 영향력 있는 네트워크를 "가지고" 있었다.

표준경제학적 이해 방식으로, 우리는 모든 소유물을 어떻게 돈으로 환산하고 정량화시키는지를 배운다. 물론 이는 비교를 가능케 한다. 만일 우리가 표준경제학적 논리로 이 두 사람에 대해서 비교 평가한다면, 단연코 변호사가 월등히 훌륭하다고 해야 할 것이다. 하지만 정말 그러한가? 이 변호사가 소유한 정량적으로 우수한 소유물들은 그가 이 예술가보다 훨씬 나은 삶을 실현하도록 하고 있는가?

비슷한 질문은 기관이나 커뮤니티(도시나 국가와 같은)의 경우에도 적용 시킬 수 있다. 가령, 이 대학에는 타 대학에 없는 무엇을 가지고 있는가? 기준점을 대학의 기부금 보유고 수준에 둔다면 우리는 실제로 몇몇 대학들(가령, 스탠포드나 하버드와 같은)이 다른 대학들보다 훨씬 부유하다고 결론 지어야 한다. 이 논리를 유럽의 대학들에 적용시킨다면 어떻게 될까? 유럽 대학들은 기부금을 쌓아 두고 있지 않다. 대신 정부 지원금이 있을 뿐이다.

게다가 큰 규모의 기부금은 탄탄한 동문 파워를 보여 주는 신호이기도 하다. 그런 커뮤니티가 정말 부의 소스가 될 수 있는가?(유럽 대학들의 매니저들은 최근에야 이 소스를 발견했다.) 오히려 학자의 눈으로 볼 때, 대학의 부는 실력있는 동료들의 비중, 연구 세미나를 뜨겁게 달구는 열정, 학생들의 지적 호기심과 재능을 통해 드러난다고 생각한다. 이것은 바로 대학에서 가장 중요하게 여기는 문화이며, 필자 역시 이 점에 동의하지 않을 수 없다.

구글과 같은 회사들이 선전하고 있는 이유는 공장이나 컴퓨터와 같은 회사의 물리적 자산 때문이 아니다. 그 회사가 지니고 있는 명성 때문이다. 브랜드 인지도와 같은 명성은 대중이 주의를 집중하고 있음을 의미하며, 그러한 대중의 관심은 광고 수익에 참으로 유익하다.

　뉴욕이나 암스테르담과 같은 도시들은 타도시에는 없는 소스를 가지고 있다. 그러한 소스들은 관광객, 지성인, 예술가, 기업가, 대기업 총수들을 유치하는데 유익하다. 그 도시들은 수입을 창출할 수 있기 때문에, 경제학자들의 입을 빌리면, 경제적 자본을 가지고 있다.

　예를 들면, 암스테르담에는 홍등가, 합법적으로 마리화나를 피울 수 있는 카페, 안네 프랑크의 집, 수많은 수로들과 다양한 박물관들이 있다. 이 모든 것들은 단체 관광객을 유치하는데 큰 도움이 된다. 뉴욕은 "에너지"를 가지고 있다. 길거리에 있는 가게들로부터 재즈 클럽, 갤러리에서부터 다소 치안이 불안정한 동네와 센트럴 파크, 몇몇 괜찮은 박물관들까지 다양한 에너지를 가지고 있다. 암스테르담에는 "브로드웨이"가 없다. 중요한 갤러리도 몇 군데 없다. 그렇다면 우리는 암스테르담이 더 가난한 도시라고 해야 할까? 예, 아니오 식의 답이 필요할 것 같진 않다. 사람들은 나름대로 질적 수준을 비교하고 판단하여 한쪽을 택하겠지만, 이 논의의 핵심은 도시는 모든 종류의 소스를 보유하고 있고 또 그러한 소스들의 많은 부분들은 비정형적이며 돈으로 그 가치를 계산할 수 있는 수준의 것이 아니라는 점이다.

　국가를 비교할 때에도 다르지 않다. 우간다에는 네덜란드에 있는 사회기반 시설이 없다. 깨진 보드 블록들 때문에 어둑어둑해지면 밤거리를 산책하는 것도 위험하다. 국민건강 의료 제도도 미흡하다. 하지만, 우간다 인들은 자신들에게는 지역마다 풍부한 문화자원을 가지고 있다고 자부한다. 그리고 네덜란드인들에게는 결여된 전통적인 강한 유대감이 있다고 지적할 것이다. 더욱이, 우간다인들의 가족 문화는 네덜란드인들의 가족 문화보다 더 풍요롭다. 네덜란드인들의 수입은 우간다인들의 수입 수준의 10배이다. 그런들, 이 두 나라의 문화를 어떻게 비교한단 말인가?

저량과 유량

이 모든 예시들은 개인과 기관의 행동을 디자인하는 데 있어 중요한 요소가 무엇인지 시사한다. 우리는 바른 소통, 올바른 선택을 하기 위해서 어떤 재화를 추구하며 어떻게 실현할 것인지 알아야 한다. 프로네시스를 계획하는 과정(4장을 참조하라)에 따르면 이것은 계획(디자인)에 속하는 문제이다. 예시들은 어떤 "축적", "투자"와 같은 것의 중요성과 자본, 저력, 자원 혹은 소스와 같은 것들을 가리키고 있다.

우리가 하는 일은 다람쥐가 하는 일과 비슷하다. 겨울을 나기 위해 가을에 도토리를 모아 둔다. 비축해 둔 도토리는 겨울에 필요한 영양분을 공급해 준다. 로빈슨 크루소는 그의 주거 환경을 만들기 위해 시간과 재료를 투자했다. 그러한 주거 환경은 크루소에게 미래의 시간을 위한 보호와 안락함의 "유량"을 제공한다. 또한 그는 미래에 소비할 식량의 유량을 보장하기 위해 씨를 저장해 두었다.

저량과 유량을 구분하는 것은 회계의 기본원리로, 대차 대조표는 저량(부채)을 포함하고 손익 비용 계산서는 수입과 지출의 흐름을 보여주는 재무제표이다. 저량과 유량에 대한 셈법은 일상의 틀을 만들어 낸다. 우리가 가지고 있는 것과 빚지고 있는 것, 받은 돈과 쓴 돈의 총량에 대해 생각하게 한다. 그리고 재무제표는 결과물을 매력적으로 보이게 만든다. 즉, 대차 대조표에서 보여주는 순수 자산 가치, 손익 계산서에 기록된 수익과 저축 상태는 뭔가 있어 보이게 한다.

저량과 유량을 구분하는 것은 투자와 소비를 구분하는 것과 유관하다. 다람쥐가 도토리를 비축물로 저장할 때 이는 투자로, 도토리를 저장고에서 꺼낼 때 소비로 분류된다. 이런 논리는 최소한 회계를 구성하는 기본원리가 무엇인지 보여 주는 행동이다.

자, 그렇다면 우리는 언제 소비하고 언제 투자하는가? 이 질문의 관건은 우리가 비축물로 무엇을 계산하는가에 달려 있다. 위의 예들에 비추어 생각해 볼때, 보통 회계사나 경제학자들의 생각 속에 주로 존재하는 비축물이란 궁극적으로 중요한 비축물의 적은 부분을 차지할 뿐이라는 것을 알게 될 것이다. 이유인즉, 그들은 주로 교환을 통해 획득한 비축물에만 한정시키기 때문이다. 따라서 그들이 염두에 두는 것은 빌딩, 기계, 컴퓨터와 같은 물질적 재화와 은행 계좌, 주식, 채권과 같은 금전적 자본이다. 그렇다면 건물과 주식을 사는 것은 투자로 생각 되어야 하고, 건물을 사용하고 마모시키는 것은 소비로 여겨져야 한다.

하지만 만일 가정이나 도시의 분위기 혹은 기관의 문화를 재고로 여긴다면? 그렇다면, 가족과 보내는 시간, 도시의 축제를 기획하는 일 등은 역시 투자로 분류되어야 한다. 이 책을 읽고 있는 여러분은 투자 활동 중인가 혹은 소비 활동 중인가? 그것 역시 여러분이 자신의 비축물로 무엇을 꼽는가에 따라 다르다. 만일 여러분이 지식을 하나의 비축물로 생각한다면, 독서는 투자 활동이다. 그저 놀면서 시간을 보내고 있다면 이 활동은 소비로 생각하는 편이 낫다.

보유량에 대한 논의는 무엇에 대한 것인가? 자본인가, 저력인가 아니면 소스인가? 소스에 대한 논의가 되어야 한다

우리가 사용하고 있는 단어들에 대해 해야 할 얘기가 있다. 경제학자들은 무엇을 보유하고 있는가에 대해 언급할 때 자본에 대한 주제를 꺼내고 싶어한다. 그래서 우리는 물질적 수익과 관련해서 언급할 때는 경제 자본을, 지식이나 기술에 대한 것에 대해 얘기 할때는 인적 자본이라는 용어를 언급한다. 개인이 그런 자본을 소유할 수도 있고, 어떤 기관에서 직원들이 보유한 지식과 기술에 대한 것을 염두에 두고 있다면 기관 단위에서 인적 자본을 소유하고 있다고 할 수도 있다. 최근에 사회 자본과 문화 자본이라는 용어가 도입되었는데, 사회적 자본은 사회적 관계, 소셜 네트워크 같은 것들과 경제적 효과와의 연관성에 대한 것이다. 문화 자본이라는 용어는 프랑스 출신 사회학자인 피에르 부르디외Pierre Bourdieu가 소개하였고, 문화 유산, 문화 자산 뿐만 아니라 교육 수준을 나타내는 학위증과 같은 요소들까지 일련의 문화적 패키지로 모두 아우른다(Bourdieu, 1977).

하지만 이런 자본의 개념은 여기서 내가 얘기하는 관점을 다소 훼손한다. 그 개념은 경제적 이익과 밀접하게 연관될 뿐 아니라 법적인 재산권과 같은 문제와도 밀접하다. 그 법적 재산권이라는 것은 우리가 소유한 모든 것, 특히 정말 중요한 것을 가리고 있다. 필자 역시 경제학자들과의 대화의 범주를 벗어나면 자본의 개념에 대한 편협한 반응이 일어나는 것을 발견하곤 한다. 예컨대, 내가 문화 자본이라는 화두를 꺼내면, 예술가들은 나의 논지를 전형적인 경제학적 논의로 치부해 버리고 나의 논지를 어떻게 타개할지부터 살핀다.

그래서 나는 다른 용어를 찾아 보았다. 문화 자본은 그것을 소유한 사람이 사용 권한을 부여 받기 때문에 저력이라는 용어도 적절해 보였다. 무엇을 보유하고 있는가에 대한 주제는 일종의 (잠재된) 저력을 시사한다. 하지만 "저력"이라는 단어 역시 이미 정립되어 있는 선입견이 그 의미를 훼손하는 경향이 있다. 그래서 소스source라는 개념을 적용하기로 한다. 소스는 도토리나 지식, 기술과 같이 어떤 가치를 직접적으로 혹은 간접적으로 실현 가능하게 한다. 경제학자들 사이에서 이 개념은 명확성을 기해야 할 필요가 있지만 다른 영역에서 이 개념은 자본이라는 단어가 만들어

내는 만큼 혼선을 빚지는 않는다. 따라서 우리는 소스라고 하기로 한다.

소스는 개인이나 커뮤니티 또는 기관에서 가치 실현을 가능케 한다. 아마르티야 센Amartya Sen은 사람들의 능력에 대해서, 사람들은 각자 자신의 능력을 발휘할 수 있는 소스, 가령 교육이나 오이코스의 지지, 안정된 사회와 같은 것들을 가지고 있다고 하였다(Sen, 1985).

소스를 획득하는 방법

우리는 다양한 소스를 가지고 있다. 그것이 무엇인지 논하기 전에, 우선 획득 방법의 중요성에 대해 짚고 넘어가려 한다. 경제학자들과 얘기하다 보면, 우리는 소스를 구매를 통해서 혹은 (금전적)투자와 같은 방법으로 획득한 것에만 한정 짓는 경향이 있다. 건물, 집, 기계, 아마도 지식까지 그러한 분류에 포함될 것이다.

그러나 다른 형태의 획득 방법도 있다. 이미 주어진 소스들이다. 가령, 개인적으로 타고난 재능에 대해서 한번 생각해 보자. 타고난 재능은 이미 부여 받은 것이다. 위대한 바이올리니스트는 천부적 재능을 타고 났다고들 한다. 하지만, 요즘 흔히들 얘기하는 금수저네 은수저네 흙수저네 하는 얘기들은 환경의 중요성에 대해 호소하고 있다. 말하자면, 훌륭한 오이코스나 안정된 사회 환경에서 태어나는 것 역시 주어진 것이라는 얘기이다. 이런 맥락을 아마도 누군가는 너무 앞서 가서 우리 모두는 신이 내린 선물이며 사랑 받기 위해 태어난 사람이라고 할지도 모르겠다.

가장 중요한 소스는 우리가 기여를 통해서 획득한 형태이다. 우정, 예술, 과학, 신의와 같은 공유재에 대해 한번 생각해 보라.

따라서, 우리는 다음과 같이 구분해야 할 필요가 있다.

1. 구입하거나 법적인 권한을 가지고 소유한 소스
2. 물려 받은 소스
3. 기여를 통해서 획득하고 오너쉽을 공유하는 소스

대개 가장 많은 주목을 받는 타입은 첫 번째 원천이다. 왜냐하면 금전적인 용어로 측정이 가능하기 때문이다. 우리는 부동산 시장에서 지금 살고 있는 집의 시세를 잘 알고 있다. 하지만 공을 들이고 노력을 쏟아 부어 얻은 우리 가정의 가치가 얼마나 하는지 명확히 꼬집어서 얘기할 수는 없다. 한 회사의 CEO는 자신의 회사가 얼마의 총 자산가치를 보유하는지 알고 있다. 하지만, 그 회사의 기업 문화에 대한 화두를 꺼내면 암중모색하게 될 것은 자명하다.

자, 그렇다면 문화에 대해서는 어떠한가? 자신이 가지고 있는 소스가 무엇인지 모른채 올바른 선택을 할 수 있을까? 자신이 할 수 있는 것이 무엇인지 알기 위해서는 자신이 어떤 소스를 가지고 있는지부터 파악 해야만 한다.

좋은 삶을 위한 소스를 제공하는 생명의 나무

기관, 커뮤니티, 그리고 사회에 대해서는 후반부에서 다루고, 우선적으로 나는 우리가 좋은 삶을 영위하기 위해서는 어떤 소스가 필요할 것인지에 대해 먼저 이야기해 보고 싶다. 이 단원에서는 다수의 경험적인 실증 과정을 통해서 효과적이었던 방법들을 정리하여 여러분과 나누고자 한다. 분명 우리는 완벽한 계산, 절대적인 결론과 같은 것에 이를 수는 없다. 하지만, 좋은 삶의 실현을 가능하게 하는 소스가 무엇인지는 찾아 볼 수 있다.

관련하여, 나는 예시 하나를 제시한다. 바로 나무이다. 개인적으로 나무를 정말 좋아 하기도 하지만 나무를 비유로 제시하는 이유는 차차 밝히기로 한다. 나는 우리집 앞마당에 있는 오래된 너도 밤나무와 각별하다. 아마 나이테가 200개 정도는 될 것 같다. 한번 상상해 보라. 뿌리가 얼마나 깊을지, 나뭇가지는 얼마나 하늘 높이 뻗어 있을지. 수년 간 같은 한자리에서 거대한 가지를 뻗었고 자리도 많이 차지한다. 그러던 어느날, 폭풍에 가지 하나가 부러졌다. 그 가지의 무게가 엄청나서 혼자 들기에는 역부족인 정도였다. 가을에는 떨어진 낙엽들을 치우느라 또 수일이 걸린다. 그 나무는 필자로 하여금 생명의 나무에 대해 생각하게 하였다.

생명의 나무에 대해 충분히 생각하는 과정은 유기적인 사고 방식을 보여 준다. 우리는 그 나무의 구성 요소들을 가지런히 모으고 마치 기계가 해 놓은 것처럼 격자로 잰듯이 나열할 수 없다. 그 나무는 다양한 부분들, 혹은 다양한 소스들로 구성되어 있다. 우리가 이미 대차대조표를 사용하는데 너무 익숙한 스타일이라 해도 나무의 다양한 부분들의 사이즈를 재는 것은 의미가 없다. 그래도 우리는 어쨌든 그 다양한 부분들의 무게를 재고 싶어한다. 당신이 살아온 문화적 환경, 성장 배경의 비중은 중요한가? 나에게 물어 본다면, 분명 그렇다고 할 것이다. 왜냐하면 그러한 환경적 요소들은 결국 자신을 구성하고 있는 매우 중요한 부분들이기 때문이다. 나의 문학관(우리 가족은 매일 저녁 함께 책을 읽었고), 시각 예술에 대한 관점(주말 오후마다 갤러리에 그림을 보러 가고), 종교관(아버지는 기독교 목사셨다)은 자신을 구성하는 중요한 요소이다. 타고난 환경이나 천부적 재능과 재능을 알아 볼 수 있는 교육시스템을 갖춘 성장 배경 중 무엇이 더 중요한가? 이런, 정말 어려운 질문을 던졌다. 하지만 그런 질문에 막상 맞닥뜨리게 되면 우리는 좋은 삶을 즐길 수 있도록 하는 소스와 방해가 되는 소스가 무엇인지 더욱 의식하게 된다. 가령, 우리는 물려 받은 문명이나 교육의 혜택을 쉽사리 무시하지는 않는가?

계속해서 그 나무의 이미지를 상상해 보면, 생명의 나무의 몸통은 우리의 소스를 상징한다. 그리고 가지와 이파리들은 일상을 이루는 질적인 요소들로 구성된다. 실현된 가치뿐만 아니라 소득, 명성, 저력, 영향력, 경험, 감정, 환희, 그리고 우리가 소유하는 소스들로 이루어진다.

자, 그럼 생명의 나무가 어떻게 이 논의와 유관한지 살펴보자.

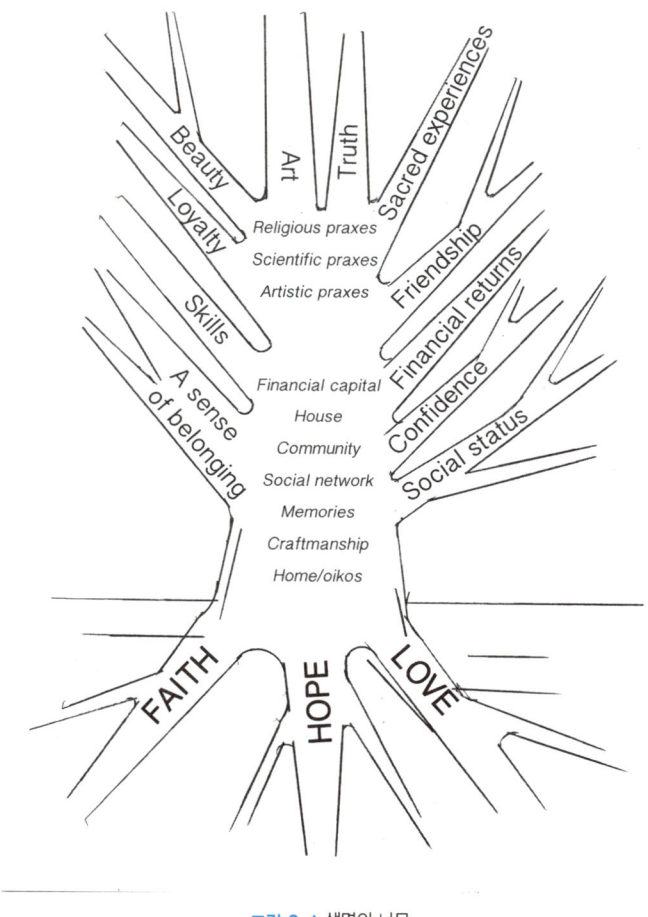

그림 8-1 생명의 나무

a) 사상 누각을 방지하려면?

무엇이 그 나무의 기초를 이루고 있을까? 여러분에게 가장 중요한 소유물이 무엇인지를 물었던 질문을 기억하고 있는가? 그 질문에 대한 대답이 여러분의 생명의 나무의 토대를 구성한다. 대부분의 사람들은 "가족", "친구"와 같은 답을 할 것이고, 몇몇은 "자유"와 "건강"을 손꼽을 것이다. 또 다른 이들은 "신의", "사랑"을 얘기할 수도 있다.

이런 소스들은 첫째, 가장 중요하고, 둘째, 다른 소스들에 자양분이 되기 때문에 토대가 된다. 화목하고 견고한 가정이 있는 사람은 네트워크, 커뮤니티 혹은 사회 활동에 효과적으로 참여하는 경향이 발견된다. 가정은 우리가 자란 성장 배경을 뜻하고, 그 안에서 우리는 지식과 사회규범, 경험, 사회 생활에 필요한 여러 기술들을 배우게 된다. 우리가 자라온 가정과 현재 우리가 꾸리고 있는 가정은 기억과 추억의 소스, 공유된 경험의 소스이다.

가정은 부분적으로는 부여 받은 것으로서, 특히 우리가 태어난 가정환경을 가리킨다. 그러나 가정의 대부분은 상당한 기여와 투자를 통해서 획득하게 된다. 한번 생각해 보라. 가정을 유지하기 위해서 얼마나 많은 감성과 노력이 뒷받침 되어야 하는지(만일 여러분이 싱글이라면, 여러분의 부모님이 투자한 그 엄청난 노력들을 생각해 보라. 누가 가정에서 보내는 시간이 레저 타임이라는 말도 안되는 소리를 했던가?).

물론 모든 가정이 다 똑 같은 것은 아니다. 잘된 가정도 있고 대단한 가정도 있고, "가난"하거나 "끔찍한" 가정도 있다. 학대 가정이나 상처 받은 가정을 책임지고 있는 사람들은 이 논의에서 팔짱끼고 뒤로 물러나 앉아 있을 수 있다. 즉, 이들에게 오이코스는 부정적인 소스로 작용할 것이다. 가화만사성이라는 말을 떠올려 보라.(여러분은 어떻게 자신의 가정을 평가할 것인가?)

가정은 가장 중요한 가치인 사랑, 보살핌, 지지 뿐만 아니라 명성, 자신감, 사회 생활을 위한 기술과 소셜 네트워크, 문화지식, 종교까지도 포함한 모든 종류의 가치와 경험을 위해 유익하다.

교우 관계는 가정과 흡사하다. 생명의 나무에서 이 부분은 가장 친밀하고 가장 중요한 우정을 포함한다. 여기서 우정의 의미는 그저 우정 그 자체를 위한 것으로, 모든 부수적이고 파생적 결과물들은 부차적인 것이다. 즉, 여기서 교우 관계는 부수적인 결과물의 생산을 위해 이용하는 관계가 아니라는 뜻이다. 좋은 교우 관계는 모든 종류의 가치와 경험에 유익하므로 가정처럼 중요한 소스가 된다. 좋은 가정이 결여되어 있다면, 좋은 교우 관계는 꽤나 괜찮은 대체 소스가 될 수 있다.

때때로 나는 가족 같은 친구들을 가지고 있다고 말하는 사람들을 만나곤 한다. 그들은 그 친구들과 가장 깊은 감정을 나누고, 공동의 이유, 가족과는 함께 하기엔 부족한 어떤 사유를 공유하며 그것을 위해 함께 노력한다. 나 역시 가족이라 여길 만큼 가까운 친구 몇몇이 있어서 이러한 느낌이 어떤 것인지 이해할 수 있다.

이 모든 소스들은 기초 생활력과 기본 체력이 보장될 때 유효하다. 기본 체력은 생존이 가능한 정도를 말하고, 기초 생활력이란 사회 생활이 가능한 기본적인 기량 및 관리능력을 포함한다.

b) 사회적 소스

기본적인 토대의 중요성을 이해했다면, 다음으로 필요한 것은 사회적 소스이다. 이 과정을 구성함에 있어 나는 사회적 소스의 중요성을 좀 더 강조하고자 한다. 가령, 나는 사회적 소스로서 활동 중인 그룹, 친구들, 학계 네트워크, 멤버로 활동하고 있는 클럽이나 협회와 같은 것이다. 이런 소스들은 사회적 지위와 정체성, 기여도, 명예로움, 때로는 금전적 수입 등을 만들어 낸다.

이 영역[12]은 사회 자본이라고 일컬어지는 것들로 구성된다. 사회적 원천은 중요한 특성인 "에토스ethos"를 포함한다. 나의 지위인 교수라는 사회적 소스는 때때로 사람들의 이목을 끌기도 하고 그러한 지위로 인해 어떤 혜택을 받기도 한다(하지만 정계에서는 그렇지 않다. 가정에서는 더더욱 그렇지 않다). 명성 역시 "이름이 브랜드화 될 수 있도록 하는" 중요한 소스가 된다. 경쟁사회에서 (긍정적인 의미의) 명성은 중요하다(이에 반해, 악명은 나쁜 종류의 명성이다. 나의 경험에 의하면, 좋은 명성이 어떤 이들에게는 되려 악명으로 비춰지기도 한다. 중요한 것은 제대로 된 사람들 사이에서 좋은 평판을 가지는 것이다).

사회적 소스 또는 사회 자본을 이루는 중요한 요소는 소셜 네트워크이다. 정말이지, 소셜 네트워크의 중요성은 아무리 강조해도 지나치지 않다. 한 일본인 동료가 브라질의 예술 작업과 관련된 연구 프로젝트를 진행하면서 연구 보조 인력을 찾고 있다고 알려왔다. 나의 학생들 중 적당하다 싶은 브라질 출신 학생을 소개해 주었고, 그 일본인 동료는 물론 브라질 학생 역시 서로를 소개해 준데 대해 아주 고마워 했다. 나 역시 소셜 네트워크를 활용할 수 있어 만족스러웠다. 우연한 기회로 시드니에 도착해서, 전화 한 통을 통해 30여 년 전쯤 함께 공부했던 오랜 친구와 하루를 보내는 것 또한 너무 멋진 일이다. 늘 그렇듯이, 우리는 마치 어제 만난 것 같은 느낌이다. 소셜 네트워크는 모든 것에 유익하고 중요도에 따라 분류될 수도 있다. 그렇다면, 여러분의 소셜 네트워크는 어떠한가? 좋은 사람들이 포함되어 있는가? 악명 높은 사람들, 당신에게 상처를 줄 수 있는 사람들이 포함되어 있진 않는가?

---

[12] 역주 : 에토스는 어떤 집단에서 생성하는 특정 정신이나 기풍과 같은 것을 뜻한다. 그러나 identity, spirit과 구별을 두기 위해 그대로 에토스로 번역한다.

또 다른 사회적 소스는 커뮤니티, 이웃, 클럽, 모임, 독서 모임, 정당과 같은 것들을 꼽을 수 있다. 나는 여전히 축구를 함께 하는 조기 축구회와 하이킹을 함께 즐길 수 있는 산악회와 같은 모임에 소속되어 있음에 감사한다.

c) 지적, 예술적, 과학적, 그리고 영적인 소스들

그 다음으로 인류학적 의미의 문화, 문명, 예술을 포함한 문화적 소스를 위치시킨다. 이분야의 소스들은 소위 말하는 문화 자본으로 구성된다. 우리는 문화의 일부로 존재하며, 물론 때때로 버거운 상황도 있지만, 분명 문화의 혜택을 받고 있다. 내가 미국에 살았을 때 미국 문화의 어떤 부분은 나에게 혜택을 주었지만, 또 어떤 부분은 정말이지 고욕이었다. 가령 풍부하고 깊이 있는 음악 장르, 환상적인 스포츠 문화, 대학가의 심오하고 고무적인 교육 환경, 기업가 정신 등은 유익한 영향을 주었지만, 대화가 길어지면 금방 지루해 하고 물질 만능적인 사회 문화와 같은 것들은 견디기 힘들었다. 지금은 네덜란드 문화의 혜택을 만끽하고 있다. 네덜란드인으로서 안정된 가정을 꾸리고 있으며, 네덜란드 특유의 이지적이지 못한 사회 분위기, 심오한 책에 대한 경시, 비호의적인 태도(이미 많은 외국인들이 네덜란드에서 경험했을 것이다)에 대처하고 있다.

또 하나의 중요한 문화적 소스는 우리가 공유하고 있는 언어에서 비롯된다. 공유하는 언어가 있다는 사실은 경험, 생각, 가치 등의 공유가 가능하다는 뜻이다. 네덜란드인들은 영어 농담을 이해하는데 어려움이 있고 미국인들은 네덜란드어를 발음할 때 생기는 가래끓는 소리 같은 후두 자음에 익숙치 않을 것이다. 서구 사회에서 자란 사람으로서 한국어나 중국어를 유창하게 하는 것은 거의 불가능에 가깝다. 언어는 중요한 문화적 장치이자 풍부한 문화적 소스가 된다.

문명 역시 너무 당연해서 쉽게 간과되긴 하지만, 문화적 소스 중 하나이다. 하지만 그 풍부함과 중요성은 결코 당연한 것이 아니다. 성경, 라파엘, 지오토, 플라톤, 다윈, 아리스토텔레스, 아우구스투스, 장자, 공자, 렘브란트는 모두 위대한 통찰력을 위한 소스를 만들어 냈다. 그들이 세운 문명을 잘 이해하기 위해서는 분명 부단한 노력과 시간을 들여야 한다.

사람들은 보통 자신이 누리고 있는 문화의 혜택에 대해 고마움을 느끼지 못한다. 오히려 그 문화권 밖의 세상에 있을 때 자신이 누렸던 문화적 혜택에 대해서 깨닫게 된다. 뭐, 그렇다고 해서 일부러 문화권 밖으로 나가야 할 필요는 없지만. 사람들의 무관심이 이 소스들을 무시하게 되는 결과를 낳게 되고, 그 결과는 가치의 절하로 이어진다. 이와같은 자각 의식이 널리 공유된다면, 문명의 쇠퇴와 소스들의 손실에 대한 설명이 정당화 된다.

예술 역시 중요한 소스이다. 예술이 모든 종류의 가치의 발현을 위해 유익하다는 사실은 두 말할 필요가 없다. 예술은 사회 구성원들에게 각기 다른 방식으로 수용되고 활용된다. 바흐의 마태 수난곡은 나와 나의 부인의 가슴을 뭉클하게 하지만, 우리 아이들은 그 음악에 그저 무관심하다. 내가 시각 예술에 대해 이해하는 정도와 딸이 이해하는 수준도 같지 않다. 다행이라고 해야 하나, 딸은 시각 예술에 대해 훨씬 조예가 깊다. 나의 경우, 예전에 읽었던 책이나 관람했던 영화의 영향을 꽤 많이 받는다. 아직도 손에 잡고 있는 책 – 무질Musil의 특성 없는 인간The man without qualities – 이 있는데, 읽는 내내 나 자신이 고무되는 것을 느낀다. 혹자는 현대 무용을 보면서, 오페라를 보면서, 패션 디자이너가 만들어 낸 실루엣을 보면서, 또는 위대한 건축물 앞에서 가치의 발현에 그러한 소스들이 작용 하는 것을 자각하게 된다.

종교 역시 소스의 한 종류이다. 교회, 절, 모스크는 사람들이 신성함을 경험할 수 있는 장소이다. 물론 많은 사람들이 종교 활동에 부정적인 경험을 가지고 있기도 하지만, 거기서 사람들은 희망을 가지게 되고 좋은 삶에 대한 통찰력을 얻게 된다. 성경은 서구 문명 발전에 지대한 영향을 끼쳤다. 여러 가지 일상적 표현이나 많은 격언들이 성경에서 비롯 되었으며, 사회적 유대감을 강조하는 많은 가치들은 기독교적 가치에 기반을 두고 있다. 이러한 이유로 종교의 단절은 곧 문명의 종말을 초래할 것이라는 논란도 있어 왔다. 불교, 선종, 도교는 아시아와 서구 사회에 수행과 명상을 위한 실천에 많은 가르침을 준 소스이고, 이슬람교는 특히 중동지역에서 그러한 역할을 한다.

문명은 **문화 유산**을 포함한다. 문화 유산은 유형(기념비, 비석, 예술 작품과 같은)과 무형(음악, 전통, 관습, 장인 정신, 언어 등)으로 나눌 수 있다.

과학과 **인문학**은 지식, 통찰력, 의미, 연구, 가르침, 기술적 사회적 혁신을 위한 거대한 소스이다. 내가 미국의 듀크 대학에서 박사 과정 공부를 하던 시절, 서고를 여기 저기 둘러 보는 것을 좋아했는데, 그 방대한 저작물의 양을 보면서 인류가 지금까지 얼마나 많은 지적인 원천을 생산해 내었는지에 감탄하곤 했다. 그곳엔 정말 읽을 책도 많았고 배울 것도 많았다.

문명은 모든 종류의 **소통**의 집합체라고 규정하고 싶다. 그리고 우리는 이 모든 소통에 기여할 수 있고 우리에게 영감을 준다. 가령, 나는 여러 분야, 즉, 문화 경제학, 실용주의와 아리스토텔레스 철학, 사회학, 예술, 고전 음악, 연극, 유로에 대해서 한창 소통 중인 논의들을 신경 쓰고 있다. 이 모든 소통 속에서 아이디어를 얻고 영감을 얻는다.

기억은 비록 다른 소스로 인해 생성되는 것이긴 해도 그 자체로 소스가 된다. 단하게 우리가 기억을 잃는다고 상상해 보라. 그럴 경우 젊었을 때

영광스러웠던 순간이나 부모님께로부터 받았던 사랑과 보살핌의 순간들, 친구들과의 기억, 읽었던 책, 여름 휴가, 보고 경험했던 모든 것들, 자신이 연루 되었던 분쟁이나 싸움, 목표를 성취했던 순간, 수치스러웠던 순간, 이 모든 것들이 사라질 것이다.

기억은 자신을 자신으로 존재하게 끔 만들어 준다. 기억은 우리 자신을 구성한다. 우리가 하는 일의 대부분은 기억을 만드는 것과 밀접하다. 예컨대 좋은 기억을 만들기 위해 여름 휴가를 가고 극장에 간다. 사회 생활을 하고, 모임에 참여하기도 하고, 지역 축제를 기획하고 유명 인사들을 만난다. 우리가 하는 모든 일들은 기억으로 남는다. 쉽게 잊고 사는 기억들, 예컨대 나의 경우 매년하는 성 니콜라스 파티(네덜란드 가정에서는 12월 5일에 성 니콜라스 St. Nicolas를 기념한 네덜란드인들만의 크리스마스를 기념한다)때 있었던 일들을 금방 잊을 수도 있고, 어제 먹었던 식사나 그 대단했던 강의를 금방 잊고 지나갈 수도 있다. 하지만, 어쨌거나 그런 모든 기억들은 자신에게는 소중하다.

인적 자본은 사람이 지니고 있는 지식 혹은 기술이며 이러한 지식이나 기술을 활용해서 수익을 창출할 수 있다. 그것은 이전에 언급 되었던 소스들 중 선택한 것들로 이루어진다.

d) 사회 지향적인 또는 공동의 원천들

우리는 사회의 일부로서 살아간다. 그리고 그 사회라는 범주는 모든 종류의 것들에 유익하다. 교육제도, 공공인프라, 건강보험제도, 실버케어제도, 민주주의 또는 정치기관들, 언론, 미디어, 뛰어난 인터넷 등을 포함한다. 이 원천은 또한 애국심, 국가정체성, 국사와 같은 한 국가의 결속력의 정도를 상징하기도 한다.

나는 다른 사회를 방문할 때면 **사회 지향적인 원천**의 중요성에 대해 생각하게 된다. 솔직히 이따금씩 다른 사회들이 얼마나 잘 운영되고 있는지를 보게 되지만, 미국에 살았었고 지금 네덜란드로 돌아와 다시 살고 있는 것이 참 행운이라고 자화자찬 하곤 한다. 미국에서 좋은 대학의 교육적 환경의 혜택을 받고 살았고 지금은 유기적으로 잘 조직화된 사회를 갖추고 그 구조를 잘 운영하고 있는 네덜란드라는 나라에서 살고 있음에 감사한다.

하지만, 한 사회는 그 이상의 것을 제공한다. 지역 시장과 몇몇 특별한 가게에서 쇼핑하고 다양한 종류의 레스토랑(이탈리아, 스페인, 베트남, 그리스, 미국, 러시아, 아르헨티나, 인도네시아, 아프리카, 일본, 타이 레스토랑)을 보면서 오늘 저녁은 무엇을 먹을지 고를 수 있는 것에도 감사한다. 전통적인 네덜란드 레스토랑이 없다는 것이 유감이긴 하지만 이는 네덜란드식 요리의 정체성 자체가 다소 모호하기 때문이다. 암스테르담에 인접해 있다는 것도 굉장한 지역의 자산이다.

자연은 사회 지향적 원천의 한 부분으로 다소 불분명한 점이 있긴 하다. 하지만 역시 중요한 원천이며, 여러 가지 과일과 곡식 등 인간 생존에 필요한 여러 가지를 제공한다. 자연은 또한 경치, 전망과 같은 혜택도 제공한다.

e) 물질적이고 금전적인 소스들

집, 차, 컴퓨터와 같은 것들은 나의 물질적 소스를 구성한다. 물질적 소스들은 피난처, 안락함, 이동, 정보와 지위를 포함한 몇 가지 가치에 유익하다.

그리고 은행 계좌, 특히 계좌에 찍힌 숫자들, 주식, 연금 누적액 등은 금전적인 원천들이며, 필요한 재화를 교환하기 위해 이를 사용한다. 금전적인 재화가 가치있는 이유는 바로 이러한 기능적인 측면 때문이다

f) 믿음, 소망 그리고 사랑은 근간이다.

그렇다면, 생명의 나무의 뿌리에는 무엇이 있는가? 데어드르 맥클로스키(이 장을 시작하면서 소개한 나의 친구)는 다음과 같이 나에게 답을 제안했다. 그녀에 따르면, 신의, 소망, 사랑은 모든 소스들 가운데 가장 중요하며, 그 셋은 훌륭한 삶을 위해서 기초적인 것이라고 한다.

믿음은 "신뢰"를 나타낸다. 자신감, 영감과 확고한 신념을 가지는 것은 모두 훌륭한 삶을 만드는데 일조한다. 최소한 우리는 그렇게 추측한다. "믿음과 같은 소스는 무엇으로부터 자양분을 받는가?"라는 질문에 든든한 오이코스, 종교, 영적인 실천, 열정과 같은 답이 나올 수 있다.

사람들이 희망을 잃을 때, 모든 소스들은 그 의미와 저력을 잃게 된다. 희망 없이 우리가 하는 모든 것은 무의미하다. 목적도 없고 방향도 잃게 된다. 냉소주의나 정신적으로 우울한 상태로 빠질 수도 있다.

사랑은 모든 것 중 가장 중요한 소스이다. 부처나 사도 바오로(가코린트인(고린도)들에게 보낸 편지를 보라)가 주장했던 것처럼 그것은 우리를 살아 있는 모든 존재와 이어 주고 공감하게 하는 것이며, 가장 인간적인 감정이기도 하다. 그래서 우리가 바른소통과 올바른 선택을 하는 데 큰 영향력을 미치는 소스가 된다.

자, 그렇다면?

여러분은 자신의 생명의 나무를 그려 본 적 있는가? 가장 중요한 소스가 무엇인지 구분할 수 있는가? 내가 언급하지 않은 것들도 있는가? 내가 그려내듯이 여러분 스스로도 생명의 나무의 뿌리에 대해서 인지하고 있는가? 여러분의 생명의 나무를 구성하는 것은 무엇인가?

■ 국부론?

이 책은 18세기 말 애덤 스미스의 저작물로, 사람들이 경제와 물질적 부, 시장에 대해 생각하도록 이끌었던 유명한 저서이다. 그 당시 만연했던 종교적 가치와 부유함은 모두 신의 축복과 신의에 부합해야 했다. 물질적 부에 대한 생각은 모두 금과 은에 관한 것들이었고, 따라서 금과 은을 대량으로 비축하고 있는 나라가 부유하다고 여겨졌다. 애덤 스미스는 국가의 부란 국민들이 얼마나 많은 것을 생산하며 얼마나 많은 무역 물자를 창출해 낼 수 있는지에 밀접하게 연관되어 있다고 주장하면서 이런 보수적인 사상을 잘못된 길로 풀어 놓았다. 이 맥락에서 부유한 국가가 되기 위한 중요한 수단은 바로 노동과 산업이다. 이런 보수적 관점은 여전히 지금까지도 형성되어 있다.

생명의 나무에 대한 사상은 이런 전통적인 논리를 흔들어 놓는다. 그것은 시장에서 거래될 수 없고 노동과 산업을 통해 창출될 수 없는 소스들을 포함하면서 부의 또다른 개념을 만들어 낸다. 우리는 사회 활동을 통해서, 그리고 다양한 문화 활동을 통해서, 다른 이들과 재화를 공유함으로써 자신에게 가장 중요한 소스를 창조한다. 이것은 스미스가 국부론의 개요에서 밝힌 바와 다르다.

■ 다양하고 풍부한 소스들

어렵게 생각하지 말고 우리의 일상 생활에서 출발해 보자. 우리는 우리의 일상 생활이 정말 많은 소스들로 이루어져 있다는 것부터 깨달아야 한다. 가령, 나는 일상 생활에서 기억의 중요성에 대해 그다지 의식하지 못하고 습관적으로 살고 있었던 모습을 발견할 수 있었다. 여러분은 자신이 문명이나 사회의 혜택을 얼마나 많이 받고 사는지 인식하고 있었던가?

2001년, 영국 출신 화가 중, 마이클 랜디Michael Landy는 자신이 가지고 있는 모든 물건들을 한 갤러리에서 큰 기계를 사용해서 완전히 파괴시켰다. 파괴된 랜디의 소유물 중에는 허스트Hirst의 그림이 있었는데, 당시 그 그림은 경제학적으로 상당한 가치를 지닌 것이었다. 사브Saab자동차와 그의 여권, 그의 그림들과 옷 가지들도 모두 부숴 버렸다. 결국 그는 벌거벗은 채로 남게 되었다. 더 이상 물질적으로 소유한 것이 없었다. 그렇다면 이것은 정말 그가 아무것도 소유하고 있지 않다는 것을 의미할까? 물론 아니다. 이 퍼포먼스는 실제로 그에게 상당한 명성을 안겨 주었고 그의 책은 불티난 듯 팔리게 되었다. 그는 가진 것을 파괴 시켰지만, 그가 보유한 기술, 지식, 소셜 네트워크, 그가 소유한 기억, 사회, 문화, 문명은 파괴될 수 없었다. 그는 명성과 상관 없이 천부적 소스를 지닌 사람으로 남게 되었고 그 소스들은 그가 훌륭한 삶을 지속할 수 있도록 했다.

■ 우리가 직접적으로 지불한 소스들의 한정된 역할

금전적인 소스와 경제적 소스의 연관성은 다른 것들의 존재를 무색하게 할 정도이다. 우리가 얼마나 그 소스들에 대해서 집중하고 있는지 정말 궁금할 정도이다. 그것은 아마도 그러한 소스들의 측정 가능성, 혹은 어떤 문화적인 이유에서 비롯되는 것일 수도 있다.

요즘 축구 경기에서 스타 선수의 월급은 가히 엄청난 수준이다. 문제는 그가 그만한 가치가 있느냐 하는 것이다. 팀이 이길 수 있도록 하는데 기여하는 정도와 관객몰이에서 오는 티켓 매출, 텔레비전 시청률에 기여하는 정도가 과연 그만한 금액의 가치와 비견되는가?
하지만 이 스타 선수는 1) 팀의 구성원, 2) 그의 클럽의 조직, 3) 축구 경기를 위한 기반 시설 및 대중적으로 형성되어 있는 축구 문화, 4) 개인적인 성장 배경, 5) 천부적 재능, 이런 것들이 없이 그 자리에 오를 수 있었을까? 현재 자신의 모습을 가능케 한 이 모든 소스들에 대해 잘 인식하고 있었다면 좀 더 겸손해 질까? 적어도 그 중 몇몇에만이라도 빚지고 있다는 생각을 한다면 행복하게 세금을 낼 수 있을까?

■ 무시되거나 간과된 소스들의 중요성

자신의 생명의 나무에 대해 생각해 보고 상상해서 만들어 보는 연습은 우리가 미처 생각하지 못했던 소스들에 대해 깨닫게 해 준다. 그 결과는 여러분이 훌륭한 삶을 살 수 있도록 하는 모든 소스들의 고양된 인식으로 나타날 것이다.

■ 누가 부유하고 누가 가난한가?

우리가 가진 것과 소유한 것들을 조사할 때, 우리는 부와 가난함에 대해 꽤 다른 관점을 가지고 있다. 일반적으로, 부는 물질적이고 금전적인 자산으로서 많은 돈을 가진 것을 상징한다. 가난은 물질적이거나 금전적인 가치를 지닌 자산들을 제외한 나머지를 소유한다고 이해된다. 그러나 이제는 얘기가 다르다. 우리는 소유의 개념을 달리 내렸기 때문에 소유한 모든 것을 고려해 볼 때, 부와 가난을 구분하는 것이 더 어려워 졌다. 누가 더 부유한가? 가진 것은 돈 뿐인 그 변호사인가 아니면 예술적 삶을 누리고 있는 그 예술가인가? 여러분이 대답할 차례이다. 또한 가진 돈은 적지만 믿을 수 있는 친구들과 돈독한 가족을 가진 사람과 대화할 친구도 없고 가족들은 소원하지만 돈은 많이 있는 사람 중, 누가 더 부유하다고 생각되는가?

문제는 보수적인 통계학으로는 부와 가난에 대해 측정될 수 있는 것 이외 가장 중요한 소유물들은 배제한다는 점이다. 분배에 있어서도 거의 같은 문제가 남아 있을 것이다. 어쨌든 질적인 문제를 비교하는 것은 양을 비교하는 것보다 앞뒤를 맞추기 힘들다.

다양한 종류의 불평등

이 책을 저술하는 데 있어, 프랑스 출신 경제학자인 토마스 피케티 Thomas Piketty는 큰 영향을 주었다(Piketty, 2014). 그의 책에서 피케티는 광범위한 계산식의 기저에는 부의 분배가 점점 더 불평등해졌다는 것을 보였다.

나는 재빨리 그가 의미한 바를 체크했고 의심스러웠던 부분들을 확인했다. 말하자면, 그의 계산은 금전적인 용어로 측정되는 자산들에 한정된다. 그러므로 그는 이 책에서 정의된 바와 같이, 금전적인 부, 즉 도구적인 부의 불평등이 증가하고 있음을 보였다. 다른 형태의 불평등에 대해서는 언급되지 않았다. 여기서도 그렇게 시도해 보자. 예시로 나의 생명의 나무를 들겠다.

■ 문화적 불평등

문화적 소스의 분배에 있어서 불평등을 나타낸다. 그 소스에는 문명, 예술, 영성 또는 사람들이 의미 있는 인생이라고 일컫는 것들이 포함된다. 이 경우, 고르지 않게 분배되는 금전적 자본이 아니라, 문화 자본 혹은 영감을 주거나 영감을 받을 수 있는 능력에 대해 얘기한다. 이것이 가장 실질적인 형태이다. 내가 아는 한, 문화 자본의 정도를 측정하거나 분배에 대해 다루는 방법론적인 접근법이나 지표들을 개발하려는 노력은 없었다. 아마도 그렇게 노력하려는 행동은 오히려 의미없어 보일 수도 있다. 가령, 아무 금전적인 부를 소유하지 않은 승려는 피케티의 논리대로라면 그저 더럽고 가난한 이로 결론 지어질 것이지만 문화적 영역에서 그는 우리 대부분보다 더 부유하다고 정의될 것이기 때문이다.

■ 사회 지향적 불평등

사회 지향적 재화의 분배에 있어서 불평등을 말한다. 사회마다 사람들이 좀 더 가치를 두는 분야는 다르다. 이는 가치에 대한 구성원들의 우선순위가 무엇인가 하는 부분의 영향을 받는다. 가령, 자유에 좀 더 가치를 두는 사람들과 사회의 안정성이나 사회 보장과 같은 가치를 더 중요하게 생각하는 사람들이 더 높이 평가하는 분야가 같을 수는 없다. 그러므로 어떤 특징적인 특성에 초점을 두지 않는다면 사회 지향적 불평들에 대해 조사하고 관찰하기는 어려울 것이다.

■ 사회적 불평등

사회 자본의 분배에 대한 것이다. 사회 자본은 어떤 요소들, 특히 소셜 네트워크, 사회적 지위, 인식, 멤버쉽, 커뮤니티의 결속력과 같은 요소의 영향을 받는다. 종종 금전적인 소스가 부족한 사람들은 낮은 사회 자본을 가진 것으로 나타나기도 한다. 그러나 언제나 그렇다는 뜻은 아니다. 부유한 사람들이 금전적으로 가난한 사람들보다 외로울 수도 있고, 금전적으로 가난한 사람들이 더 탄탄한 사회 관계를 유지하고 있을 수도 있기 때문이다. 문제는, 우리가 가난에 맞설 때, 오직 금전적인 부분에만 초점을 두고 사회적 불평등을 무시할 것인가 하는 것이다. 힌트는 이미 주어져 있다.

■ 개인적 불평등

개인적 재능, 기술, 건강, 개인이 가지고 있는 역할 등의 분배가 고르지 못함을 뜻한다. 얼마나 평등한가에 상관 없이 사람들은 모두 다르다.

어떤 사람들은 단순히 어떤 상황을 다루는데 있어 능숙할 수도 있다. 현대 사회에서 강한 인지 기술을 보유한 사람들은 신체적 기술을 가진 사람들보다 훨씬 더 일을 잘 처리하는 것 같다. 전쟁이 일어 났을시에는, 실용주의로 무장한 사람들이 지성인들보다 훨씬 대처능력이 뛰어나다. 이 불평등은 학교에서도, 예술계에서도, 대학에서도, 세계 수장들이 모인 자리에서도, 스포츠의 세계에서도, 기술과 적성이 기반이 되는 분야에서 관찰된다.

09
독불장군은 가치를 실현할 수 없다
: 다섯 가지 영역의 유기적 모델링

우리는 가치를 실현하기 위해서는 재화를 획득하거나 생산해야 한다. 과학자들은 자신의 지식이나 연구가 지니는 가치를 실현하기 위해서 논문을 써야 하고, 예술가들은 자신의 예술적 가치를 실현하기 위해 작품 활동을 한다. 그리고 신발을 만드는 사람은 자신의 장인정신을 드러내기 위해서 신발을 만든다. 우리는 친구를 만들고, 결혼을 하고, 함께 일하는 사람들과 동료애를 만들어 가고, 우리 사회에 중요한 가치를 실현하기 위해 복지 정책에 공을 들이기도 한다. 말하자면, 재화는 무엇인가 중요한 것을 위한 조건이다.

그러한 재화를 획득하거나 생산하기 위해서, 앞장에서 명시했듯이, 우리에게 필요한 것은 다양한 소스들이다. 기량의 활용, 선진 문화의 혜택, 기술의 적용, 사랑하는 가족과 배려심 있는 친구들의 격려와 지지 등 실로 다양한 소스를 발견할 수 있다.

이 장에서 풀어볼 문제는 그렇다면, 그러한 재화나 소스들을 습득할 수 있는 방법은 무엇인가 하는 것이다. 같은 질문을 일상에 비추어 다른 형태로 생각해 보자. 왜 우리는 종종 중요한 재화를 찾는 데 어려움을 느끼는가? 왜 그렇게 자주 이것저것이 부족하다라는 경험을 하게 되는가?

우리는 지금 중요한 교차점에 있다. 지금까지 우리는 올바른 선택을 추구하는 무리들 혹은 개인의 관점에서 사고했다. 그리고 그렇지 않은 무리들의 관점은 대부분 무시했다. 하지만, 가치의 실현과 재화에 관해서 "다른"이라는 개념은 상당히 중요하다. 독불장군식 사고를 고수하는 한 공유재의 개념은 이해될 수 없다. 가치가 발현된다는 의미는 필연적으로 그리고 필수적으로 어떤 사회적인 과정이 수반되어야 함을 시사한다. 말하자면, 우리가 무엇에 관해서 얘기하는지 우리가 무엇을 제공하는지에 대해 다른 이들 역시 인식하도록 해야 하기 때문이다.

바른 소통 올바른 선택을 하기 위해 필요한 것은 무엇인가에 대한 질문은 "다른" 이들과 주제를 공유하고 그들 역시 함께 연관되도록 해야 한다는 데서 방향성을 찾을 수 있다. 우리는 다른 이들로 하여금 우리가 생성하는 재화들에 관심을 갖도록 해야 한다. 교우 관계와 같은 경우를 보면 이는 명백하다. 혼자서 친구를 만들고 그 관계를 가치 있게 만드는 것이 가능한가? 아무리 새로운 아이디어를 고안해 낸다 해도, 그 아이디어가 공유되지 못한다면 그것의 가치가 입증될 수 있는가? 어떤 예술가가 작업실에 앉아 있는 상황을 생각해 보자. 작업실은 그 작가의 작품으로 가득 차 있다. 그런들, 아무도 그 예술작품의 진가를 알아보지 못한다면 무슨 의미가 있단 말인가?

만일 어떤 재화를 소유하거나 생산하는 사람이, 그 재화를 통해 다른 재화를 실현하고자 한다면, 분명 그(녀)는 다른 이들의 관심을 끌어야 한다. 가령, 구두를 만드는 사람은 구두 외에 빵이나 옷과 같은 다른 재화들을 필요로 할 것이다. 따라서 재화의 교환을 위한 적절한 방편을 찾아야 한다. 이 경우, 구두는 다른 재화를 얻기 위한 수단이 된다.

가치를 발현한다는 것은 여러분의 재화에 타인들이 눈을 돌리도록 하는 이치와 같다. 어떤 좋은 것이 실현되기 위해서는 타인들 역시 그것이 좋음으로 받아들여져야 할 필요가 있다. 예컨대, 신발 한 켤레가 기능적인 목적 말고도, 가령 사회적 가치나 미적 가치와 같은 더 많은 유익한 것을 실현할 수 있다(제5장에서 소개되었던 어그부츠의 예를 생각해 보자). 어떤 아이디어의 가치를 실현하기 위해서는 그 아이디어가 실현될 수 있는 특정한 종류의 소통 범주에 호소해야 한다. 타인들이 그러한 소통 범주가 무엇에 대한 것인지, 시사하는 바는 무엇이며 어떻게 활용할 수 있을 것인지에 관심을 가질 때에 그 아이디어가 실현될 수 있는 장이 활성화될 수 있다. 다시 말하면, 그 아이디어의 가치가 실현되기 위해서는 반드시 타인들의 관심 혹은 인식이 수반되어야 한다.

가치를 발현하게 하는 것은 디자인(설계) 혹은 전략 단계에서 다루어지는 문제이다. 추구하는 가치가 실현될 수 있도록 하는 방법을 탐구하는 데 있어 누구를 그 소통 범주에 참여 시켜야 할지, 그리고 그들에게 무엇을 기대할 수 있을지 파악해야 한다. 그들이 지불 의사를 가지고 있을지, 아니면 그 장에 그들이 참여하는 것 자체가 더 중요하다는 것을 알아야 한다. 누구와 얘기를 해야 할지, 어떤 루트로 어떻게 접근할 것이며 무엇을 해야 하는지, 선택할 수 있는 옵션은 무엇이 있는지, 그 중에 올바른 선택은 무엇인지 파악해야 한다.

표준경제학적 도식

사람들의 행동이 표준경제학적 논리의 영향력을 받게 되면 사람들은 자동적으로 자신들이 재화를 발현할 수 있는 주요 옵션으로 시장을 떠올리게 된다. 이 논리에 근거한 기본적인 생각은 가지고 있는 재화를 가지고 "시장"에 가서 다른 사람들이 지불할 만한 금액의 가격을 매개로 재화의 교환이 이루어지도록 하는 데 있다. 이 경우 가치의 발현이 의미하는 것은 다른 이들과 거래를 하면서 책정되는 가격이다. 요즘 대학가에서는 대학의 매니저들에게 가치의 발현이란 그저 우리네 과학자들의 아이디어와 연구물을 팔아서 스폰서를 구하는 것으로 여겨질 뿐이다. 이 논리대로라면 가치의 발현과 "판매"는 동일시 된다. 그게 아니라면, 가치의 발현에 대한 대체 안은 정부의 보조금 뿐이다.

  이와 같은 논리는 가치를 발현하는 옵션으로 단지 두 가지, 즉 시장과 정부로 구성되는 표준경제학적 도식으로 설명된다. 표준경제학은 시장에서의 교환, 수요와 공급, 가격의 역할, 생산품에 고착한다. 시장 가격의 법칙에 있어, 정부에게는 규제와 표준이 전부이며, 실패한 시장이나 불안정하거나 부당한 시장에 개입한다.

  시장이나 정부는 경제학과 정책과 관련된 논의에서 주요 주제들을 만들어 내는 영역들이다. 더 많은 시장이 생겨야 하는가 혹은 정부가 개입해야 하는가? 정부가 더 많이 규제해야 하는가 혹은 자율권을 주어야 하는가? 자유방임주의 정책. 표준경제학적 관점으로 이루어지는 논리는 다음과 같이 도식화 된다.

 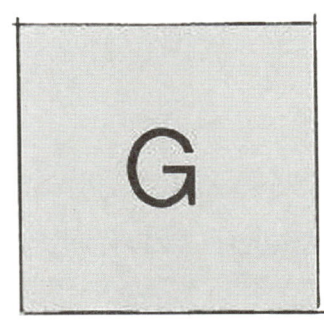

그림 9-1 표준경제학에 입각한 두 가지 논리 : 시장과 정부

M은 시장을, G는 여기서 정부를 뜻한다(나중에 우리는 G의 의미를 통치, 관리의 의미로 확대할 것이다). 경제학자들은 시장이 어떻게 움직이는지 너무도 잘 알고 있다. 정부가 운영되는 방식을 이해하고 싶다면, 행정학, 규제 분야를 전공한 학자들에게 도움을 구하면 된다. M 영역에서는 사유재가 거래되고, G 영역에서는 공공재를 공급한다.

그림 9-1의 논리는 시장의 효율성, 일반균형체계, 정부개입의 효율성과 같은 주제들에 적합해 보이며, 논의해야 할 대상들은 시장의 활동, 정치경제학, 지적 재산권, 정부의 예술지원에 있어 장단점과 같은 이슈로 수렴되어야 할 것만 같다. 표준경제학적 담론에서는 마치 이 모든 것이 완벽하게 이치에 들어 맞는 것처럼 보인다. 그러나 한 발 물러서서 그 담론을 여러분의 경험에 한 번 비추어 보라. 시장과 정부로 구성되는 이 도식은 얼마나 타당한 설명을 할 수 있는가? 그러한 논리로 우정을 실현하는 것이 설명되는가? 가정(대 집)에 대해서는 어떤 방식으로 비교설명이 가능한가? 매니저들이 조직에서 신뢰를 구축하는 방편에 대해 무슨 설명을 제공할 수 있는가? 사회에서 정치적인 생각이 실현되는 것이 해명될 수 있는가? 예술적 지식이나 과학적 식견, 혹은 종교적 가치의 실현이 설명되는가? 분명 그렇지 못하다. 따라서 우리는 다음의 논의에서 왜 M과 G로 구성되는 구조가 불완전한지 보이고, 어떤 영역이 어떻게 보완되어야 하는지 구조적인 제안을 하고자 한다.

가치 실현을 위해서는 영역의 확장 및 보완이 필요하다

필자와 잘 아는 어느 예술가의 사례를 소개하고자 한다. 어느 날 그가 자기 학생들을 위해서 '예술과 돈'이라는 주제로 전문적인 조언을 좀 해

주면 어떻겠냐고 부탁해 왔다. 그 학생들은 모두 어떤 프로젝트에 참여하고 있었는데 그 주제는 공공도로의 특성화였다. 듣자 하니 그들은 매주 한 번씩 외부인사를 초청해 토론의 자리를 마련해 왔다 한다. 필자는 그곳에 참석한 학생들의 수를 보고 깜짝 놀랬다. 그리고 그 학생들의 연령대가 필자와 비슷하다는 것도 간파했다. 말하자면, 이 학생들은 나이가 지긋하고 수트를 입은 사람들이었던 셈이다. 나중에야 필자는 그들이 그 공공도로 프로젝트를 재정적으로 지원하는 국토부 국장들이라는 것을 알게 되었다. 필자는 그들 옆에 자리를 잡고 앉았다.

 35세 정도로 추정되는, 그러나 다른 이들보다는 외모상 좀 더 나이가 들어 보이는 한 남학생이 토론을 시작했다. 처음에는 도대체 이 토론의 주제가 무엇인지 갈피를 잡을 수 없었다. 천천히 토론이 전개되면서 필자는 구조를 잡아갔고 이 자리의 주제는 나를 초청한 그 예술가 친구의 작품 활동과 관련된 프로젝트라는 것을 알게 되었다. 분명한 것은 이 친구는 도시의 도로와 관련된 어떤 알고리즘을 디자인했는데, 그 알고리즘을 적용시킴으로써 방문객들은 그 도시를 둘러볼 때, 투어가이드를 따라 다니는 것과는 전혀 다른 시각으로, 거주민의 일상 속에 녹아있는 루트를 통해 그 도시의 숨겨진 매력을 발견할 수 있다는 것이었다. 프리젠테이션은 열정적인 토론으로 이어졌다. 우리는 알고리즘의 테크닉, 개인적인 성과와 예측되는 정치적인 결과물들, 예술의 우수성에 대해서, 그리고 장소(공간이라고 해야 했나?)를 경험한다는 것 등에 대해서 적극적인 토론을 전개했다. 그 자리는 정말 전형적인 예술가 모임 같은 분위기였다.

 어떤 타이밍에 그 친구가 필자에게 코멘트를 해 달라고 마이크를 넘겼다. 우선 필자는 일반적으로 경제학자가 할 것으로 기대되는 질문을 던졌다. "여러분의 프로젝트를 기획하는 데 얼마나 들었나요?" 예술가들은 상당히 직설적으로 대답했다. "무슨 그런 멍청한 질문이 다 있소?" 머리를 닿은 한 학생이 소리를 쳤다. 또 다른 이가 끼어들었다. "그게 왜 중요한가요?" "그러게요, 저도 상관이 없다고 생각하는데요." 또 다른 학생이 거들었다. 필자는 연륜과 초대 인사라는 지위를 이용해 끈질기게 이 질문을 강행했다. "아니요, 실제로 중요합니다. 여러분들은 이 프로젝트로 지금까지 무엇을 일궈 냈습니까? 저는 실제로 다른 이들이 이 프로젝트에 지불 의사가 있었다든지 어떤 기여를 해 왔다든지 하는 부분에 관심이 있거든요."

대답을 했던 남자가 나지막하게 얘기했다. "300유로요." 다소 과장하는 듯 했다. "그러면 당신은 얼마나 오랫동안 이 프로젝트에 참여해 왔나요?" 필자가 다시 물었다. "반 년 정도요. 수 개월 정도 일했어요." "그러면 당신은 어떻게 가족을 부양해요?"(필자는 그에게 아이가 한 명 있다는 점에 착안했다.) "글쎄요, 그게… 제가 행정적인 일을 조금 거들어서 돈을 조금 벌기도 하는데, 아내가 일을 하지요."

필자는 그 예술가에게 가능한 다른 종류의 옵션을 제안할 수 있었다. 그는 자신의 알고리즘을 한 여행사에 팔 수도 있었을 것이고 론리플래닛이나 다른 비슷한 투어가이드에게 돈을 받고 넘길 수도 있었다고 생각한다. 또한 스마트폰 어플로 개발할 수도 있었을 것이다. 그랬다면 그는 분명 히트를 치고 남부럽지 않는 부를 누렸을 것이다! 그는 그 날 필자 옆에 앉아 있었던 정부 관계자를 찾아갔을 수도 있었다. 실제로 필자는 그의 프로젝트가 정부보조금을 받을 수 있는 조건이 되는지 알아 보아야겠다고 생각했다. 그러나 이 모든 것들은 그가 고려하고 있는 옵션 중에는 아예 존재하지 않았다. 그렇다면 그는 도대체 어떤 방식으로 다른 이들을 참여시킬 수 있으며, 다른 이들로 하여금 그가 하는 프로젝트에 관심 갖게 하기 위해서 무엇을 하고 있다는 말인가?

그 자리에서 필자에게 주어진 임무는 이 학생들이 다양한 옵션을 인식하도록 하는 것이었다. 그리고 그 옵션들은 M, 즉 시장영역의 역할이 분명 필요한 것이었다. 필자가 얘기한 내용들의 대부분이 그들에게는 생소한, 심지어 처음 듣는 얘기였을지도 모른다. 그들의 저항심은 상당히 강했다. 정말이지 요지부동이었다. 그들은 자신들의 예술을 실현하기 위해서, 비록 분명하진 않았지만, 나름대로 방도를 취하고 있다고 했다. 그 다른 방도란 분명히 시장이나 정부와 관련된 것이었지만 그들에겐 규정되기 어려운 영역이었음은 분명하다.

첫 번째 보완점 : 사회적 영역

앞의 일화에서 소개했던 그 예술가가 자신의 작품을 열정적이고 야심찬 미래의 예술가들과 공유하고 있었다는 점에 주목해 보자. 그는 진지하게 그의 작품을 소개했고 심지어 그의 작품은 입에 오르내리기 시작했다. 왜 그렇게 이런 현상에 주목해야 할까?

작품 활동을 하고 있는 예술가들은 수백 만에 달한다. 그렇지만 선택되는 작품 수는 오직 소수에 불과하다. 심지어 유명세를 타는 작품 수의 범위는 그보다도 더 줄어든다. 모든 예술가들은 다른 예술가들로부터 주목받기 위해서, 그리고 자신의 작품이 대화의 주제가 되기를 열망한다. 그러나 현실적으로 성공의 문은 오직 극소수에게만 열려 있을 뿐이다. 이 일화 속 예술가는 최소한 이 계보 안으로는 들어왔다. 그는 초대받았다. 그 얘기인즉슨 이 예술가의 작품이 관심 끌기에 성공했다는 것을 의미한다. 그 날 저녁 프리젠테이션을 할 수 있었고, 그 자리에 있던 학생들이 그 대화에 참여하려는 의향을 보인 것은 그 예술가에게는 상당한 의미를 지닌다. 성과를 보인 것이다. 그는 자기 작품의 가치를 발현시켰다.

인정받는 예술계에 발을 들이고, 작품에 대한 관심을 받은 것은 그가 **사회적 영역**, 쉽게 말해 사람들이 서로 어울리고 이야기를 나누는 영역에서 성취한 것이다. 이 영역에서는 사람들이 서로에게 관심을 갖기도 하고 서로 얽히기도 하고 설득하거나 다른 이들로 하여금 여러 가지 형태로, 가령 그들의 시간, 감정, 지성 그리고 금전적 지원에 이르기까지 이바지하도록 끌어들이기도 한다.

사람들이 네트워크를 확장하고 다양한 관계를 쌓는 이유가 바로 여기에 있다. 물론 네트워크는 전문적인 관계로 형성되기도 하지만 친목 도모를 목적으로 형성되기도 한다. 사회적 영역이 이 예술가에 정말 중요한 부분임은 두 말할 나위가 없다.

두 번째 보완점 : 문화적, 예술적 영역

그 예술가의 작품에 대한 토론을 진행하면서, 그는 학생들과 예술에 대해 배우고 연습하고 실천한다. 그들은 예술 친화적인 용어를 사용하고 공유가치("혁신적인", "정치적인", "학제간", "흥미로운", "상투적인", "진정한", "중요한")에 호소하고 그 대화를 특성화시키는 일종의 코드 같은 단어들(어떤 특정한 작가의 이름, 예컨대 마르셀 뒤샹이라든지, 빈센트 반 고흐와 같은 이름을 거론하면서)을 사용하기도 한다. 만일 우리가 다른 학계 세미나에 참석했었더라면, 그 토론은 전적으로 달라질 것이다.

그 예술가에게는 행동지향적인 예술—일종의 행위 예술 같은—이 소스가 될 수 있다. 그와 같은 분야에서 그의 작품은 가치를 더할 기회를 가질 것이다. 따라서 그 예술가는 자신의 예술을 발현하기 위해서 그와 같은 대화, 소통이 필요하다.

세 번째 보완점 : 오이코스, 집의 영역

표준경제학적 관점이 지배하는 환경에서 특히 자주 간과되는 것은 오이코스, 가정의 영역이다(경제학의 어원에 오이코스가 이미 포함되어 있다. 경제학의 어원은 가계를 관리하는 법칙이라는 뜻의 오이코 노모스oikos nomos이다). 처음에는 필자 역시 그것을 보지 못했다. 그 예술가의 경우, 가정은 예술가로서 자신의 삶의 가치를 발현하는데 중요한 역할을 한다. 우선 스스로가 예술을 하는 것에 대해 확신이 있어야 하고, 그 뜻을 실천함에 따른 희생, 가령, 의미 없는 일에 시간을 보내야 한다든지, 큰 돈이 되는 일을 포기한다든지 하는 희생해야 하는 부분도 짊어져야 한다. 그리고 나서 자신과 소중한 관계에 있는 이들이 연관되도록 해야 한다. 예컨대, 그는 아내가 자신의 예술활동을 지원해 주는 데 있어 확신을 가질 수 있도록 설득해야 할 것이다. 부엌 탁자에서 대화를 나누고 있는 부부를 상상해 보라. "언제 당신이 하는 그 예술 활동으로 수입이 생길까요?" "내겐 시간이 필요해요. 반 고흐도 그의 작품이 성공하기까지에는 시간이 걸린 걸 잘 알잖아요." "그렇죠, 하지만 나는 테오[13]가 아니예요, 우리에게는 돌봐야 할 아이가 있어요."

"알아요, 알아요. 나 역시 앞으로의 걱정을 안 하는 게 아니예요. 하지만 나에게 이 작업이 얼마나 중요한지 당신이 알아줬으면 해요. 다음주 나는 학계에서 그 작품에 대해 프리젠테이션을 하게 될 거예요. 누가 알겠어요? 행운의 여신이 나에게 오실지..." 그녀는 한숨을 쉬면서 결론 없이 얘기를 끝낸다.

---

[13] 테오는 빈센트의 남동생으로 거의 전적으로 형의 예술활동을 지원해 주었다.

가정은 오이코스를 상징한다. 이미 지적했던 바와 같이, 오이코스는 모든 재화의 가치 실현을 위해 아주 중요한 영역이다. 가족이라는 관계가 서로의 노고에 반드시 정중하게 감사를 표해야 하는 사이는 아니지만, 가족의 지원은 분명 든든한 뒷배가 된다. 가정은 대부분의 사람들이 가치를 실현하는 출발점이다. 아이들은 미술 시간에 만든 아주 작은 공작품 – 종이 접기나 만들기 등 – 하나라도 그 누구보다 부모님으로부터 인정을 받고 싶어한다. 그 아이들은 자라면서 자신에게는 모든 것에 실패했더라도 마지막으로 돌아갈 수 있는 오이코스가 있다는 사실을 배우게 된다. 삶의 끝에서 무덤에 들어갈 때, 오이코스의 구성원들로부터 받은 모든 것에 가장 깊이 감사하게 될 것이다.

그 예술가의 일화에 비추어 볼 때, 각 영역은 분명히 구분된다. 오이코스 영역과 문화적, 사회적 영역이 확실히 구분된다. 그는 아내의 지원이 필요하다는 것을 잘 알고 있다. 또한 예술계에서 주목 받기 위해 열심히 작품 활동을 해야 하며 예술계 내부에서 진행되는 소통에도 참여해야 한다는 것에 대해서 너무도 잘 알고 있다.

한편 그가 적응하기 힘든 영역은 단연코 시장과 정부 영역이다. 그는 자신이 추구하는 개념을 시장에다 어떻게 마케팅을 해야 할지도 모르고 자신이 가지고 있는 것을 어떻게 활용해서 돈을 벌 수 있을지 감을 잡지 못한다. 누구를 찾아가야 할까? 누구에게 접근해야 할까? 어느 회사가 관심을 가질까? 아무 생각이 없다. 심지어 그는 시장이 제시하는 옵션들을 고려하고 있지조차 않다. 그 날 저녁, 예술과 돈이라는 주제의 강의를 진행하면서 그 자리에 참석한 학생들이 시장의 개념에 눈을 돌리게 하는 것만으로도 정말 진땀 빼는 설득 과정을 거쳐야만 했다. 분명 시장의 영역은 그 학생들이 우쭐대며 확보할 수 있는 영역은 아니었다. 만일 그들에게 가치 실현을 위해 어느 영역을 택할 것이냐고 선택권을 준다면, 그들은 주저 없이 오이코스와 사회적 영역을 택할 것이다. 흥미로운 것은, 표준경제학적 관점을 보여주는 그 두 가지, M과 G의 영역들은 그들이 선택했어야 하는 옵션이라는 점이다.

시장 영역의 옵션

그 예술가는 자기가 개발한 알고리즘을 실현하기 위해서 어떻게 투자자나 자금 지원이 가능한 기관의 자금의 주목을 받을 수 있을 것인지 고려할 수도 있다. 이 경우 그는 일종의 교환을 추구할 것이다. 즉, 알고리즘의 사용권이나 소유권과 다른 재화 예컨대, 음식이나 옷가지, 가스 또는 돈을 교환하게 될 것이다. 교환을 하고 싶다면 그 예술가는 반드시 시장 영역으로 들어가야만 한다.

실질적으로, 이를 위해서는 그 예술가가 개인 투자자나 회사 혹은 갤러리로 찾아가서 자신의 아이디어의 가치에 대해 설명하고 그 사람들을 확신시키고 지불하도록 해야 한다.

교환은 사람들이 지불 의사를 표명할 때 일어난다. 다르게 말하면, 그들은 어떤 특정 대상을 획득하기 위해 다른 무엇을 포기해야만 한다는 뜻이다. 여기서 관건은 왜 사람들이 그 예술가의 작품에 지불하고 싶은가 하는, 말하자면, 지불 의사 결정 사유이다.

이 일화에서 그 친구는 이 질문에 대응할 수 없었기 때문에 이 옵션을 무시했던 것 같다. 시장 영역에 참여하려면 구상력과 어느 정도의 창의성이 필요하다. 다시 말하면, 그 예술가나 어떤 중개인이나 외부인들(다른 사람들)을 대상으로 거래를 제시하기 위해서는 그 예술가의 가치를 구상해서 제시해야 하기 때문이다. 예컨대, 론리 플래닛과 같은 회사가 추구하는 가치가 그 알고리즘과 상통하는 부분을 구상하고 제안했다면 론리플래닛은 아낌없이 지갑을 열어 지불 의사를 표명했을 수도 있다.

물론, 적어도 원칙적으로, 거래는 도구적이다. 하지만 거래는 다른 재화의 획득에 도움이 된다. 교환의 대상인 재화에 대한 지불 금액은 필요한 다른 재화의 획득을 위해 유익하다. 한 재화가 제공하는 가능성은 다른 재화의 획득을 위한 가치가 된다. 거래는 거래일 뿐이다. 관계 형성과는 거의 무관하다. 드물게 거래 관계가 좋은 사회적 관계의 형성으로 이어질 수도 있지만, 필연적으로 그런 관계가 발생한다고 볼 수는 없다.

정부 혹은 통치 및 관리 영역의 옵션

그 예술가는 자신의 예술적 가치 실현을 위해서 다른 옵션, 즉 정부 보조금에 지원할 수도 있다. 해당 부처의 홈페이지에서 양식을 다운로드 하거나 담당자와 지원 가능성을 상담해 볼 수도 있다.

그러면 그는 바로 G의 영역으로 들어가게 된다. 그가 어떤 재단에서 제공하는 지원금을 받고자 할 때에도 거의 같은 과정을 거쳐야 한다. 재단이나 정부에 지원하는 경우, 연관성, 즉 후크를 어디에 걸어야 하는지 파악해야 한다. 그들에게 평가의 대상은 작품 그 자체가 아니라 그 작품이 제공할 수 있는 기능적인 측면이다. 즉, 이 일화의 경우에는 그 예술가의 알고리즘이 어떤 기능을 제공할 수 있는가가 관건이 된다. 그 친구가 정부나 재단과 협상을 하게 되면 그는 당연히 지원과정이나 조건, 규칙 및 조항을 고려해야 한다. 비용을 산출하는 데 있어 회계사의 도움을 받을 수도 있다. 그리고 결정은 위원회의 판단에 따른다.

또한 그는 자기 자신을 대상으로 제안할 수도 있다. 그렇다면 그는 자신의 창의적 기술을 회사나 교육기관에 제공해야 한다. 그 대상이 학교라면, 자신의 기술에 대해 학생들을 가르치게 될 것이다. 이 경우, 그는 회사 사람들에게 기술에 대해 납득시키거나 학교에서 학생들을 가르침으로써 자신의 가치를 발현하게 되고 급여로 교환하게 된다. 회사나 학교 역시 지원 과정, 역할, 급여수준, 병가조건 등 나름의 제도를 갖추고 있을 것이다. 교육기관에서는 그 예술가의 작품에 대해 어떤 조건을 요구할 수도 있다. 이 모든 경우, 그는 자신을 G의 영역, 통치 관리의 영역에 제공하는 대신, 안정적인 수익을 보장받게 될 것이다.

자, 지금까지 우리는 오직 시장과 정부(혹은 통치 관리)로만 이루어진 표준 경제학적 경제도식에서 사회적 영역, 문화적 영역, 오이코스가 추가된 확장된 경제 도식에 대해 다루었다. 이어지는 그림을 통해 보이겠지만, 오이코스의 위치는 가장 기본을 이루는 자리에 있다. 그리고 사회적 영역을 중심에 위치시켜서 모든 영역들이 사회적 영역에서 중첩되도록 한다. 문화적 영역은 삼차원 입체로 제시하였는데, 그 이유는 모든 영역에서 이루어지는 활동들이 문화적 영역으로 귀속됨(1장과 2장을 통해 밝힌 바와 같이)을 암시하기 위해서이다.

혹자는 이 그림을 보고 외바퀴 자전거를 타는 사람의 이미지가 떠올랐다고 한다. 사회적 영역이라는 배경을 등에 지고 시장과 정부 영역의 균형을 잡는 외바퀴 자전거를 타는 사람의 이미지, 그래서 모든 영역에서 균형을 유지하기 위해 아주 튼튼한 사회적 영역의 뒷받침이 필요하다고 이 도식에 대해 묘사했다. 이 말이 맞다. 실로 콘텍스트를 제대로 이해하고 있다.

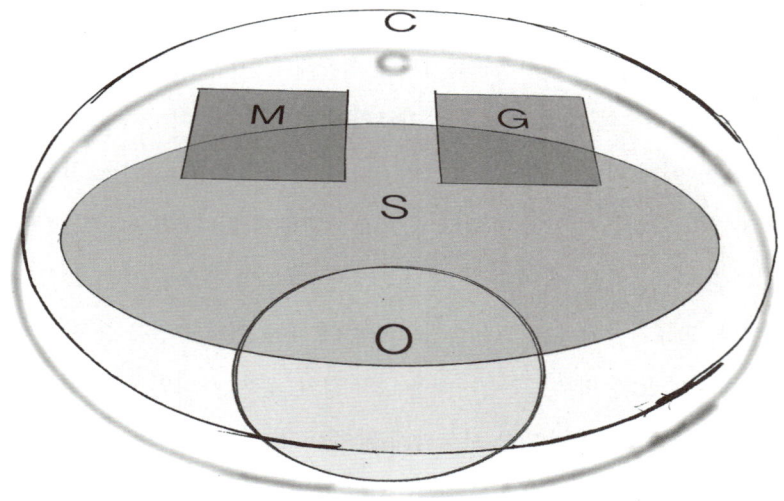

그림 9-2 다섯 가지 영역 : 시장, 정부 및 통치관리의 영역, 오이코스, 사회적 영역, 문화적 영역

M은 시장의 영역을, G는 정부 혹은 통치관리의 영역을, S는 사회적 영역을, O는 오이코스의 영역을, C는 문화의 영역을 상징한다. 각 영역은 각기 고유의 특성과 논리를 보유하고 있다. 즉, 일련의 규범, 규칙, 제도, 관계 및 가치의 집합체를 구성하며, 각 영역에 내재된 가치는 특정한 행동에 의미를 부여하기도 하고 어떤 특정한 행동에 대해서는 무례하게 치부해 버리는, 속칭 말도 안 되는 이유로 이상한 것으로 만들어 버리기도 한다.

M은 교환이 일어나는 영역이다. 대가와 보상에 대한 논리로 움직이며 재화는 상품화되고 가격이 책정되어 꼬리표로 붙는다. 이 영역에서는 개인이나 기관들이 사고 파는 행위가 일어나고, 돈은 교환을 위한 수단이 되고 셈을 위한 단위의 역할을 하게 된다. 상업화, 이윤 추구, 경쟁, 효율성, 기업가 정신, 자유로운 선택의 특성을 가진 영역이다. 사람들은 이 영역에서 판매자, 구매자, 고객, 소비자, 교역자, 상인이 되고 재화는 사유

재로서 가치를 실현하게 되는데, 이유인즉 재화가 사적으로 소유되기 때문이다.

G는 통치관리의 영역으로, 정부의 통치 및 관리에 연관된 논리가 적용된다. 규칙과 규제, 기준, 회계절차 및 법률에 의거한 공식적인 논리로 움직인다. 관료적 타당성이 수반되는 논리에 따라 정부는 그 기능을 수행한다. 하지만, 기관이나 재단, 일정규모 이상의 상업기관들에서도 역시 이러한 논리를 따른다. 이 영역에서 사람들은 정부공무원, 매니저, 공공기관의 직원, 시공무원, 상하관계의 구성원, 고객, 환자, 시민이 된다. 이 모든 특성들은 집합적으로 소유되는 집합재의 가치를 실현하는데 유익하다.

S는 사회적 영역이다. 이 영역은 사회적인 논리, 즉 비공식적인 논리로 움직인다. 가격, 규칙 및 규제는 중요하지 않다. 오히려 사회적 영역에서는 상호성, 재능의 기부, 참여, 협동 및 협력, 관계, 네트워크의 논리가 중요시 된다. 이 영역에서 사람들은 파트너, 친구, 지인, 동료, 멤버, 기부자, 수혜자, 지원자, 참여자의 관계에 놓이게 된다. 사회적 영역에서 사람들이 생산하는 것은 바로 사회적 재화나 문화적 재화와 같은 공유재이다. 바로 이 영역에서 (창의)공동재의 생산이 이루어진다. S 영역은 다양한 소통이 일어나게 되는 핵심적 기능을 한다.

오이코스의 논리는 사회적 논리와 다소 비슷하지만, 혈연으로 형성되고 어떤 숙명을 공유하고 있다는 점이 다르다. 이 영역에는 상호 의존, 충실함, 가족 간 유대, 친밀함과 사랑의 논리가 작용한다. 오이코스 영역에서 사람들은 부모, 자녀, 삼촌, 숙모, 조카, 사촌, 가족 관계, 소울메이트, 부부, 절친, 둘도 없는 친구와 같은 관계를 형성한다. 오이코스는 사회적 재화, 친밀함과 연관된 재화에 유익하다.

문화적 영역에서는 문화에 기반한 논리가 적용된다. 이 영역은 다른 모든 영역들을 아우르며 진, 선, 미, 조화, 신성함, 무엇이든 초월적인 가치로 특성화된다. 종교적, 예술적, 과학적 소통 및 실천으로 구성되고 사람들은 자신들의 문화적 가치에 따라 행동하게 되며, 함께 어떤 의례를 실행하고, 신성한 어떤 것에 경의를 표하며 공동의 역사를 공유한다. 또한 사람들은 이 영역을 통해서 문명의 소스들과 조우할 수 있고, 동시에 그 문명의 일부가 되기도 한다.

이어지는 두 개의 장에서는 이 영역들에 대해 좀 더 깊이 있고 구체적인 탐구를 진행하고자 한다. 그렇게 함으로써 다섯 가지 영역을 나타내는 이 그림의 완성도를 높일 것이다. 10장과 11장에서는 한 영역에서 다른 영역과 겹치는 부분들, 크라우딩 인, 크라우딩 아웃에 대해서, 그리고 개인이나 기관들이 최고의 선택을 하기 위해 결정해야 할 몇 가지 중요한 사항들에 대해서 논의하고자 한다. 이 장의 나머지 부분에서는 어떻게 이 모델이 나오게 되었는지, 그리고 총체적인 문명의 발전사와 관련하여 이 모델은 어떤 통찰력 있는 이해를 가능케 하는지, 세계를 바라보는 눈에 어떤 영향력을 미칠 수 있는지에 대해서 다루고자 한다.

다섯 영역의 유기적 모델링

수년 전 자우드호프P.W.Zuidhof와 일하면서 필자는 각 영역을 구분하는 것에 대한 아이디어에 착안하였다. 그 때 자우드호프는 박사과정 학생이었고 문화 유산에 대한 논문을 쓰고 있었다. 우리는 재능 기부를 포함시키기 위한 어떤 구분된 영역이 필요하다고 생각했고 그것을 제3영역이라고 불렀다. 왜냐하면 그 당시 박애주의적인 영역은 일반적인 학술적 명명법으로 그렇게 칭했기 때문이다. 세계문화경제학회의 정기학회에서 우리가 그 논문을 발표했을 때, 마이클 후터Michael Hutter는 필자에게 독일 출신의 사회학자인 루만Luhmann 의 저작에 대해 (너무 지나치지 않을 정도로만 참고하라고 귀띔하면서)언급했다. 그리고 필자가 가정을 위한 별개의 영역을 덧붙이면 어떻겠냐고 제안했다(Luhmann, 1997). 처음에 필자는 그 영역을 제일 위에 위치시켰다. 그리고 사회적 영역을 중심에 두었다. 하지만 나중에 인류학자인 구드만Gudedman(나중에 우리는 친구가 되었다)의 저작을 읽고 나서 오이코스라는 구분된 영역을 명명하면서 모든 영역의 토대가 되는 자리, 즉 가장 아래에 위치시켜야겠다고 생각하게 되었다(Gudeman, 2008).

이 과정에서 필자는 섬광 같은 아이디어를 얻게 되었고 생각의 전환이 이루어졌다. 때때로 필자는 그 대상이 무엇이든 오이코스를 사유의 출발점으로 활용해서 적용해 본다. 사람들의 행동 요인 중 대부분은 오이코스를 위하는 데에 있다. 오이코스에서 삶이 시작되고, 다른 많은 중요한 사람들-배우자, 부모, 자녀, 친한 친구들-과 연관되며 그들과 관계된 여러 가지 일들을 중심으로 삶이 돌아가게 된다. 종종 훌륭한 오이코스는 주요 목표가 되기도 하는데, 보통은 바라는 결론이 된다.

나중에 필자는 문화적 영역을 추가해야 한다고 인식하기 시작했다. 필자가 경제학의 문화에 대해 가르칠 때, 경제학의 사회적인 그리고 수사학적인 면모들에 대해서 토론하곤 한다. 바로 여기에 주요 논점이 있다. 과학자들은 사회적 논리가 적용된 사회적인 배경을 토대로 작업해야 한다. 그리고 그 사회적 배경은 자신들이 과학을 실천하는 데 영향을 미칠 것이다. 이것이 과학사회학이며 명백하게 이 모델에서는 사회적 영역과 연관되어 있다. 그러나 단지 과학자들이 특정한 과학적 용어를 사용하고 과학적 코드를 따르고 과학적 가치를 존중하기 때문에 적용한다는 뜻은 아니다. 여기서 알 수 있는 것은 과학자들은 어떤 특정한 어조를 토대로 작업한다는 것이다. 단지 네 가지 영역으로 된 하나의 모델로는 그 모든 것들을 포함할 수 없다. 그래서 필자는 또 다른 영역이 필요하다고 생각했다. 왜냐하면 사회적인 것들을 초월하는 어떤 영역이 존재한다고 구상했기 때문이며, 그것은 이 모든 네 가지 영역들 위에, 삼차원적인 존재로 묘사될 수 있다고 보았다. 인류학적인 문화의 의미(C1)를 문명으로서의 문화의 의미(C2)와 예술(C3)과 연결하면, 그 영역은 다른 네 가지 영역을 모두 아우르는 것으로서 C 영역이 된다.

다섯 가지 영역으로 구성된 이 모델은 다양한 목적을 가진다. 이 모델이 설명할 수 있는 것들은 특히, 이 장과 다음 장을 통해서 서서히 드러나게 될 것이다. 너무도 다양한 여러 현상들을 설명하는 데 도움이 될 뿐만 아니라 각 영역에서 일어나는 실천들을 분석하고 차이점을 고찰하는 데에도 이 모델은 아주 유용한 틀을 제공한다. 그리고 이 모델은 점차적으로 필자의 세계관을 형성하는 데에도 영향을 미치게 되었다. 필자는 거의 모든 강의에서 이 모델을 소개한다. 그리고 정치가로서의 역할을 수행하는 데에도 필자의 정책을 뒷받침하기 위해 이 모델을 사용한다.

이 다섯 가지 영역 사이에는 분명 차이점들이 있다. 그리고 그 차이점은 우리가 자신의 가치를 실현하고자 할 때 우리가 하는 일을 분석하는 데 있어 중요하다. 필자는 이 모델이 사람들로 하여금 서로 다른 영역 간 차이가 무엇인지를 인식하게 함으로써 사람들이 어떤 문제상황에 대안이 되는 옵션, 다른 전략들을 인식할 수 있게 된다는 점을 알아냈다. 예술가들이 자신의 홈그라운드라고 느끼는 C, S, O의 영역을 벗어나 G와 M의 영역에서 제공하는 기회들에 대해 인식한다면 분명 혜택을 받을 수 있다. 이 차이점에 대해 인식함으로써, 그 예술 분야의 학생들이 필자가 M의 영역을 화두로 던졌을 때, 왜 그렇게 적개심을 표출하게 되는지 이해할 수 있다. 그런데 M의 논리에 따라 실천하기를 좋아하는 사람들도 G의 영역에 대해서는 적개심을 표현하곤 한다. 자유시장을 주장하는 경제학자들의 얘기를 들어보라. 그들이 정부의 개입, 과세 및 규제, 복잡하고 힘든 의사결정 과정에 대해 논쟁할 때 얼마나 치를 떨면서 얘기하는지 금방 알아차리게 될 것이다. 필자가 우연히 만났던 예술가 몇몇은 오이코스에 대해 좋지 않은 감정을 가지고 있었다. 그들이 경험했던 오이코스는 질식할 것 같이 숨막히는 영역이고 관습을 강요하는 곳이었기 때문에 오히려 S의 영역을 훨씬 편하게 여기고 있었다.

적대적인 감정은 중요한 차이점을 지시하는 눈여겨 보아야 하는 표지이다. 그 모델은 그러한 감정들을 아우르고 기능한다고 생각한다. 이에 대해서는 10-1장과 10-2장을 통해서 알아보기로 한다. 공유재와 공공재가 어떻게 생산되는지 알고 싶다면 여러분은 이 모델에 좀 더 집중할 필요가 있다. 그저 M과 G로 구성된 표준모델에만 집중한다면 사회에서 일어나는 새로운 기조의 경제체제나 사회적 현상에 대해 이해한다는 것은 불가능에 가깝다. 우리는 우리에게 가장 중요한 재화들을 생산하고 그 가치를 실현하는 방법을 이해하기 위해서 S, C, O의 영역이 필요하다. 또한 S 영역은 예술, 종교, 과학과 같은 창의적 공동재를 어떻게 생성하며 그것들이 어떻게 기능하는지 이해하는 데 중요한 토대를 제공한다. "오직 M과 G로 이루어진 모델"은 우리가 사회적 재화와 문화적 재화를 실현하는 것을 놓치거나 막아 버린다.

이 모든 논의들은 이 모델이 다섯 가지 영역의 이점들을 쉽게 나타낼 수 있다고 주장하기 위한 것이 아니다. M에 대한 실천들이 이목을 끄는 힘은 실로 대단하다. 특히 경제학자들은 자신들이 M의 영역의 실천들을 이해하기 위해 개발했던 도구들을 여타 다른 실천들에도 구분 없이 적용시키는 경향이 있다. 따라서 경제학자들의 생각으로 볼 때, 정치가들의 노력의 목적은 최대한 많은 표몰이에, 오이코스에서는 집안일을 분배할 때 파트너들(부부)이 일종의 교환을 하는 것이라고 설명한다(Becker, 1976).

이와 같은 경제학적 관점은 서로 다른 영역들 사이에 존재하는 차이점들을 아예 말살시켜버리고, 마치 모든 것이 M의 논리에 종속된 양, 모든 것을 기본적으로 획일화된 시각으로 바라보게 한다.

사회학자들 사이에서도 비슷한 경향이 발생한다. 그들이 세상을 바라보는 모든 것은 사회적 과정에 의한다. 예컨대, 사회학자들은 시장에서 형성되는 상인 간 유대감, 사회적 지위, 상업 활동을 위해 필요한 사회 활동 등의 사회적 요인들을 관찰한다.

영역 간에는 분명 겹쳐지는 부분도 있다. S와 O 영역에서, 겹치는 부분에서 M이 활성화될 수도 있고, M과 G가 겹쳐지는 부분에서 S 영역이 활성화될 수도 있다. 실제로 그 영역들은 가장 중요한 역할을 하는 부분인데, 여기에 대해서는 다음 장에서 자세히 다루기로 한다. 그전에 우리는 먼저 각 영역을 차별화 하는 요소는 무엇인지에 대해 알고 있어야 한다. 그리고 그러한 차이점들이 최고의 선택을 하기 위해서 왜 중요한지 명확하게 이해할 필요가 있다.

영역들에 대한 역사적 고찰

그 차이점들은 역사의 흐름을 조명해 볼 때 더욱 명확해 질 것이다. 모두가 아는 대로, 인간의 역사는 오이코스에서 출발했다. 초기에 사람들은 소규모의 강한 유대감으로 결속된 무리를 지었고, 온전히 서로에게 의지했다(Sahlins, 1972). 사냥한 것과 채집한 것들을 서로가 공유했고 나이와 기술에 따라 규정된 구성원들의 권위를 존중했다. 생존, 소속감, 영적인 삶의 실현 모두 그 무리 내에서 이루어 졌다. 유대 관계는 상당히 굳건했다. 구성원들 모두 서로 속속들이 잘 알고 있었다. 다른 무리들과 어울린다는 일은 거의 없었거나 아예 발생하지도 않았다. 최우선적으로 모든 일은 O의 영역에서 일어났다.

하지만, 인간은 사회적 존재이다. 언어와 상상력을 가지고 있으며 정교화된 표현방식을 개발하고 그들의 일상에 의미를 부여하는 상징을 디자인 해야 한다. 석기시대에 인류는 동굴 벽에 그림을 그리기 시작했고 예측불허의 상황에 대응하기 위해 의례를 발전시켰다. 자신들의 행동을 의미 있게 만들고 영속성을 부여하기 위해 서술기법을 발전시켰다. 따라서 오이코스에서 행해진 행동들은 문화적 영역 속에 내재되어 있다고 할 수 있다.

시간이 흐르면서 그 무리 단위는 부족 단위로 진화했다. 그리고 그 부족이라는 집단 안에서 우리는 사회 활동이 시작되는 것을 관찰할 수 있다. S영역에서, 오이코스의 구성원들은 상호성이라는 특성을 기반으로 다른 오이코스의 구성원들과 관계를 형성하고 그렇게 사회 생활이 이루어진다. S는 공공영역을 구성한다. 그리고 모든 사람들이 그 영역에 접근 가능하지만 혈연이나 친족 관계, 가족의 가치를 기반으로 결속되지는 아니다. 부족 사회에서 사람들은 함께 의례를 개발하고 협동하고 재화와 서비스를 교환하였다. 그러나 그러한 상호 작용의 대가로 돈을 바라지 않았다. 그들이 필요로 하는 것이 무엇인지 끊임없이 생각하지 않아도 되었다. 연장자들이 보통 프로네시스의 반석을 맡았다. 아직은 어떤 통치와 관련된 규제, 규범, 강제력이 발효되는 계약 관계 따위의 것들은 필요치 않았다. 말하자면, 부족 사회는 O, C, S의 영역에 걸쳐 운영되었다. 이는 특히 다른 부족들과 교류할 때 더 명확했다. 프랑스 출신 인류학자 마르셀 모스Marcel Mauss는 그의 유명한 저서인 선물The Gift에서, 트로브리안도 제도 부족들은 다른 부족들과 안정된 관계를 유지하기 위해서 복잡한 선물교환제도를 즐기고 있다고 설명했다(Mauss, 1967).

우리 모두는 시장의 관습이 꽤 오래 전에 생겨났다는 것을 안다. 외부인들이 한 부족 집단 또는 지역 커뮤니티에 흥미로운 제품들을 가지고 왔을 것이다. 그리고 여기에서 획기적인 일이 발생했다. 그런 일은 마치 아이들이 동전 몇 닢을 손에 꼭 쥐고 밖에 나갈 때 경험하는 것과 같다. 오이코스에 있는 누군가에게 바라는 것을 부탁하기 보다, 이제는 전혀 알지 못하는 사람에게 가서 자신에게 가치 있는 무엇인가? 어떻게 이런 일이 가능한가? 왜 그 이방인을 공격하고 물건을 훔쳐 달아나지 않는가? 왜 그가 딴 곳을 보고 있을 때 슬쩍하지 않는가? 원하는 거래를 하기 위해 어떻게 얘기하는가? 그 정도 동전이면 충분한가, 더 필요한 것은 아닌가? 어쨌든 그 동전은 무슨 가치를 가지는가?

이렇게 답이 명확해 보이는 이런 질문들을 던지는 것은 많은 사람들이 보기에 한심하지 짝이 없다고 비웃을 수도 있다. 하지만 대답하기는 쉽지 않다. 이 장 도입부에서 소개했던 일화에서 그 예술가는 자신이 무엇을 제공하고, 대가로 무엇을 요구해야 할지도 모르고 있었다. 특히 문화기관에서 일하는 사람들에게 M 영역의 가능성은 잘 다루어지지 않는다.

아테네에서 아리스토텔레스가 폴리스에서 자신의 저작물을 쓰고 있었을 당시 사회적 영역은 점점 다양해지고 세분화 되어갔다. 아리스토텔레스에 따르면, 오이코스는 중심적 역할을 하고 그 주위로 실천적인 삶이 공전했다. 오이코스는 피난처와 삶에 필요한 물품들과 음식을 최대한 제공한다. 오이코스의 지위와 부는 그 구성원의 공식적이고 사회적 영역에서의 지위를 결정한다. 가장이 노예의 지위에 있는 오이코스와 사회적으로 인정받는 지위에 있는 가장이 이끄는 오이코스의 차이를 비교해 보면 그 차이는 극명하다.

남자들은 주로 도시의 중앙 광장에 있는 아고라Agora에서 활발하게 정치 활동에 참가했다. 정치는 여러 도시민들과 어울려 토론과 논의를 하는 사회적 활동이다. 따라서 폴리스(도시)는 아주 풍부한 C 영역을 보유하고 다양한 사회적 상호 작용을 통해 S를 개발했다. G의 영역은 정부기관과 제도의 형태로 아테네 사회에 나타났다. 아테네에는 통치 관리의 영역이 있었다. 몇몇 시민들은 통치자의 역할을 수행했고 법규에 따라 일상 생활과 시민들의 상호 교류에 질서를 부여했다. 그리스인들은 심오한 철학적 이야기를 하는 것으로 유명했고(S 영역에 해당), 극작과 예술작품의 실현(C 영역에 해당)을 중요하게 여겼다. 아테네 시민들은 고도로 발전된 문명 사회를 건설했음에 틀림없다. 다시 말하면, 오이코스 외부로 S의 영역이 튼튼하게 잘 자리잡고 있었다. 그 기저에는 변치않는 미와 통찰력을 생산하기 위해 다양한 소통과 대화의 장이 집중적이고 열정적으로 일어나고 있었다.

아리스토텔레스에게는 아테네인들 사이에서 일어나는 교역이 문젯거리였다. 그는 이를 가리켜 크레마티스티케(상행위, 돈벌이, chrematistike)라고 부르고 비정상적이라고 간주했다. 이유인즉, 생전 처음 만나는 이방인과 가격을 흥정하면서 재화를 교환하는 것은 순리에 따라 물 흐르는 대로 일을 처리해야 한다는 자신의 생각과는 상반된 것이었기 때문이다.

아리스토텔레스에게 오이코스는 모든 필요한 재화를 공급하는 것을 의미했다. 그리고 그 과정은 정상적인 절차로 이루어져야 했다. 교환은 그에게 있어 그다지 정상적인 행위로 보이지 않았던 것 같다. 그는 사람들이 자신의 가치를 실현하기 위해서 타인들을 도구적으로 이용하는 것과 그들이 재화의 본질을 금전적 단위로 표현된 가격으로 절하시키는 생각에 문제가 있다고 보았다. 마지못해 그는 오이코스는 상행위를 통해 필요한 재화를 획득할 수 있다는 점을 인정했다.

G 영역은 현대 사회로 흘러올수록 그 중요성이 더욱 짙어졌다. 통치, 관리는 중상주의자들에게는 세계의 중심이었다. 막강한 군대와 군함으로 강력한 통치력을 자랑하는 정부는 대단한 부를 모을 수 있었기 때문이다.

(여전히 권력의 속성에 대해서는 큰 내수시장, 사이즈, 혁신적 저력, 중요한 소스들에 대한 소유권과 같이 서로 다른 특성이 있긴 하지만, 그렇다, 군사력도 해당된다.) 정부는 중심이 되는 권력, 법규, 규제, 과세, 통제를 상징했다.

M의 영역을 가치 실현을 위해 특히 중요한 별개의 영역으로 구분한 것은 애덤 스미스의 공이라고들 한다. 스미스는 실천을 분명히 구분하여 설명했다. 아리스토텔레스는 그것을 경멸의 대상으로 여겼고 많은 사상가들과 종교학자들 역시 아리스토텔레스의 생각을 이어받아 혐오의 대상으로 치부했다. 아니 어떻게 사리사욕을 추구하는 것이 정당화 될 수 있단 말인가? 개인적인 이윤을 추구하는 것은 사회적 관계를 타락시키는 것이 아니던가? 정부의 강제적인 개입이 없이 그저 보이지 않는 손에 사람들이 내맡겨지고 그 안에서 상호 작용이 일어난다면 어떤 좋음이 나올 수 있단 말인가?

톰슨 E.P.Thomson과 폴라니 Karl Polanyi와 같은 역사학자들은 일반적인 실천으로서 M이 부상한 것이 전통 사회에 어떻게 영향을 미쳤는지에 대해 이야기 했다 (Thomson, 1991; Polanyi, 1944). M 영역의 부상은 그 당시 오이코스의 삶에 극적인 변화를 초래했음에 틀림없다. 톰슨은 18세기에 일어났던 사건에 대해 이야기하면서, 어떻게 사회적 논리와 시장의 논리가 충돌하게 되는지 보여준다.

폴라니 역시 영역들의 구분이 필요하다고 한다. 폴라니는 네 가지의 영역으로 구분했는데, 교환의 영역 (필자의 모델에서 M의 영역), 재분배의 영역 (필자의 모델에서 G의 영역), 상호성의 영역 (필자의 모델에서 S의 영역)으로 구분하고, 필자의 모델에서 O에 해당하는 가계에 대해 언급한다. 그는 특히 S를 도입함으로써 시장 유형의 상호작용들이 "일반적이지" 않다는 것을 나타낸다.

(필자의 절친인 데어드르 맥클로스키는 폴라니의 이름이 언급될 때면 불같이 화를 내곤 하는데, 그녀의 얘기에 따르면 폴라니가 시장의 역사를 아주 지독하게 왜곡시켰고 시장의 역할을 너무도 과소평가 했다고 한다. 데어드르의 말이 옳을 것이다. 하지만 여기서 중요한 것은 타이밍이

아니라, 주안점이 한 영역에서 다른 영역으로 옮겨갈 때 생기는 바로 그 마찰이라는 현상이 일어났다는 점이다.)

지난 200여 년 동안 시장은 이 사회에서 강력한 존재가 되었다. 현대인들은 수입을 벌고 재화를 교환하기 위해 시장이 중요하다는 점을 꾸준히 의식하면서 자란다. 우리는 모두 사유재의 교환과 경제자본의 규모와 관련해서, M의 영역이 얼마나 막강한지 배운다. M의 지배적인 현상에 대해 널리 퍼져있는 저항력이 이를 입증한다.

현대사회에서 시장의 결과물을 측정하는 능력은 점점 증가하고 있다. 이는 중요한 요인이다. 이윤, 총매출, 기계나 건물, 주식, 은행계좌 등과 같은 자산 가치는 모두 숫자로 표현된다. 우리의 세계가 금전화되어 가고 있다는 것은 거래량과 소유의 증가량을 표현하는 숫자를 금전적인 용어로 셀 수 있다는 뜻이다. 이는 M영역의 구체성과 견고함을 나타낸다. 도구주의자들의 사유체계에서 숫자는 사실을 나타낸다는 굳은 믿음 때문에 구체적이고 견고하다고 인식된다. 돈의 셈법으로 표현되지 않는 것은 "구체적"이지 못하고 "추상적"인 것으로, "견고"하지 못하고, "물컹거리는" 것이라고 여기는 인식을 만들어낸다. 그래서 O, S, C 와 관련된 것들은 추상적이고 견고하지 못한 것들로 치부해 버린다. 적어도 도구주의자들이 생각하는 방식으로는 그렇다. 필자가 제시하는 가치 기반 접근법은 그러한 세계관을 뒤집고 안팎을 바꾼다.

그렇다 해도, 지난 200년 동안 근대 사회가 목격해 온 경제적 금전적 부의 인상적인 축적은 M의 영역, 혁신적이고 기업가 정신의 실천이 이룩한 모든 것의 영향력을 입증한다. M 영역은 우리가 노동 시장에서 근로자로서 자신의 가치를 실현 하는데 있어서, 컴퓨터를 사고 집과 옷을 사고 여가와 우리가 필요로 하는 모든 종류의 재화들을 사기 위해서, 그리고 구입을 위한 수단을 획득하기 위해 중요한 역할을 한다. 많은 사람들이 자신들이 원하는 것을 얻기 위해서 M영역의 실천들과 연관되어야 한다는 것이 최고의 선택이라고 생각한다.

    그러나, 우리는 또한 M영역의 실천 방식들이 이 사회를 오히려 불안정하게 만들고 심지어는 위기를 가져올 수도 있으며 의도치 않은 결과들, 가령 불평등과 부당함과 같은 결과로 귀결될 수 있음에 대해서도 교훈을 얻었다. 1930년대의 세계 대공황은 (적어도 서구사회에서는) 거대 시장의 실패에 대한 일화로 우리 기억 속에 잔존한다. 최근의 경제침체(2008-2014)가 같은 결과를 가져올 것인지도 의심스럽다. 사회학자들과 사회적 민주주의자들은 M과 G를 혼합함으로써 어떤 과학적인 접근을 통해 타결책을 찾고자 했다. 케인즈Maynard Keynes는 국내 수요 하락을 상쇄하기 위해 정부 지출의 필요성을 설파했다. 틴베르헨Jan Tinbergen은 정부의 정책들이 경제적 성과에 영향을 미칠 수 있다는 점을 보이기 위해 모델들을 통해 좀 더 체계적인 접근으로 시도했다. 하지만 효율적인 정부가 되기 위해서 좀 더 큰 규모로 성장해야 했다.

    이에 따라 수십년 동안 정부 영역에서 일어나는 실천들이 극적으로 증가했다. 복지 프로그램 마련에 대한 예산을 증가시키고 60~70년대에는 물결치듯이 규제와 법규 만들기에 열중하였다. 대부분의 선진국에서 정부는 규모의 성장을 주장했고, 유용성의 잣대를 사용하면서, 교육 제도의 개선, 국민건강 증진, 이동통신 개발, 우편시스템 개선, 문화 활동들, 예컨대 박물관, 극장, 도서관과 같은 다양한 문화 활동의 활성화를 위해 애썼다. 정부 영역에서는 기업의 활동 뿐만 아니라 사회 문화 활동에 대해서도 지원했다. 국내 회사들을 외국 자본들로부터 보호하고 독점 금지법 수호를 위해 위반기업들을 기소했다. 80년대에 정부는 M영역을 정부 영역의 논리 속에 포함시켜 민영화 및 자유화 작업을 하기 시작했다. 설사 그렇다 해도 여전히 정부는 국가 전체 수입의 40~55%에 꾸준히 기여했다.

정부는 관료체제를 의미했고 관료 체제는 곧 G 영역을 구성하는 것이었다. M 영역에서 이윤의 기쁨을 누리고자 하는 모든 민영 부문들에서는 정부의 관료 체제를 상대해야만 할 것이다. 단순하게 인도나 미국에 관광객이나 사업가의 신분으로 한 번 들어가 보면, 이 말이 무슨 뜻인지 바로 알아차릴 수 있을 것이다.

G 영역은 우리가 기업 활동을 염두에 둘 때 훨씬 더 지배적인 역할을 한다. 사고 파는 활동은 시장 영역에서 담당하고 있는 부분이긴 하지만 기업 활동을 단순히 M 영역 안으로 미루어 두는 것은 비현실적이라고 할 수 있다. 왜냐하면 실제로 기업들은 내부적으로는 정부의 통치논리에 따라야 하기 때문이다. 결국, 그들 역시 관료 체제를 갖추고 있는 셈이다. 온갖 종류의 법규와 절차, 계약에 의해 움직이고 회계시스템을 유지하고 직원들에게 업무를 부과한다. 그 모든 것들은 경영 문화라고 불릴 법한 것들을 상징한다. 그런 문화들의 단초는 19세기 후반기에 발생했다. 당시 봉건적이고 가부장주의적인 실천적 제도들은 복합적인 기업 활동들에 대해서 더 이상 어떤 효력도 발휘할 수 없었다. 바야흐로 1930년대에 MBA 과정이 급속하게 성장하게 되었다(Chandler, 1977). 경영 부문에서는 조직화, 정부의 논리에 맞는 실행 방식의 개발, 고급 과정의 교육이 필요하다고 생각되었다. 비즈니스 세계에서 경영학을 강조함으로써 컨설턴트들에게는 매니저들을 도와줄 수 있는 풍부한 기회의 문이 열렸다. 컨설턴트들은 매니저들이 전략을 수립하는 데 있어 체계적이고 구조화된, 그리고 증거에 기초한 작업을 수행할 수 있도록 도왔다. 컨설턴트들이 대학이나 병원과 같은 기관들과 일할 경우 그들은 기업문화에 의존하는 경향이 특히 심했다.

우리가 G영역을 공공 부문과 민간 부문에서의 모든 기관들의 영역으로 구상해 보면, 우리는 M 영역보다 G 영역에 훨씬 연관되어 있다는 점을 깨달을 수 있을 것이다. 상호 작용의 대부분은 기관 안에서 혹은 기관과 함께 발생한다. 대다수의 근로자들이 기관으로부터 급여를 지급받는다. 다국적 기업 안에서 일어나는 거래들은 국제 무역에서 큰 비중을 차지한다. 정부의 영향력은 실로 구석구석에 스며들어 있다. 여러 가지를 규제하고 통제한다. 우리는 혜택도 받지만 세금과 벌금도 낸다. 따라서 설사 온 사회에 시장 논리가 만연한다고 해도 정작 일상 생활에서 사람들이 많이 노출되어 있고 영향력을 받게 되는 것은 M의 영역이라기 보다 G의 영역이다. 그럼에도 불구하고 M 영역에 대한 편견이 발생하는 이유는 아마도 M영역에서의 거래는 측정 가능하지만 G 영역에서 일어나는 상호작용의 대부분은 측정되지 않기 때문일 것이다.

20세기를 통틀어서 시장과 정부의 논리는 공공 부문과 관련된 과학적 담론에서 상당한 주목을 받아왔다. 경제학자들은 모든 이들로 하여금 시장 논리가 전부라고 믿게 했고, 반면 경영경제학자들은 최적화된 시장 논리로 정부의 논리를 구체화시키고자 했다. 변호사들과 행정가들은 정부가 운영되는 논리에 초점을 두었다. 사회적 영역과 오이코스의 영역은 전무후무했다. 사회학자들은 공공 부문의 그림 속에 자신들의 논리를 유지시키려고 씩씩하게 버티고 있었다. 하지만, 80년대에 그들의 담론은 갈수록 주변부로 밀려났다.

결론

필자가 고안한 다섯 가지 영역으로 구성된 모델은 우리가 추구하는 가치를 실현하기 위해 부단히 움직이고 있는 이 세계에 대한 도식을 보여준다. 가치의 실현을 추구하기 위해 누구와 연관되어야 할지 이정표를 제시하며, 선택할 수 있는 옵션을 더 많이 찾을 수 있음을 보여준다. 그 모델이 나타내고자 하는 바는, 모 아니면 도 식의 전략을 구상하는 법을 알려주기 보다는, 어떤 전략의 선택이 다른 것을 선택했을 때보다 어떤 결과를 가져올 것인지에 대한 예측 및 인식의 중요성을 구체화시킨다. 그 선택은 궁극적으로 실현하는 데 성공하는 가치를 위해 중요하다.

그 모델은 세계관의 형성에도 도움을 준다. 시장과 정부의 영역에서 일어나는 실천 방식들을 넘어선 시야를 확보하고 일상에서 사회적 관계의 역할에 대해 인지하도록 한다. 사회적, 문화적 영역과 오이코스의 영역은

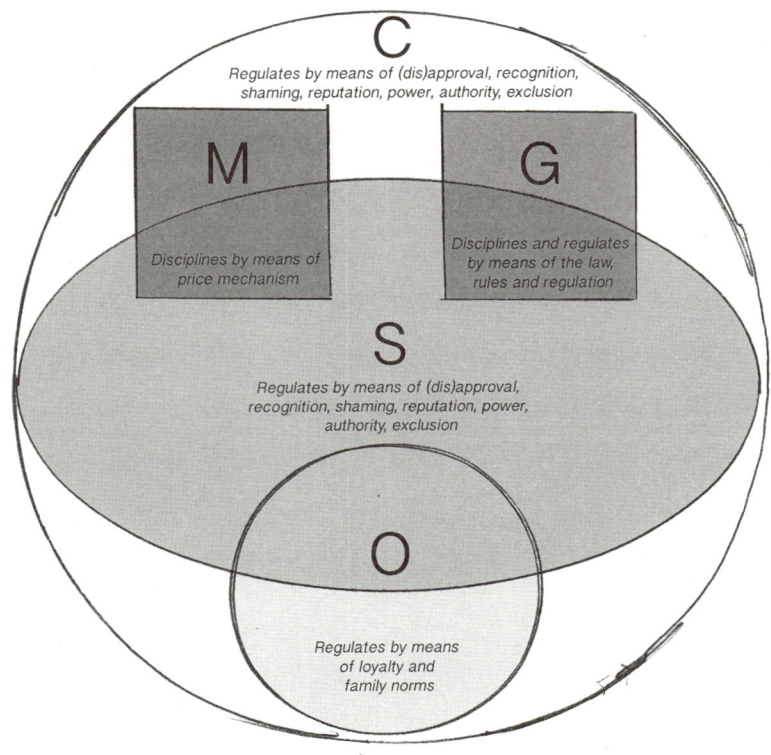

그림 9-3 5sp-model : 다섯 가지 영역에 대한 통제와 규칙

사회적 재화와 문화적 재화를 만들어 내고 우리가 타인들과 공유해야 하는 모든 재화들을 활성화 하기 위해 기본적이고 필수적인 부문이다. 그러한 영역들에 대한 명확한 인식과 구분이 없다면 우리는 사회적 재화와 문화적 재화에 대한 이해는커녕 예술적인, 과학적인, 그리고 종교적인 실천들에 대해서도 이해하는 것이 불가능해 진다.

이제 우리는 총체적인 그림을 가지고, 각 영역의 복합적인 내용들과 각 영역 안팎에서 일어나는 상호작용에 기대어 올바른 선택을 할 수 있다.

10

A. 5-Sp 모델 이해하기
: 논리, 어조, 가치와 관계를 중심으로

지금쯤이면 가치 기반 접근법의 주요 메시지가 분명하게 이해되었기를 바란다. 최고의 선택을 하기 위해서는 교환(M)과 정부(G)의 논리가 전부가 아니라는 점을 인식하고, 사유재와 집합재 너머에 존재하는 재화와 가치를 보는 관점을 가져야 한다. 사회적 재화든, 문화적 재화든 무엇이든 다른 재화들의 가치를 발현하기 위해 우리는 다섯 가지 영역에서 움직이게 된다. 아이디어를 실현하기 위해서는 문화적 영역을 택하는 것이 최고의 선택이 될 것이다. 실현하고 싶은 가치가 가족이나 무언가 보살핌, 사랑에 관련된 것이라면, 오이코스의 영역을 택하는 편이 낫다. 명성, 인정, 신뢰를 실현하고 싶다면 사회적 영역을 선택하는 것이 최고의 옵션이다. 티켓이나 조언을 팔고 싶다면 아마도 시장 영역이 이상적일 테고, 조직을 정비하고 싶다면 통치관리의 영역으로 들어가야 한다.

만일 그저 살아남고 싶다면? 그럴 경우 어떤 영역을 선택하든 손해 볼 게 없다. 할 수 있다면 G 영역에서 제공하는 복지혜택을 누려라, 무엇이든 팔 수 있는 것은 M 영역에서 팔면 된다. S 영역에서 제공받을 수 있는 지원 활동을 찾을 수도 있고 O 영역에서 가족에게 도움을 요청할 수도 있다. 하지만, 이 때 C 영역은 아마도 그렇게 직접적인 유용성을 제공하진 않을 것 같다.

5-Sp 모델은 삶을 전반적인 안목으로 구상하려는 사람들의 시야를 구체적으로 넓히는 데 도움을 줄 것이다. 많은 학생들이 일하고 싶어하는 권역은 아리스토텔레스가 상행위가 발생하는 영역이라고 칭했던 부문이다. 그들이 고려하는 것은 M 영역과 교환의 논리, 야망, 금전적으로 안정적인 보장의 가치를 고려한다. 이 경우 그 학생들은 5-sp 모델을 통해 일종의 경고 메시지를 읽어낼 수 있어야 한다. 다시 말하면, 그들이 정말 이윤 추구를 목적으로 하는 조직에 취직하고 싶다면 그 기업의 통치관리의 논리, 말하자면 G 영역도 다루어야만 한다는 것이다. 그 학생들은 관료적 시스템에 잘 맞는가? 게다가 그들은 S와 O의 영역에서 어떻게 행동할지에 대해서도 답할 수 있어야만 한다. 어떤 종류의 오이코스를 추구하고 있는가? 가족 중심 생활을 중요하게 여기는가? 친한 친구에 대해서는 어

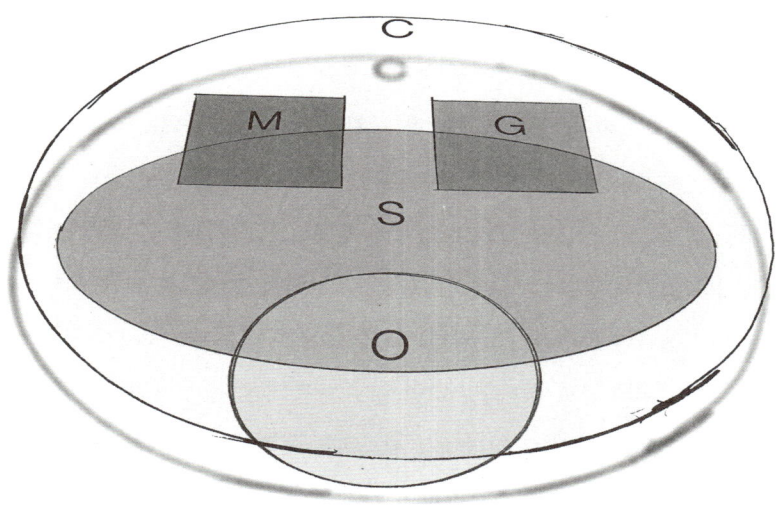

그림 10A-1 5-Sp 모델

떠한가? 그리고 C의 영역이 있다. 그들은 인생에 어떤 방식으로 의미를 창출할 수 있는가? 초월적 가치를 토대로 어떤 종류의 관계를 추구할 것인가? 그들에게 적합한 실천들 혹은 프랙시스는 무엇이며 어떻게 추구해야 하겠는가? 사실, 이 모든 질문에 답을 하기에 그 학생들은 고작 스물한 살, 너무 어리다. 하지만 결국 그 학생들은 이 모든 질문들을 이른 시점에서, 혹은 좀 천천히 인생에서 마주치게 될 것이다.

5-Sp 모델이 전하는 메시지를 이해하고 인식해야 하는 이유는 실용적인 측면에 있다. 가령, 박물관의 디렉터는 그녀가 재정 기획(안)을 만들 때 각 영역의 차이점들에 대해 잘 알고 있다. 그녀는 S와 C에서 가치 실현을 추구하는 이들에게 반응할 것인가? 기부금을 모집하고 싶다면, 그녀는 S 영역의 논리, 어조, 가치와 연관되어야 할 것 같다. O 영역 역시 가능할 법하다. 마찬가지로, 기업의 대표들은 자사의 문화적 배경(C)을 파악하기 위해 조언을 받을 지도 모른다. 그리고 그 문화적 환경을 배경으로 S 영역에서는 신뢰, 동료애, 창의적 업무환경과 같은 사회적 재화를 생성(하거나 잃을 수도 있다)한다. 정치 지도자들 중 S, O, C 영역에서 무슨 일이 일어나고 있는 지를 못 본 척한 채 정책을 추진하는 사람들은 한쪽 눈을 가리고 세상을 바라보는 것과 같다.

정치가나 공무원뿐 아니라 우리 역시 다섯 가지 영역 모두를 고려해야 하는 또 다른 이유가 있다. 개인의 입장에서 여러분은 이 모델의 논리에 따라 (외부의) 자문과 여러분이 제대로 하고 있는지를 나타내는 신호들을 파악할 수 있다. 정치가나 정부관리의 입장에서는, 사람들이 (정치적으로 또는 상업적으로) 최선의 선택을 할 수 있도록 인도하는 방법을 찾는 것이 관건이다. 가령, 복지 정책이 남용 혹은 오용되지 않도록 하는 방안은 무엇인지? 어떻게 시민들에게 기업가 정신을 갖추게 할 수 있는지? 시민들의 활동이 효율적이고 생산적이 될 수 있는 방안은 무엇인지? 그들이 최선의 선택을 할 수 있도록 고무시키는 방법은 무엇인지? 9장에서 보았듯이 각 영역은 현저하게 다른 운영체계, 원리를 생성한다. 10A-1의 모델은 시장과 정부 관리 영역의 규범적 체계의 중요성에 비교하여 사회적 체계와 문화적 체계의 중요성을 이해하기 쉽게 보여준다.

앞 장에서 소개된 5-Sp 모델은 또한 세계관을 분석하는 데 있어서도 유익하다. 제 10 장에서는 각 영역의 특성에 대해 좀 더 심도 있게 알아보고자 한다. 이 장에서 오이코스(O), 사회적 영역(S), 문화적 영역(C)에 대해서 다루고 다음 10B 장에서는 시장 영역(M), 정부 및 통치관리(G) 영역에 대해서 다룬다. 그러한 과정에 있어 우리가 주목하는 질문은 '어떻게, 무엇을, 왜'에 대한 것들이다. '어떻게'에 대한 문제는 어떤 특정 가치가 최고로 발현할 수 있는 방법은 무엇인지, 그리고 특정한 목적을 위해서 어떻게 매진해야 하는지를 진지하게 고려해 본다. '무엇을'에 대한 문제는 각 영역에서 무슨 재화가 생성되거나 주어지고 공유되는지, 사람들은 무슨 재화를 획득할 수 있는지에 초점을 둔다. '왜'에 대한 문제는 실패하는 전략은 왜 실패하는지, 또 성공하는 전략은 왜 성공하는지에 대해서 탐구하는 데에 그 목적이 있다.

모델 도입의 시작 단계에 있는 이들을 위하여

5-Sp 모델에서는 다른 이들과 맺게 되는 관계의 전형적인 유형들을 나타내면서 이상적 유형을 대표한다. 실제로 우리가 타인들과의 상호 작용 속에서 관계를 만들어 갈 때에는 하나 이상의 영역에 연관된다. 집 앞 슈퍼마켓에 간다고 해 보자. 우연히 주인과 만나게 되어 일상적인 잡담을 하게 된다. 물건에 대해 자세히 물어보기도 하고 농담 따먹기도 한다. 이

러한 상호 작용은 사회적 영역에서 발생한다. 왜냐하면 그러한 행동을 통해 당신과 타인(여기서는 가게 주인)과의 상호 관계가 확인되기 때문이다.

그런 다음, 당신은 쇼핑리스트에 적힌 목록대로 장을 본다. 우유 한 팩과 쿠키를 조금 사고 커피도 바구니에 넣는다. 계산대로 가서 물건 값에 대한 돈을 지불한다. 여기서 일어난 상호 작용은 시장 거래이며 시장의 영역에 해당한다. 또한 여러분이 낸 돈에는 부가가치세도 포함되어 있고, 이는 G 영역과의 상호 작용에 해당된다. 그런 다음 집으로 와서 사 온 음식들을 먹고 함께 사는 사람들housemates과 함께 커피도 마신다. 그 때 당신은 오이코스 내지는 사회적(이 경우 당신은 그 하우스메이트들과 그렇게 가깝지는 않다는 가정 하에) 영역에 들어가 있는 것이다.

회사나 조직의 경우도 마찬가지이다. 조직의 구성원들이나 회사의 근로자들은 항상 서로 다른 영역을 오가며 일을 한다. 그들은 동료나 상사와 함께 대화도 나누고 경험을 공유하고 함께 사업을 기획하고 일상에 대한 주제나 세간의 화제에 대해 토론을 하기도 한다. 그들이 생성하는 상호작용은 사회적인 것이며 S 영역에 해당되는 산물이다. 규정되어 있는 일에 대한 토론, 사내 규정의 강화, 계약 사항, 기준 등에 대한 것에 호소한다면 이는 G 영역과 연관되어 있다. 자신들이 하고 있는 일의 콘텐트나 그 일을 의미 있게 하는 무엇(그게 뭐가 됐든 상관없다)에 대한 것은 C, 문화적 영역에 해당한다. 그들이 제품을 개인이나 기업에 팔게 되면, 그들은 시장의 영역에서 이윤 추구 활동을 하고 있는 것이다. 오이코스의 영역을 기업 안에서 발견하고 싶어할 수도 있지만, 사실상 진정한 오이코스를 회사 내에서 찾기란 극도로 모호한 일이다(해고됐을 경우를 생각해 보라).

우리가 움직이고 있는 무대가 어느 영역인지를 인식하는 것은 아주 중요하다. 그 슈퍼마켓 주인을 만났을 때 만일 당신이 슬픈 사연을 줄줄이 늘어 놓으면서 공짜로 상품을 달라고 했다면 그 주인은 당신을 그다지 좋게 받아들였을 것 같진 않다. 또한 당신이 "아 여기는 정말이지 내 집 안방 같아요."라는 말하면서, 마치 내 집 냉장고에서 물건을 꺼내 방으로 가져가듯이, 물품 대금을 지불하지 않고 가게 밖으로 나가버리는 것도 참으로 이상하다. 직장에서 동료에게 갑자기 "내가 조언해 줬으니까 비용을 지불해야지요." 라고 하면서 돈을 요구하는 행동이 동료들에게 정상적으로 보이지는 않을 것이다. 외부인들을 대상으로 사전적인 조건 하에 그렇게 요구하는 것은 정당할 것이지만, 동료를 돕겠다며 했던 행동에 그런 대가를 요구하는 것은 앞뒤가 맞지 않는다.

그러므로 이제부터 우리는 정당한 방법으로 가치와 재화를 실천하는 방법, 다른 이들을 정당하게 연관시키는 방법에 대해 '인식하는' 방안을 찾아본다. 그 과정은 다른 이들을 교화시키고 여러분의 세계관이 그들에게 영향을 끼칠 수 있도록 노력해야 한다는 것을 암시한다. 그러한 과정을 통해 5-Sp 모델의 그림에 콘텐트를 더하게 된다.

다음으로 몇 가지 일화를 소개할 것이다. 그 일화들은 대부분 문화적 영역에서 가져왔음을 밝힌다. 이유인즉, 필자가 정기적으로 문화기관들(유럽에서 문화기관들은 단순히 박물관이나 극장, 공연기획사와 같은 것만을 포함하지 않는다. 도시재생 프로젝트에 있어서도 문화기관들이 거의 반드시 포함되며 창작활동 외에도 다른 중요한 역할을 하게 된다)을 컨설팅하고 또한 예술가들과도 자주 만나고 대화하기 때문이다. 필자는 가치의 발현이라는 이슈와 실천(프로젝트, 사업 등)들을 평가하여 지원금을 책정할 때에도 5-Sp 모델을 사용한다. 하지만 그 모델은 다양한 정책, 활동, 공공기관 혹은 민간기관의 사업, 프로젝트 등에 적용되는데 특히 목적에 최적화된 최고의 선택을 지향하고자 분석할 때 활용된다.

문화 관련 기관에 지속적으로 하는 컨설팅을 하면서 필자가 강조하는 점은 바로 그 기관이나 집단이 지향하는 예술을 발현할 수 있는 영역이 어디인가를 파악하는 것이 중요하다는 점이다. 하지만 돈놀이에 매달리게 되면 그 메시지가 쉽게 유실되어 버린다. 조심성 없이 사람들이 그저 돈에 목매달게 되면 자신들이 하고 있는 일의 목적이 무엇인지 쉽게 잊어 버리고 만다. 반드시 돈이 좋은 것만은 아니다. 물론 돈이라는 소스는 중요하다. 티켓 판매율을 높이는 것도 좋지만, 그것으로 인해 발생하는 희생이, 만일 지향하고 있는 이상을 저버리는 것이라면, 티켓 한 장 더 파는 것이 더 이상 좋다고 할 수 없다. 마찬가지로, 애매한 명함을 내보이는 스폰서로가 내매는 돈을 덜컥 받는 것도 나중에 그 돈을 받은 문화기관에게 처참한 부메랑으로 돌아와 해를 입힐 수도 있다.

가치의 발현은 이렇게 시작해야 한다. 이상(기관, 개인 혹은 커뮤니티에서 획득하고자 부단히 추구하는 재화에 대해서 구체적으로 기술해야 한다), 무슨 재화를 추구하느냐에 따라 목적과 미션이 결정되기 때문이다. 그 재화는 무엇에 유익한가? 예술적이거나 사회적인 혹은 사회지향적이거나 개인적인 가치에 유익한가? 이와 같은 구체화의 과정을 거치지 않는다면 이어지는 활동들은 목적 없이 시간과 에너지를 낭비하는 무의미한 활동에 불과하다. 만일 어떤 이가 그림을 그리고 싶어한다면, 그는 자신이 그리는 그림의 진가를 알아볼 수 있는 무리의 사람들을 찾는 것이 현명하다. 만약 당신이 축구를 하고 싶다면 당신은 함께 축구를 할 수 있는 다른 열 명의 사람들을 찾아야 할 것이다. 혹은 아버지 노릇을 잘하는 것이 목적이라면 분명히 먼저 해야 할 일은 오이코스 영역에 대해서 파악하는 것이다. 정의를 추구하는 것이 궁극적인 목적이라면, 비록 일부는 사회적 영역에서 이루어져야 하겠지만, 우선적으로 G 이 영역으로 들어가는 것이 최고의 선택이 될 것이다.

이윤을 추구하는 생산부문이나 지위는 어떠한가? 물론 중간적 목표로 수단을 구체화하는 과정, 가령 어떤 사회적 지위를 얻는 것이나 특정 수준의 이윤을 성취하는 것도 좋다. 그러나 7장에서 보았듯이, 그러한 중간적인 목표가 무엇에 유익한지 분명히 하는 과정을 거쳐야 할 것이다. 또한 궁극적인 목적이 좋은 가정을 이루는 것, 정의로운 사회를 만드는 것 또는 일과 생산에 있어 양질의 개선을 이루는 것이라면 시장 영역에서 단편적으로 이윤을 추구하는 것이 최고의 선택이라고 할 수 없다.

4장에서 했던 과정을 염두에 두고, 5-Sp 모델이 알려주는 다음 단계로 넘어가 보자. 최고의 디자인, 설계 혹은 전략을 결정하는 과정이다. 가치의 발현을 위해 시장 영역을 선택하는 것이 최고의 선택인가 아니면 G의 영역에 초점을 두어야 하는가? 사회적 영역에서 제공할 수 있는 가능성에는 어떤 것들이 있을까? 그렇다면 오이코스는 어떠한가? 5-Sp모델을 통해서 우리는 행동이나 조직에 대해서, 재정 전략들을 디자인하는 데 대해서 있어서 고려해야 할 사항들을 유기화 할 수 있다.

각 영역에서 찾아야 하는 것들

1. **관계의 종류** : 우선 행동을 디자인한다는 것은 다른 이들을 연관시키는 방법에 대해 생각하는 것이다. 관계의 종류에 대해 이해해야 하는 이유는, 용이한 방법으로 그 관계가 추구하는 목적을 달성하기 위해 최고의 적확성을 확보하기 위함이다. 가령, 사회적인 관계는 어쨌거나 상호성에 기반을 두는 것이며 사회적 재화의 실현을 위해 유익하다. 시장에서의 교환은 단지 도구적인 관계로 금전적 수단을 생성하는 데 유익한 관계에 기반을 둔다. 그리고 그 수단은 차례로 다른 것에 유익하다. 가령, G 영역은 금전적인 수단을 확보하기 위해 유익하긴 하지만 다른 종류의 근거가 뒷받침되어야 한다 (예컨대, 제안하는 것이 기준항목에 잘 맞는가 하는 것과 같은). 만일 어떤 기발한 아이디어가 특정한 활

동에 도움이 된다면, 몇몇 기관들에서 그 아이디어와 관련된 사항을 요청할 수도 있다.

그리고 격식을 갖춘 관계가 요구될 수도 있다. 오이코스 영역에 존재하는 친밀한 관계가 강조되어야 하는 옵션도 있다. 예컨대 일과 삶의 조화와 같은 관계를 디자인하는 것은 오이코스 영역의 관계가 연관되어야 한다. 선험적인 가치와 연관된 관계를 사회적이라고 하지 않는다. 외려 대자연, (국가의)문화, 미술, 진실 혹은 신성함에 관련된다. 그러한 관계는 문화적 영역을 구성한다. 그러므로 각 영역에서 파악해야 하는 특성들 중 하나는 각 영역에서 생성되는 관계의 종류가 무엇인가 하는 부분이다.

2. **논리** : 두 번째로 파악해야 하는 특성은 어떤 관계 혹은 그 관계가 작동하는 영역에 내재되어 있는 논리이다. 논리란 어떤 것을 이행하는 방식을 뜻한다. 그러한 방식은 상호 작용의 종류, 그러한 관계가 통하게 하는 규범을 기반으로 설정된다. 어떤 영역에서는 이해되지 않는 (비상식적인) 관계가 다른 영역의 논리에서는 상식적인 관계로 이해될 수도 있다. 논리는 제도적인 실천 방식들, 규범, 아직 제도화되지 않은 규칙, 교류를 중개하고 통제하는 통화 종류도 포함한다(M 영역에서 통화는 돈을 의미한다. S 영역에서 통화는 호의, 명성, 신용, 비난과 같은 사회적 형태로 존재한다).

3. **어조** : 한 영역을 특성화하기 위해서는 각 영역을 설명할 수 있는 특유한 화법이 필요하다. 그러한 화법을 어조라고 한다. 어조는 어떤 영역에서는 설득을 위한 전략을 대표하지만 다른 영역에서는 통하지 않을 것이다. 각 영역은 그 영역만의 특성을 대변할 수 있는 어조를 가지고

비유와 내러티브 (이야기 종류)를 생성할 수 있다. 부디 여러분이 어조라는 특성을 인식하기를 바란다.

4. **가치들** : 각 영역에는 그 영역을 나타내는 긍정적인 가치와 부정적인 가치가 있다. 그 가치들은 실천 과정들을 통해 발현하게 된다. 긍정적인 가치들은 일반적으로 사람들이 그 진가를 알아보고 널리 퍼져나가게 된다. 부정적인 가치는 보통 다른 영역의 관점으로 한 영역을 보는 데서 발생하게 되고 그 영역으로부터 거리를 두게 한다. 예컨대, 사람들이 M 영역에 부여하는 긍정적인 가치는 선택의 자유이다. 그러나 부정적인 가치는 탐욕이다. 탐욕은 사회적 영역의 관점이 우세하게 적용된 안목에서 비롯된 것이다.

자, 이제 차례로 각 영역에서 이러한 특성들을 찾아 보자. 그 첫 번째 대상으로 삶이 시작되는 영역에서부터 시작한다. 그리고 보통 그 영역은 삶을 마감하는 영역이기도 하다. 바로 오이코스이다.

1) 오이코스

모든 것은 가정에서부터 시작된다. 우리 모두에게 해당되는 사항이다. 우리는 O 영역에 있는 재화를 가지고 자신에게 중요한 가치를 실현한다. 그 가치는 가족, 혈연 관계, 오붓한 저녁 시간, 휴가, 유쾌함, 믿음, 기억과 같이 공유된다. 이 모든 것은 '무엇'에 대한 질문 즉, 오이코스 영역에서 무슨 가치를 실현하고자 하며 어떤 재화를 생성하는가? 라는 문제에 답이 된다.

그 질문에 대한 또 다른 답으로는 오이코스에서 갈고 닦는 정직, 충실함, 사랑 등과 같은 덕목들이 될 수 있다. 가정에서, 우리는 이러저러한 가능한 모든 방법을 동원해 그 모든 것을 추구한다(물론 완벽하게 그 가치에 부합하게 행동한다는 것은 아니지만).

오이코스는 그 자체로 목적이 된다. 이 경우, 그것은 프랙시스(7장에서 정의한 바와 같이)이다. 많은 사람들이 자신의 오이코스를 가장 소중한 소유물로 평가하고, 오이코스를 보호하기 위해서는 고된 노동에서부터 심지어는 자신의 삶을 희생시키는 것까지, 무엇이든, 할 의사가 있다고 한다. 오이코스는 또한 다른 이상들, 훌륭한 어머니나 아버지가 되는 것과 같은 이상들을 실현하는 데에도 유익하다.

오이코스는 다양한 요구와 필요를 희생하는 데 있어 도구적인 면도 지닌다. 가정은 피난처, 아이들과 손주들에게 유익함을 제공하고, 함께 요리를 하고, 동료애를 가지기도 하고, 오붓한 저녁 시간과 흥미로운 경험들(휴가나 가족여행과 같은), 미술 교육, 음악 교육, 종교, 장인 정신, 주의, 지지, 보살핌을 위해서도 유익하다. 게다가, 오이코스는 농장이나 가게 또는 (가족)사업을 하고 있는 경우에는 생산 단위가 되기도 한다.

경제학자들이 소비라고 칭하는 생산과 서비스를 사용하는 것은 오이코이 oikoi(oikos의 복수형)를 위한 도구적 활동이다. 그 활동은 오이코스와 관련된 가치와 재화를 실현하는 데 목적이 있다. 예컨대, 필자가 구입한 사과는 나의 오이코스에 가지고 들어가는 투입인 셈이다.

문제가 있어 제 기능을 하지 못하는 오이코스에 있는 가족들은 이러한 가치와 재화의 일부 혹은 그 이상을 실현하는데 실패하게 된다. 어떤 가정에서는 가족 간에 서로 지지하지 못하고, 사랑, 애정, 오붓한 저녁 시간과 즐거운 기억을 제공하지 못하기도 한다. 대신 압박, 외로움, 착취와 같은 나쁜 경험을 생성하게 된다. 훌륭한 가정을 실현하는 것은 분명 어렵고, 부단한 노력과 기술이 요구되며 약간의 운이 필요하다.

훌륭한 오이코스의 실현은, 알맞은 논리를 존중하고 오이코스의 가치를 충실히 지킴으로써 바른 관계를 형성하는 것이다. 이런 특성들이 어떻게 연관되는지 한 번 살펴보자.

O의 영역에서 장려되는 관계의 종류는 단순히 혈연관계, 성적으로 부부관계를 맺는 것뿐 아니라 가족 관계를 생성하고 유지하는 것이다. 부부관계는 새로운 오이코스를 생성하는 기본이다. 서로 다른 두 오이코이가 만나 새로운 멤버를 형성한다(한 가지 밝혀둘 것은, 오이코는 죽음, 이혼, 결혼, 출생, 비극, 로맨스에 의해서 언제나 가변적이라는 점이다).

오이코스 영역에서 가치를 실현하기 위해서 다른 이들과 가족, 친족, 혈연, 절친, 연인과 같은 관계로 연관된다. 서로를 지지해 주는 것은 가족의 의무이며 조건 없이 그렇게 하는 것 또한 가족이 할 일이다.

O의 영역을 통해 우리는 부모, 형제, 자매, 자녀, 조부모, 조카와 같은 관계를 유지한다. 독일인들은 이 사상에 대해 다음과 같이 잘 표현하고 있다. 여러분의 가정은 여러분이 "Schicksalgemeinschaft(운명을 공유하는 공동체)"를 공유하는 사람들로 구성된다. 이와 같은 관계는 연결고리가 매우 견고하여 쉽게 분리될 수 없다. 설사 부모 자식간에 연을 끊는다고 해도 그 유전적인 관계의 존재가 실제로 없어지는 것이 아니다. 그러나 이혼이나 별거는 오이코스를 깨뜨리고 부부 관계를 자르는 합리적인 방법이다(하지만 보통의 경우 자녀와의 연은 끊지 않는다).

오이코스는 보통 친족 관계에 기반을 두지만 반드시 그런 것만은 아니다. 예컨대, 부부는 피를 나눈 사이가 아니다. 결혼은 서로 다른 두 개의 오이코이를 연결하는 것이다. 아주 친한 친구 역시 오이코스의 한 부분이 될 수 있다. 오이코스는 확대될 수 있다. 한 부족이 이루는 커뮤니티 내지는 중국 사회의 대가족제도를 생각해 보라. 서구사회에서 오이코스는 보통 소규모 몇몇 사람들로 구성된다. 오이코스는 어떤 특정한 장소에서 경험하게 될 수도 있다. 고국을 떠나 타국에서 사는 사람들은 좀 더 큰 단위로 고국을 자신의 오이코스로 여길 수도 있다(여러분이 집을 떠나 다른 나라로 가게 되었다고 하자. 여러분은 무력감을 느낄 수 있다. 그 때 한 사람이 당신에게 다가와 자기 소개를 한다. 그는 당신 조국의 대사관에서 근무하는 사람이고 당신을 도와주겠다고 한다. 마치 집으로 돌아간 듯한 느낌이 들 것이다).

오이코스 영역 안에는 특별한 세 종류의 논리가 작용한다. 이 논리 중 한 가지는 공유이다. 즉, 가족들은 저녁을 함께 나누고, 자신의 침대를 공유하기도 하며, 휴가와 기억도 공유한다. 또 다른 한 가지 논리는 기여 이다. 구성원들은 어찌 됐든 여러 가지 형태로, 가령 집안일을 하고 필요한 물품들을 사 오고, 금전적 소스를 제공하고 서로를 보살피며 이야기를 하고 식사를 요리하고 청소하는 등의 활동으로 가정에 기여한다. 아이들이 자라나면서 자신들 역시 오이코스에 기여해야 한다는 것을 배운다. 마지막으로 적용되는 논리는 상호의존성이다. 왜냐하면 구성원들은 재화를 공유하고 서로에게 기여하기 때문에 상호의존성을 띨 수 밖에 없다.

가족은 어떻게 이루어지는가, 어떻게 층위가 정립되고 또 어떻게 움직이며, 마찰이나 싸움, 충돌(이것은 가족에게 전형적인 것인데 부분적으로는 문화의 문제이기도 하다)이 발생할 때 이를 다루는 방법은 무엇인가. 어떤 가정에서는 아버지가 가장이 되고 어떤 가정에서는 어머니가 가장이 된다. 중국의 전통적인 가족관계는 집안 어른의 뜻을 따르는 것을 관례로 운영된다. 이런 형태의 가정에서는 삼촌, 이모, 고모와 같은 지위의 역할 역시 서구사회보다는 더욱 중요하게 작용한다. 전형적인 네덜란드 가정에서는 가족 간 충돌이 있을 때 아이들 역시 구성원으로서 자기 목소리를 낼 수 있다. 한편, 이탈리아 가정에서는 어떤 문제를 해결할 때, 구성원들이 목청 높여 온갖 제스처를 다 하면서 얘기한다.

가족들이 사용하는 통화에 대해서는 콕 짚어 얘기하기가 쉽지 않다. 구성원들의 기여도가 높을수록 신용도도 높아진다. 말하자면, 식구들과 함께 집에 있는 법이 없고 집안일에 손도 까딱하지 않는 아버지는 자신이 곤경에 처했을 때 식구들로부터 지원받을 수 있는 신용도가 부족할 것이다.

가족들은 스스로의 가치와 규범을 개발하고, 특유의 문화를 갖는다(2장에서 정의된 C1과 같은), 이는 보통 결혼식장에서 극도로 분명하게 나타난다.

또한 가족들은 다른 많은 것에 기초가 되는 중요한 가치를 제시하고 재생산한다. 가족들은 신용과 충실함의 가치를 강조한다(프랜시스 포드 코폴라

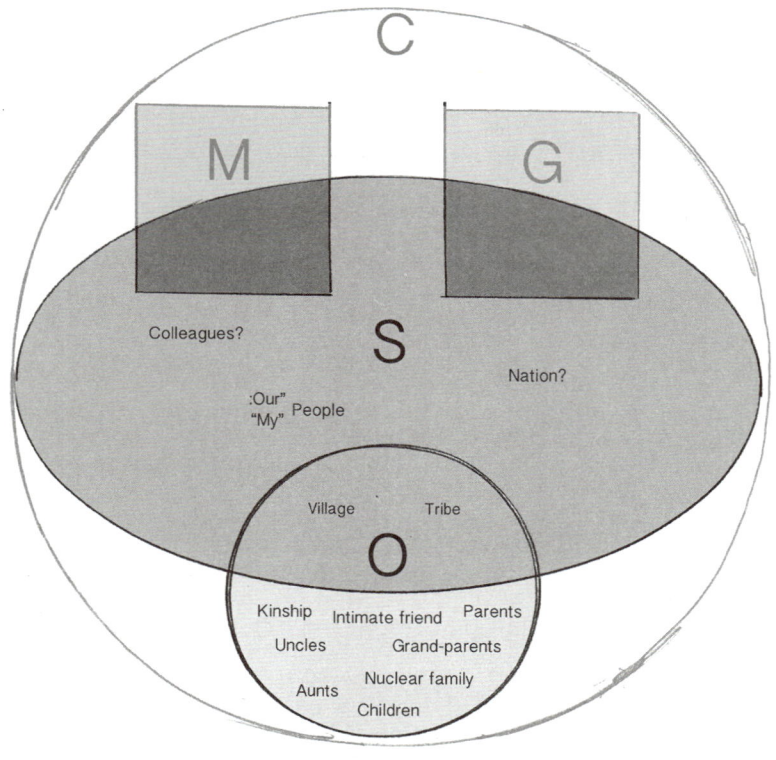

그림 10A-2 오이코스 영역

Francis Ford Coppola의 영화 대부Godfather를 보면 마피아 가정 안에서 그런 가치가 나타나는 전형적인 모습을 관찰할 수 있다). 보살핌과 사랑은 이 영역에서 나타나는 상징적인 가치이다.

오이코스에는 경계선이 필요하다. 가족들은 자기 가정과 외부 사이에 선을 긋고 분리시킨다. 그리고 외부인들이 가정 안으로 문을 열고 들어오면 외부인을 대하는 그 가정만의 방식과 관례가 있다. 오이코스가 실천을 공유하는 이유가 여기에 있다.

이 모든 특성들은 오이코스 영역에서의 가치와 재화의 실현에 영향을 미친다. 말하자면, 보살핌, 친밀함, 건강하고 바르게 아이들을 양육하기 위한 사랑, 인식, 지지, 소속감과 같은 가치를 실현하는 것이 잘 되도록 한다. 하지만 여러분이 훌륭한 예술가가 되고 싶다거나 과학에 지대한 공헌을 하고 싶다거나 종교적 실천에 열중하거나 혁명을 일으키거나 사업을 시작하려 한다면 그러한 가치는 잘 작동하지 않거나 아예 작동을 멈추게 될 수도 있다. 오이코스는 유희, 모험, 정의, 엄청난 부에 대한 열정은 충족시키지 못하는 듯 하다. 그 모든 것들을 실현하기 위해서는 반드시 오이코스의 밖으로 나가서 다른 영역으로 들어가는 위험을 무릅써야만 한다. 사람들은 보통 청소년기를 지내면서 자신들이 "외부 세계에서 그러한 것들을 성취하기 위해서는" 본래의 오이코스를 떠나야만 한다는 것을 깨닫는다.

물론 오이코스 안에서 대단한 예술이나 독실한 종교인의 삶을 일궈낼 수도 있다. 하지만, 그렇게 하기 위해서는 가족 대다수가 예술계에 종사하는 예술가 집안이거나 수도원이 오이코스여야 하는 아주 특별한 환경이 필요하다. 기본적은 생각은 이렇다. 오이코스는 같은 이상을 공유하는 사람들로 구성된 아주 친밀한 집단이다. 이스라엘의 키부츠가 좋은 예가 된다.

사람들이 오이코스를 거부하고, 심지어 연루되고 싶어하지 않을 수도 있다. 그런 현상을 설명할 수 있는 좋은 이유는 이러하다. 오이코스를 개발하고 유지하는 것은 정말 상당한 양의 노력과 시간, 자원들을 투입해야 하며, 실망과 실패는 거의 반드시 따라붙게 되기 때문이다. 오이코스의 어두운 측면이 드러나는 수많은 이야기들이 소설, 영화, 소문의 형태로 나온 것을 어렵지 않게 듣고 볼 수 있다. 더욱이, 어떤 경우에는 오이코스가 개인의 자유를 침해하고 질식시킬 정도로 탄압하며, 열망과 야망을 억제한다는 것도 알고 있다. 그러한 오이코스는 우리가 원하고 필요로 하는 광범위한 재화들을 산출하는 것을 방해한다. 이 모든 것들이 우리가 오이코스 외부로 나가서, 다른 영역에서 움직여야 하는 이유를 설명한다.

2) 사회적 영역

오이코스를 떠나 외부세계로 모험을 떠날 때, 우리는 가장 먼저 사회적 영역으로 들어가게 된다. 대문을 열고 나가 거리를 지나 공공장소에 가고, 다른 아이들과 놀고, 학교에 가고 클럽, 교회, 유대교 회당, 모스크에 가거나 정치 집단에 입당할 수도 있다. 그 때 우리는 오이코스에서 느꼈던 소속감과 결속력과는 다른 연대감으로 다른 사람들과 관계를 맺게 된다. 사회적 영역은 격식에 얽매이지 않는 사회적 관계를 생성하는 영역이다. 우리는 바로 여기에서 모든 종류의 공동재를 찾을 수 있다.

S 영역이 경제학 교재에는 등장하지 않지만, 사회적 영역은 실제 삶에서 지배적인 존재이다. 한마디로 사회적 영역은 미친 존재감을 발산한다. S 영역에서는 다양한 종류의 관계를 실현할 수 있다. 사람들은 클럽에 가입하기도 하고, 커뮤니티 멤버가 되기도 하고, 다양한 사람들과 스포츠,

날씨, 종교, 예술, 과학 등에 대해 다양한 내용의 대화와 소통의 장에 참여하기도 한다. 사회적, 문화적, 상징적 재화를 공동으로 창출해 낸다는 의미에서 사회적 영역은 공동 생산Co-production, 공동 창작Co-creation 활동이 이루어지는 영역이다. 말하자면, S 영역에서는 오픈 소스들이 생성되고 유지된다. 그래서 창의적 공동재가 생성될 수 있다. 또한 이 영역에서는 사회적 재화의 실현을 위해 다량의 시장 거래가 발생하기도 한다. 예컨대, 사람들은 관계 형성을 하는 과정에서 함께 식사를 하기도 하고, 음료를 한 잔 하기도 한다. 콘서트나 공연을 보러 함께 가기도 한다. 이처럼 사교 활동을 위한 지불 행위가 일어나게 되고, 이는 다량의 시장 거래량의 투입을 발생시킨다. 그러한 재화들을 공급하는 사람들은 그 재화가 지니는 사회적 목적에 대해 잘 인식하고 있을 때 더 활발한 공급활동을 할 수 있다.

S의 영역은 다양하다. 그리고 전반적으로 사회적 배경을 구성한다. 온갖 종류의 사회적 기관이나 모임들, 가령 클럽이나 협회, 모임, 정당, 오케스트라, 그룹, 동아리와 같은 것뿐 아니라 다량의 공동재 내지는 공유 실천들이 포함된다. 좀 더 논의를 진행시켜 S 영역을 분화하는 것도 바람직하다. 결국에는 친구가 되는 것과 어떤 사회 활동 집단에 가담하는 것은 다르기 때문이다. 예컨대, 정치적 의미의 S는 스포츠 클럽의 S와는 확연하게 다르다.

일단 여러분이 S 영역에 대해 정확하게 보게 되었다면, 왜 표준경제학에서는 S 영역을 아예 간과시켜 버렸는지 이해하기 힘들 것이다. 이 영역을 간과할 때 발생하는 가장 큰 부작용은 이 영역에서 생성하는 모든 재화들을 알아볼 수 없다는 점이다. 그러나 일단 S 영역을 도식 안에 그려 넣게 되면, 바쁘게 돌아가는 일상과 그 속에서 일어나는 사람들의 다양한 활동에 대해 갑자기 이해되기 시작한다. 예를 들면, 협동적이고 이타적인 행동들이 이제는 일반적인 것으로 보이기 시작한다.

'무엇을' 이라는 질문, 사회적 영역은 무엇에 유익한가? 라는 질문에 대해 그 영역은 사회적 재화에 유익하다 라고 답하는 것은 꽤 적절해 보인다. 우리가 다른 이들과 공유해야 하는 재화이고 그렇게 함으로써 사회적 가치를 발현하는 것이 바로 사회적 재화이다. 우정, 소속감, 동료애, 커뮤니티, 정치적 연관성, 명성 정체성, 인식, 신뢰, 결속, 클럽의 멤버쉽, 권한, 권위, 권력 등이 모두 그러하다. 따라서 사회적 영역은 관계 형성과 관련된 모든 종류의 대화, 소통을 위해서 유익하다.

6장에서 언급했듯이, 대화나 소통은 공동재 내지는 공유 실천이 된다. 만일 여러분이 미국에서 살고 있다면 여러분은 미식 축구나 야구에 대한 주제와 관련해서 아주 쉽게 다양한 대화에 참여할 수 있다. 하지만 네덜란드 사회에서 그러한 주제로 연관되는 대화를 찾기는 힘들다. 대신, 아이스스케이팅, 물과 관련된 다양한 주제들, 네덜란드 왕가와 관련된 다양한 대화를 찾는 것은 아주 쉽다(사실, 튤립과 풍차는 네덜란드 사회에서 별로 언급되지 않는 주제이다).

사회적 영역은 가치의 실현을 위해 아주 중요한 입지에 있다. 가령, 당신이 하고 있는 일에 대해 많은 사람들의 관심을 끌고 싶다면, 당신은 그 주제를 대중의 대화와 관심사 속에 편입시켜야 한다(비즈니스 영역에서는 이를 구전마케팅이라고 부른다). 그 주제는 당신이 디자인하는 모자가 될 수도 있고, 당신이 만드는 영화나 음악, 그림이 될 수도 있고, 당신이 공유하고자 하는 어떤 신념이 될 수도 있다. 어쨌든 이 모든 것이 일어나는 곳은 바로 S 영역이다.

사회적 영역은 또한 힘이 작용하는 영역이기도 하다. 이유인즉, 힘(흔히 말하는 권력이 될 수도 있고 그 외 대중을 움직이는 다양한 형태의 세력을 뜻한다)은 다른 이들이 행동 방향을 정하는 데 적지 않은 영향을 미치기 때문이다. 힘은 관계 속에서 그 저력을 발휘한다. 신뢰 또한 마찬가지이다. 신뢰가 생기거나 두터워지거나 혹은 사라지는 것을 관장하는 영역이 바로 사회적 영역이다.

'어떻게'라는 질문이 가리키는 지점은, 우리가 추구하는 가치나 재화와 다른 사람들을 어떻게 밀접하게 만들 수 있는가의 문제이다. 그에 대한 답은 바로 우리가 사람들과 형성하는 사회적 관계로부터 시작한다. 사회적 영역의 목적은 다른 오이코스 출신의 사람들과 친구가 되고 가까워지거나 혹은 소원해 지고, 네트워크를 개발하는 데 있다. 이런 관계가 필요한 이유는 다양한 종류의 사회적 재화를 생산하기 위해서이다. 물론 그러한 재화 중 어떤 것들은 다른 재화의 획득을 위해 도구적인 의도로 쓰이기도 한다. 예컨대, 당신이 야구를 하고 싶다면 야구 팀 멤버가 될 수 있는 사람들을 찾아야 한다. 그러나 반대로 친구들과 친목을 도모하기 위해서 혹은 그 경기를 공유하기 위해서 야구를 할 수도 있다.

'어떻게'라는 질문에는 사회적 영역의 논리에 대해서도 파악해야 함을 내포한다. 이 영역은 격식에 얽매이지 않는 관계, 참여, 협동, 기여, 기부의 논리로 움직인다. 축구를 같이 할 멤버를 찾고 싶다면 사람들이 축구를 함께 하고 싶어지게 끔 가까운 관계도 형성해야 하고, 팀의 멤버가 될 사람들은 그 팀에 자신의 노력을 기여할 강한 의사가 있어야 한다. 모든 걸 혼자 다 하겠다는 생각으로는 절대 볼을 패스할 수 없다. 그리고 게임 결과는 질 것이 뻔하다(만일 당신이 천재적인 재능을 가지고 있어서 혼자 11명의 몫을 다 할 수 있는 것이 아니라면).

사회적 논리는 형식에 얽매이지 않는다. 일상적이다. 시장과 달리, 사회적 영역은 쩐의 논리로 움직이지 않는다. G 영역처럼 법과 규정의 논리에 의존하지도 않는다. 사회적 논리는 양적인 부분보다 질적인 부분에 의존한다(그래서 수학적 모델이나 경험적 통계치를 통해서 그 움직임을 잡아내기가 힘들다).

사회적 관계가 의존하는 논리는 선물 교환의 논리logic of gift giving 이다. 선물은 사회적 관계의 시작과 지속을 위해 중요한 수단으로 기능한다. 선물이라는 주제에 대해서 그간 학계에서는 많은 연구를 해 왔다. 자주 언급되는 선물The Gift라는 책은 프랑스 출신의 인류학자인 마르셀 모스(Mauss, 1967)가 저술했다. 이 연구에서 우리가 알 수 있는 것은 선물을 주고 받는 것은 상호성에 기반하는 행동이라는 점이다. 가령, 필자가 여러분에게 무언가를 줄 때, 필자는 무엇인가 돌아올 것을 기대한다는 뜻이다. 교환은 시장 영역에서 일어나는 행위이지만, 시장영역의 주요 활동인 교환에 내재된 논리는 선물을 주고 받는 행동에 내재된 논리와는 기본적으로 다르다. 당신이 친구에게 선물을 주거나 어떤 지지를 보낼 때 당신은 그 친구로부터 돌아올 행동을 기대할 것이다.

그러나, 언제, 어떻게 라는 질문은 규정되거나 결정되지 않는다. 보통은 당신이 선물을 줄 때 그런 부분은 논의되지 않기 때문이다. 선물을 또는 특별한 지지를 받은 친구가 고맙다고 하는 말 한마디면 충분할 것이다. 하지만, 좋은 친구라면 그것 조차도 넘치는 반응일 것이다(좋은 친구 사이에는 서로 주고받는 것이 특별하지 않기 때문이다). 당신 친구가 당신의 아이를 위해 혹은 또 다른 친구를 위해 무엇인가를 해 준다면, 그것으로도 당신에게는 충분히 만족스러울 것이다[14].

기여의 논리는 S 영역을 이루는 또 다른 중요한 요소이다. 그것은 선물 교환의 논리와도 연관되어 있다(6장 참조). 여러분이 어떤 대화나 소통의 한 부분에 들어가고 싶다거나 친구들과 또는 공동체와 어떤 가치를 공유하고 싶다면, 어쨌거나 여러분은 자신의 기여도가 있어야 한다. 자발적인

---

[14] 선물에 대해 좀 더 알고 싶다면 모스의 책 외에 필자Klamer 의 선물경제 Gift Economy (2003), 콤터Komter의 선물 The gift: An Interdisciplinary perspective (1996) 을 보라.

기여도 없이 공동체의 일부가 되고 오너쉽을 공유하는 것은 불가능하다. 기여할 수 있는 방법은 다양하다. 어떤 행동이나 배려심, 관심을 표함으로써, 특정한 일을 돕는 등 여러 가지 형태로 나타낼 수 있다. 동시에 그 무리에 있는 이들이 그러한 행동을 기여로서 인식해야만 한다. 그래야 오너쉽을 공유하는데 플러스 요인으로 작용할 것이기 때문이다.

또한 창의적 공동재creative commons라고 하는 것은 기여의 논리를 기반으로 생성된다. 그것은 공동재의 공동 창작, 공동 생산을 강조한다. 공동 창작이나 공동 생산은 공유재의 생성을 위해 필요하며 오너쉽의 공유를 주장하기 위해서도 필요하다. 디지털 시대에 창의적 공동재는 중요한 비중을 차지한다. 사람들이 다른 콘텐트에 반응하면서 또 다른 콘텐트를 부가하고 그 콘텐트를 자신의 네트워크에 있는 사람들과 공유한다. 마치 웹페이지 게시물에 리플을 달고 원래의 게시물과 리플을 친구로 분류된 사람들과 공유하는 것과 같다. 그러한 모든 활동들이 기여이다. 기여도가 없이 창의적 공동재는 존재하지 않을 것이다. 대체로 기여한 사람이 받는 대가는 그 대화나 소통의 일부가 되었다는 데에 대한 만족감, 그에 대한 오너쉽을 공유했다는 것에 대한 만족감이 전부이다.

무엇을 기여할 것인가, 무엇을 줄 것인가, 어떻게 선물을 주거나 요청할 것인가에 대한 지식은 프로네시스에 해당된다. 무엇이 요청될지, 무엇이 적당할지, 누구에게 어떻게 접근해야 할지를 평가할 수 있어야 한다. 문화적 맥락 역시 감안해야만 한다. 미국인들은 상대편에게 기여를 요청하거나 요청 받는데 있어 네덜란드인들보다(교회 사람들을 제외하고) 더 익숙하다. 한국인들이나 일본인들은 선물을 주고 받는데 있어 아마도 세상에서 가장 세심한 문화를 가지고 있는 것 같다. 기여도는 너무 지나치지도, 너무 부족하지도 않아야 한다.

사회적 영역은 클럽, 이웃, 커뮤니티, 사회, 학교, 교회, 모스크, 기타 사회적 기관들(비영리기관이라고 불리는 집단에서는 시장의 논리를 따르지 않는다고 밝힌다)로 가득하다. 하지만, 클럽이나 학교, 사회적 기관들은 종종 G의 논리를 도입하기도 하기 때문에 주의해야 할 필요가 있다. 특히 큰 규모의 기관들의 경우, 일상적 관계에 대한 사회적 맥락, 상호성의 논리, 기여는 그대로 이겠지만, G의 논리가 적용되어야 하는 부분이 있게 마련이다(일반적으로 사람들이 전문성을 요구할 때, 그들은 보통 S의 논리를 제한하고 G의 논리를 도입 및 확장함으로써 확인해야 한다고 결론 짓는다).

사회적 영역은 모든 종류의 공유재의 생성에 유익하지만, 법적인 질서를 생성하지는 못할 것이다. 이 영역에서 충분한(재정적) 자원 또는 필요로

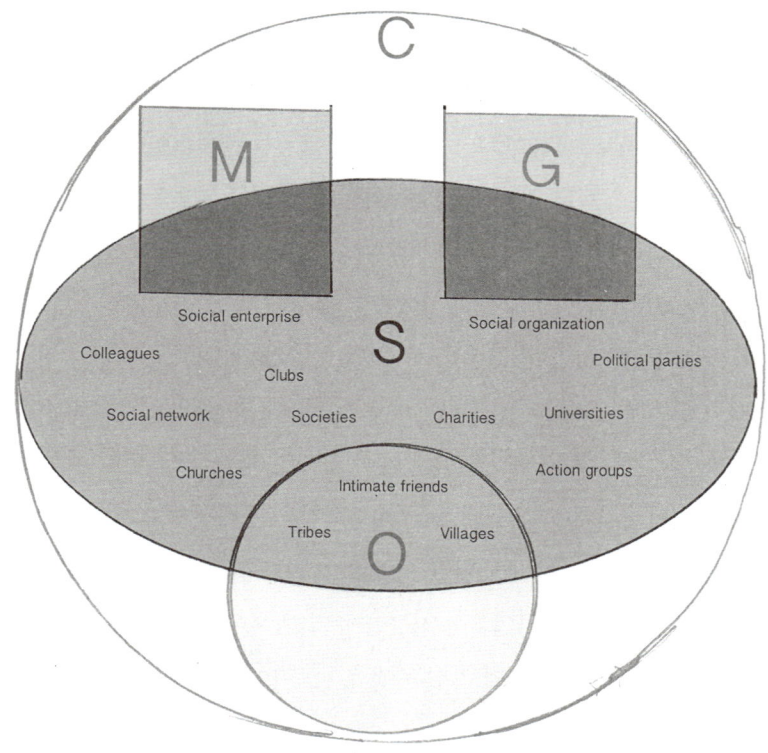

그림 10A-3 사회적 영역

하는 다양한 재화를 구할 수 없을 지도 모른다. 빈곤한 지역에서는 오직 오이코스 다음 순서로 사회적 영역에 접근하지만, 선진국에서는 잘 조성된 M과 G에도 접근이 가능하다.

사회적 영역은 커뮤니티, 교우관계, 결속, 사회적 화합, 유대, 지위, 소속감, 멤버쉽과 같은 사회적 가치의 재생산과 보급에 유익하다.

부정적인 측면에서 사회적 영역은 차별, 배타성, 족벌주의, 편협성, 이용, 힘, 비전문성이라는 특성을 가진 영역으로 그려질 수도 있다. 따라서, 사람들은 M과 G의 영역으로 자원을 가지고 옮겨갈 여러 가지 이유를 댈 수도 있다.

3) 문화적 영역

문화적 영역은 모든 영역을 아우르는 영역이다. 다른 영역에서 일어나는 행동들에 의미를 부여한다. 이 영역에서는 우리 모두 문화적인 존재로서 존재한다. 우리는 각자의 오이코스에 소속되어 살면서 사회적 영역에서 인간 관계를 맺고 시장 영역에서 거래를 하고 정부의 통치구조를 존중하면서도, 정작 문화적 영역에 대해서는 의식하지 못하고 있을 지도 모른다. 하지만, 예술, 종교 혹은 과학에 관여하게 되면 우리는 문화적 영역에 대해 인식해야만 한다. 또한 생활 환경이 바뀌게 될 때, 가령 다른 나라로 국제 이사를 가게 되면 문화(C1)적 가치에 대해서 발견하곤 한다(1장 참조).

이상이 실현되는 곳은 바로 문화적 영역이다. 이 영역에서는 진, 선, 미를 구분하고, 신의, 우아함, 신성함, 연민, 성배 혹은 초월적인 가치를 경험하게 된다. 예술적, 영적, 종교적, 과학적 실천들이 이루어지는 영역이다. 그러한 실천들로부터 사람들은 삶에 대한 의미를 부여 받기도 하고 그런 의미를 찾기를 희망하면서 문화적 영역을 구성하는 세계를 이해하려고 노력한다.

따라서 우리가 삶 속에서 예술, 종교, 과학을 실현하고 싶다면 문화적 영역을 구성하는 실천들에 도달해야 할 필요가 있다. 이는 사회적 요소와 연관될 것이다. 왜냐하면 우리는 관심사 내지는 목표가 같은 사람들을 찾기 때문이다. S 영역에서 그렇게 하는 것처럼. 하지만, 차이는 콘텐트에 있다. 문화적 영역에서 발생하는 실천들은 문화적 수준에서 일어난다. 플라톤주의적인 해석에 따르면, 우리는 초월적인 아이디어를 보려고 노력하며, 그것은 우리가 직접적으로 볼 수 있는 시야 너머에 있다. 따라서 그

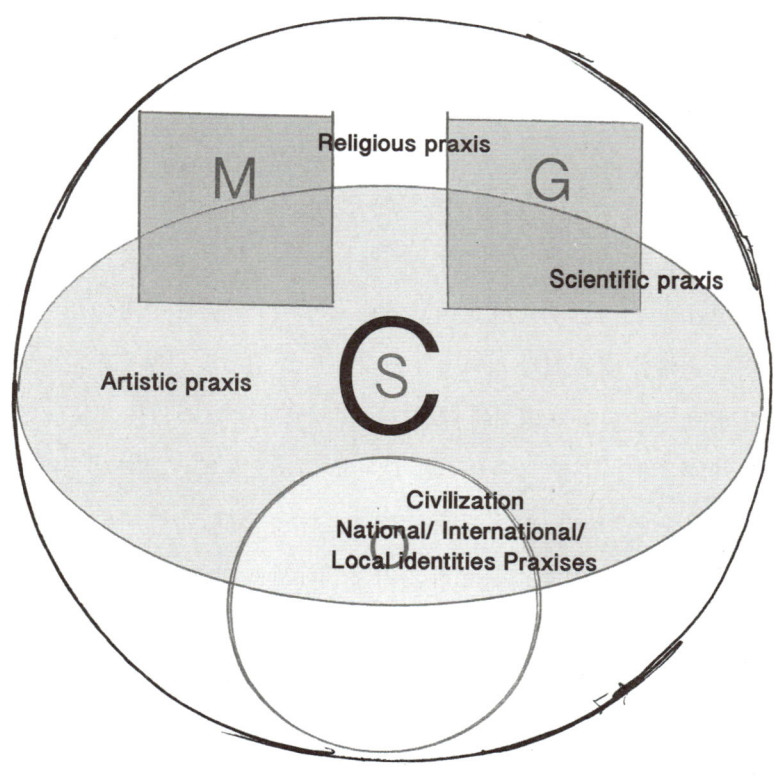

그림 10A-4 문화적 영역

것들은 형이상학적이다. 또한 사회적이고 물리적인 것을 초월하기 때문에 초월적이다.

문화적 영역에서 우리는 절대적 존재와 연관된다. 종교적인 사람들은 신과의 조우를 추구한다고 할 것이고, 자연주의자들은 자연과 교감하고자 노력한다고 할 것이고 예술가들은 자신의 예술에 혼신을 다한다고 할 것이다. 어쨌든 우리는 (인류학적으로) 자신이 포함되는 문화권 또는 문명에 연결되어 있다.

문화적 영역의 논리는 각 실천에 따라 가변적이다. 예술에서 논리적이라고 하는 것이 과학이나 종교에서는 비논리적이라고 할 지도 모른다. 각 영역의 논리는 의례, 규범, 규칙을 포함한다. 종교적 실천에서 머리를 숙이는 것은 통용되겠지만, 과학이나 예술의 실천에서는 그렇지 않다. 성경 구절을 낭독하는 것은 종교적 실천에서는 일반적으로 수용되겠지만, 대부분의 과학적 실천에서는 허용하지 못한다. 금기시 된다.

C1의 의미로 문화적 논리는 각 문화권의 가치를 따르고 다른 문화권에 적용되는 논리들과는 분명히 다르다. 직설적인 말과 태도는 네덜란드 문화에서는 논리적인 것으로 인식되지만, 아시아 문화권에서는 무례하다거나 문명의 혜택을 못 받고 자란 사람의 태도라며 비난 받을 수도 있다.

문화적 영역에서 통화는 의미의 형태로서 드러난다. 보상은 의미심장한 것을 경험하는 것, 이상과 연결되는 것, 축복받은 느낌을 받는 것, 고무되는 것, 지식을 얻는 것, 영적인 것 등을 부여 받는 것을 의미한다. 반대로, 벌이라고 볼 수 있는 것은 무의미함, 혼란, 멍청하게 생각되는 것, 갈 곳 잃고 헤매는 자아, 텅 빈 느낌, 죄책감과 같은 것들이다.

문화적 영역은 콘텐트를 제공한다. 또는 적어도 우리가 무엇을 하든 콘텐트를 실현할 수 있게 하는 자원을 제공한다. 그래서 문명(C2)의 개념은 우리에게 참으로 중요하다. 문명은 우리가 문화적으로 또는 문화적 가치를 실현할 수 있도록, 현재의 의미를 풍요롭게 만드는 역사, 이야기와 같은 자원을 다량으로 제공한다. 그것은 기나긴 진화의 세월을 거친 결과물이기도 하다.

이 세 가지 영역에 대해 자세히 설명함으로써 이 영역들이 얼마나 우리 삶 구석구석에 스며들어 있는지, 얼마나 많은 부분을 차지하고 있는지 분명하게 되었다고 생각한다. 가치 기반 접근법은 최고의 오이코스만을 추구하기 위함이 아니다. 표준경제학적 모델에 가려 오랫동안 보지 못했던 사회적 영역의 존재감을 가시화하는 데 일조한다. 이제 우리는 왜 사회적 영역이 법적, "경제적" 실천에서 빠져 있었던가 하는 의문을 품게 되었다. 또한 왜 문화적 영역을 별도로 분리하였는지, 특히 예술적, 종교적, 과학적 실천들에 대해 이해하려고 할 때, 이 영역이 사회적 영역으로부터 분리되어야 하는 이유도 분명해 졌기를 바란다.

자 그럼, 이제 도구주의자들의 접근방식이자 너무도 만연해 있는 M과 G의 영역에 대해 알아보기로 한다.

10
B. 모델 이해하기
: 파급효과와 영역 간 교집합에 대하여

중요한 가치를 실현하고 재화를 생성하기 위해 오이코스와 사회적, 문화적 영역은 서로 연관되어 있다. 인간은 사회적인 동물이기에 공유재를 나누고자 끊임없이 사회적 환경을 찾는다. 그것이 우리의 본성이다. 애덤 스미스는 자신의 첫 번째 저작물인 도덕감정론에서 이 부분에 대해 강조하고 있다(Smith, 1759).

물론 애덤 스미스는 우리에게 시장의 존재에 대해 일깨워 준 도덕 철학자이다. 그러한 공로로 스미스는 18세기 말에 "근대 경제학의 아버지"라는 호칭을 받게 된다. 국부론에서 스미스는 시장 영역에 대해 구상하면서 사회적 영역에 대해서 언급한다. 즉, 사회적 차원이 우선 순위에 있고 우리의 선호도를 포함하고 있으나 충분치 않다고 기술한다.

여기서 애덤 스미스를 언급하는 이유는 스미스가 시장 영역을 제 자리에 제대로 위치시키고 있기 때문이다. 다시 말하면, 시장 영역을 어떤 이상적인 구조로 배열한다거나 지배적인 구조로 정리하지 않고, 사회적 영역에서 재화를 실현하기 위해서 필요한 영역이라고 규정하고 있다. 스미스는 아리스토텔레스가 여전히 오이코스를 여러 가지 재화, 가령 음식이나 쉴 수 있는 보금자리 등을 공급하는 영역으로 이상화했던 부분에 동의하면서, 사회적 관계의 중요성을 인식하고, 현대 삶에서 시장 영역 또한 필요하다는 점을 인지하고 있었다. 따라서 스미스가 시장을 세계의 중심에 둔다고 하는 주장은 부적절하다.

　루드비히 본 미스Ludwig von Mises, 프리드리히 하이예크Friedrich Hayek, 밀튼 프리드만Milton Friedman과 같은 경제학자들은, 스미스의 논지를 이어받고, 시장을 다른 모든 영역들보다 우위에 놓아야 한다고 가르쳤다. 종래의 관념적인 사고방식이다. 일반적으로 정치인들과 언론인들이 동조하는 사고방식이기도 하다. 하지만 지금의 시장이 돌아가는 상황에 그러한 논리가 적합한가? 그렇지 않다고 본다.

4) 정부, 통치의 영역

　시장 영역을 살펴보기에 앞서 G 영역을 먼저 탐구하는 이유는 우리는 실제로 일상 생활에서 정부 영역과 관련된 활동들에 훨씬 많이 연관되어 있기 때문이다. 많은 사람들이 회사나 조직, 공공기관에서 일하거나 그 기관들과 연계되어 일하고, 혹은 그 기관들을 운영하는 주체가 되기도 한다. 협회나 클럽, 정당과 같은 사회적 기관의 멤버가 되기도 하고 기관의 관리 대상으로서 세금을 내거나 복지 혜택과 보조금에 대한 대가를 지불하기도 한다. 물론 때때로 교환 활동을 하기도 한다. 하지만, 우리가 하고 있는 상호 작용의 대부분은 온갖 종류의 기관들에 결부되어 있다. 분명 우리는 가치를 실현하기 위해서 G의 영역에 밀접하게, 그리고 자주 들락거릴 수 밖에 없다. 따라서 어떤 기관이 유익한지 찾아야 하고, 그 기관의 운영논리와 추구하는 가치는 무엇인지, 또한 어떤 방법으로 소통하고 사유하는지에 대해서도 잘 알고 있어야 한다. 조직이나 기관들과의 관계에 적절히 대처하는 자세는 필연적으로 최고의 선택을 위해 반드시 고려되어야 한다.

여기서 한 가지 밝혀둘 점은, G 영역은 단순히 정부로만 이루어지는 것이 아니라, 모든 종류의 기관과 조직들로 구성된다는 점이다. 그 이유에 대해서는 아래에 좀 더 구체적인 설명을 덧붙이기로 한다.

왜?

우선 '무엇에' 대한 질문은 다음과 같이 시작된다. 기관들은 무엇에 유익한가? 같은 질문을 다른 방식으로 표현해 보자. 여러분이 기관이나 조직, 회사와 상대하는 이유는 무엇인가? 분명 여러분이 달성하고자 하는 어떤 목적에 그 조직이 유익하기 때문일 것이다. 사람들은 페이스북을 통해 "친구들"과 새로운 소식을 공유하는 것이 가능하기 때문에 페이스북을 사용한다. 대기업에서 국경을 넘는 법적 분쟁이 생길 경우, 이에 대처하고 필요한 조언을 얻기 위해 다국적 로펌에 아주 비싼 비용을 지불한다. 요약하면, 우리는 사기업 또는 사조직을 통해서 우리가 필요로 하거나 원하는 사유재를 획득할 수 있다.

사회적 조직들과 문화 관련 기관들은 사회적 재화와 문화적 재화의 생성 또는 획득에 유익하다. 학교는 교육을 제공하고, 여러분은 학교를 통해 발달과정에서 필요로 하는 교육을 받는다. 따라서 학교는 교육의 가치를 실현하는 데 유익하다. 극장에서는 작품이나 오락물을 공연한다. 건물을 디자인 해야 할 경우, 여러분은 건축사 사무소를 통해 필요한 재화를 획득할 수 있다. 국제 앰네스티Amnesty International는 인권을 지지할 수 있도록 하고, 그린피스는 지속 가능한 환경의 실현을 위해 유익하다.

정부는 집합재를 제공하는 데 유익하다. 한 국가의 중앙정부에서는 바라건대, 안전, 사회보장, 법, 학교 이외 많은 것을 제공한다. 지방 정부들은 저소득층의 복지를 위한 여러 가지를 제공하고 하수처리 시스템을 유지하며 쓰레기를 수거한다. UN은 세계평화와 국제사회의 사안들을 처리하기 위해 국가 간 협력을 주창한다.

또한 대부분의 조직 및 기관들은 일자리 제공에도 유익이다. 기관은 고용주가 되고, 네덜란드어로는 werk-gevers 일자리 제공자 라고 한다. 그 기관은 식료품점이 될 수도 있고, 극장이나 학교, 다국적 로펌, 중앙정부, 그린피스, UN이 될 수도 있다. 어쨌든 그 모든 기관들은 일자리를 제공

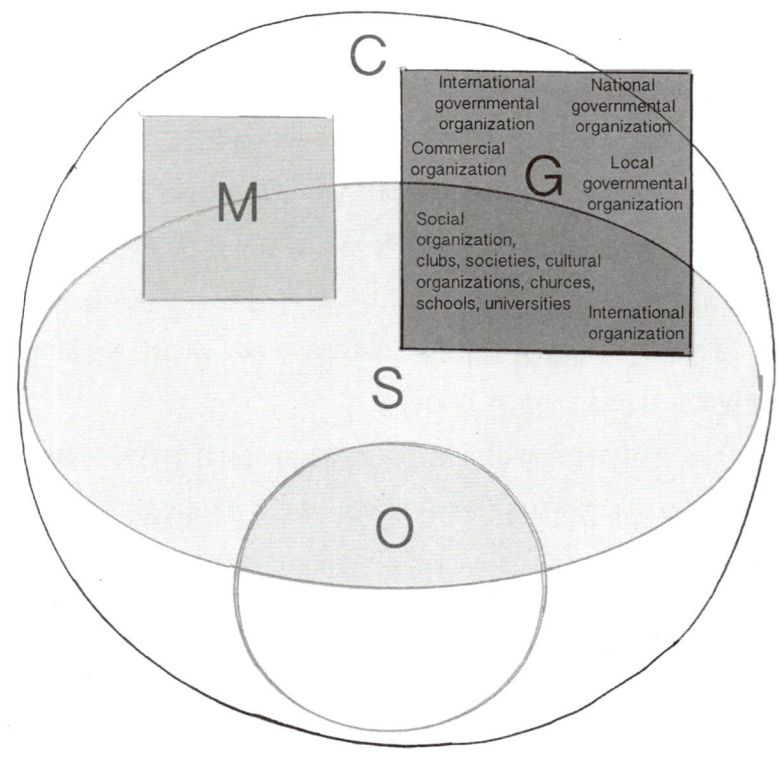

그림 10B-1 정부, 통치 및 관리 영역

한다. 결론적으로, 기관들은 금전적 수단과 관련된 도구적인 것들 뿐 아니라, 바라건대, 의미 있는 일을 생성한다.

여러분이 어떤 특정한 목적을 실현하고자 한다면, 그와 관련된 기관을 찾아야 할 것이고 그 기관들과 상호 유관 관계에 있어야 한다. 여러분이 사회경력을 쌓기를 원한다면 해당기관의 방식을 준수해야 할 것이다. 혹은 인권이나 동물보호, 범죄 없는 동네 만들기와 같은 뜻을 위해 싸우고 싶다면 현재 운영 중인 관련 기관들을 이용할 수도 있고 자신의 기업을 세울 수도 있다.

기업이나 기관 등 조직들의 중재 없이, 재화를 실현하는 것이 가능한가? 그렇지 않다고 본다.

어떻게 그리고 왜?

기관이나 조직의 존재는 '어떻게'라는 질문에 답이 된다. 필자가 실제로 진행했던 경험을 예로 들어 보자. 학계에서 제공하는 교육프로그램을 운영하면서 다소 급진적인 개편을 추진했을 때였다. 당시 필자는 현재 존재하는 교육체제 안에 남아서 일할 수도 있었고, 현존하는 조직구조가 적당치 않다고 판단될 때면 (실제로 그렇게 했듯이) 아예 새로운 조직을 만들 수도 있었다. 기관을 새로 설립하든지 아니면 현존하는 기관과 일하든지 어쨌거나 우리는 G 영역으로 들어와야 한다.

그러므로, 사람들은 G 영역에서 전략과 같은 수단을 제공받음으로써 자신에게 중요한 것을 실현할 수 있다. 가령, 어떤 이가 발레리나의 꿈을 가지고 있다고 해 보자. 그녀는 우선 학교라는 조직으로 들어가야 할 것이다. 그런 다음, 발레단과 같은 다른 기관들과도 관계를 맺을 것이다. 사람들은 대부분 하나 이상의 조직과 연관되어 움직여야 할 필요가 있다.

조직의 일부가 되든지, 새로운 조직을 설립하든지 간에 이 과정은 설계 또는 전략수립의 단계의 일부가 된다.

왜 사람들은 조직을 만들까? 부족 사회에서 구성원들은 온갖 종류의 것들을 만들어냈지만, 어떤 공식적인 의미로서의, 또는 G의 논리에 부합하는 기관들에 소속되거나 그러한 기관들과 파트너로서 일하지는 않았다.

그들은 S 영역 안에서 S의 논리를 활용해서 일했다. 정부 조직과 같은 체계가 필요했던 시기는 세금을 징수해야 하거나 군사 조직이 필요한 때였다. 행동 규범이 규칙으로서 적용되는 분명한 계급 조직으로 정의된 관료 체계가 등장했다. 각 영역에서 조직이 등장한 예를 보자. 중세에는 근로자들이 제 살 파먹기식 경쟁을 막기 위해 자발적으로 길드를 조직했다. 교회에서는 종교적 실천 사항들을 진중하게 정리하기 위해서, 로마가톨릭교회에서는 유럽에 그 본부격인 모체를 세우고 전세계적으로 체계화된 다국적 조직을 구성했다. 은행을 개발하고 모든 종류의 "사업"들을 운영하면서 종교적인 의례들 뿐 아니라, 맥주와 같은 재화도 개발했다.

지금 우리가 이해하는 형태로서의 사업을 하는 기관들은 19세기가 되어서야 출현하였다(Chandler, 1977). 첫 번째 근대적 조직은 철도회사들이었다. 그러한 회사들은 필수적으로 복잡한 실행 계획을 설계하여 정리해야 했고, 장거리와 다른 시간대를 아우르는 복합적인 여정을 조율해야 했다. 효율성을 위해서, 적절하게 전문화된 계급 조직이 필요하게 되었다. 나중에 자동차, 철강, 전기와 같은 많은 상품들의 생산을 위한 기관들에도 그와 유사한 형태의 조직이 잘 들어맞는다는 것이 드러났다.

그러나 오늘날, 그러한 대형 조직들의 필요성에 대해 의문이 제기되고 있다. 이유인즉, 새로운 기술이 작은 규모의 조직의 효율성을 높이고, 사람들은 점점 직장에서 자율성을 찾고 싶어한다. 따라서 기관의 규모는 앞으로 점점 작아질 것으로 보인다. 네덜란드에서는 점점 더 많은 사람들이 자영업을 선호하면서 꾸준히 그 수가 증가하고 있다. 대부분 자영업자들은 프리랜서의 형태로 일을 한다. 네덜란드의 경우, 9,500명의 간호사(간병인)들이 자기들만의 소규모 조직체를 만들고 중앙 사무소에서 일하는 사람은 오직 34명에 불과하다. 시대의 흐름에 따라 기관도 변해 간다.

정부기관들의 규모에 대해서도 역시 계속 논쟁의 핵심에 있다. 자유 시장을 주장하는 경제학자들은 정부기관들의 축소를 주장하는 반면, 사회주의자들은 거대한 정부기관만이 모든 사회지향적 재화들을 안전하게 관리할 수 있다고 생각한다. 그러나, 정부 지출을 삭감하던 때에도 정치적인 논리는 여전히 사회에 영향력을 미치고 있었고, 대부분의 정부기관들은 지배적인 위치를 유지하고 있다.

G 영역에서 형성되는 관계

기관들의 형태, 규모, 외양은 아주 다양하다. 그들은 보통 크던지 작던지 간에 건물 간판에 로고를 달고 특정 공간에 입주한다. 그러나 그 외 다른 점들은 대부분 추상적이다. 그들은 공식적인 집단으로서 법적인 지위를 보장받는다. 우리는 그러한 기관들과 공식적인 절차를 따라 관계를 형성하게 된다.

물론, 우리가 정부기관의 직원으로 일하게 되면, 우리와 협력 관계를 맺는 사람들은 그들 또한 자기 조직을 대표하거나 조직의 일원으로서 공식적인 상호관계를 맺게 된다. (그 사람들과 개인적으로 만나 얘기할 때에 맺게 되는 관계는 정부의 논리가 아니라 사회적 논리가 적용된다) 필자가 대학과 맺는 관계는 계약에 의해 나의 역할과 지위를 보장받는 대신, 일련의 규정을 따라 행동해야 하는 제재를 감수하고 그 기관 안에서 상호 관계를 맺는 형태로 형성된다.

> (한 번은 어떤 동료가 대학이 자신의 노고에 감사할 줄 모른다고 불평한 적이 있었다. 그래서 내가 이 대학에 대한 당신의 기대치가 무엇이냐고 물었던 적이 있다. 그는 정말 자신이 대학건물을 지나갈 때마다 대학의 직원들이 머리 숙여 인사라도 하기를 바라는 것일까?)

필자는 정부기관들과 민간기관들을 같은 카테고리 안에 넣고자 한다. 물론 법적으로 그 둘은 다른 타입으로 분류되며, 여러 가지 측면에서 다르다. 그럼에도 불구하고 그 둘의 공통점은 그 기관들과 우리는 공식적인 관계를 맺으면서, 그 관계의 기저에 도구적 목적을 포함하고 있다는 점이다. 대부분 정부의 형태는 세금고지서 겉면에 표기되거나, 사무실이나 웹사이트를 통해 나타난다. 그러한 창구를 통해서 권리나 정부에서 시행하는 프로그램, 정부 사업이 진행되는 과정 등에 대해 알게 된다. 정부기관에서 일하는 공무원들은 명시적인 계약관계에 의해 분명한 역할을 규정하고 있다.

내부적인 관계에서 공식적인 특성은 계급구조를 통해 나타난다. 형식을 갖춘 구조 안에서 어떤 권한을 가지고 있고 어떤 기여를 하는 위치인지, 예컨대 CEO, CFO, 국장, 차장, 부장, 프로젝트 매니저 등 직함을 붙여 관계를 규정짓는다.

사회적 기관들이나 문화적 기관들에서도 공식화된 직함(예술 감독, 디렉터, 이사, 이사장, 팀장 등)으로 기관을 구성한다. 설사 그렇다 해도, 그러한 조직에서의 공식적인 특성은 그렇게 엄격하지는 않다. 왜냐하면, a) 보통 규모가 크지 않고, b) 그들의 사회적, 문화적 목표 지점에는 사회적 상호 작용의 역할이 큰 비중을 차지하기 때문이다. 예술이 협업적인 활동이라는 사실을 상기한다면, 사회적, 문화적 기관들이 지나치게 엄격하게 역할이 구분된 체계로 구조화 시키는 것이 유익한 방편인지 아닌지 쉽게 알 수 있다.

　화제가 되고 있는 것은 기관의 소유권에 대한 이슈이다. 필자는 이미 대학들은 개인적 차원으로서 운영되어서는 안 된다고 명시했다. 그렇다면 대학의 소유권은 누구에게 있는가? 네덜란드에서는 대학의 소유주는 정부라고 할 것이다. 하지만 구체적으로 소유주가 뜻하는 바는 무엇인가? 정부는 누구인가? 같은 질문은 문화 기관들에서도 제기되곤 한다. 한 집단의 사람들이 극단을 설립했다면 분명 극단의 소유주는 그 공동의 설립자들이다. 극단의 공식적인 지위와 상관없이, 그 집단 사람들도 당연히 그렇게 여길 것이고 다른 사람들도 그렇게 인식할 것이다. 그러나 극단의 존립과 관련되어 설립자들뿐 아니라 이사회 역시 관여한다. 이와 같은 상황에서 극단의 소유주가 누구인지 판가름해야 하는 질문은 다소 애매해 보인다. 만일 한 개인이 극단을 차렸고 운영하고 있다면 분명 그 극단은 그의 또는 그녀의 것이다. 그 회사가 주식을 발행할 경우, 주주들이 회사의 소유주가 된다. 이것이 뜻하는 것은 무엇인가? 실질적으로 주주의 대부분은 직접적으로 극단에서 일해본 적도 없을 것이고, 일상적인 업무가 어떻게 돌아가는 지에 대해서도 전혀 모를 것이다. 그 극단이 수익을 내서 충분한 배당금을 지급하지 않는 한 그들은 그 극단에서 실질적으로 돌아가는 업무에 대해 관심을 기울이지도 않을 것이다. 공식적인 의미에서 소유권은 단지 법적인 해석에 불과할 수도 있다. 말하자면, 그 관계는 규칙과 계약에 의해 성립된다.

　가치 기반 접근법에서는 기여도를 강조한다. 즉, 조직에 기여도가 많은 사람이 오너쉽을 느낄 것이다. 공식적인 오너쉽에 반해, 사회적, 도덕적 의미로 회사에 주인 의식을 갖는다. 다음의 설명을 통해 소유권의 종류별 차이점에 대해 명확히 이해해 보자.

소유권의 종류

■ 논리

기관의 논리에 대해 생각해 볼 때 우리는 기관을 확실하게 구분짓고 있는 본질이 무엇인가에 대해서 의식해야 한다. 이런 점에서 그들은 명백히 사회적 커뮤니티와 다르다. 왜냐하면 보통 사회적 커뮤니티에서는 소속감에 대한 논쟁에서, 잠재성이라는 특징으로 경계선을 모호하게 확장시키기 때문이다. 분명, 경계선을 명확히 하는 것은 아주 중요하다. 그럼으로써 여러분은 자신이 그 기관 안에 있는지 밖에 있는지 알 수 있다.

예컨대, 이윤을 추구하는 일반 기업들은 집단에 소속되어 있는지 아닌지의 경계선을 명확하게 규정한다. 회사건물에 출입에 대한 허용범위에 서부터(건물 입구에 보안요원을 세워 두고 사원증을 체크할 수고 있고 여러분이 해고되면 보안요원의 안내에 따라 기관 밖으로 나가야 한다), 발언권에 이르기까지(그 회사의 주식을 많이 보유하고 있다면 기관 내에서 큰 목소리를 낼 수도 있다) 특정 기준에 따라 경계선을 명시한다.

국경은 한 국가의 경계선을 구분 짓는다. 국가는 "합법적으로" 영토 내에 살고 있는 사람들과 그렇지 않은 사람들을 구분한다. 합법적인 시민들은 세금을 내야 하고 투표권이 있으며 도시의 여러 가지 프로그램의 혜택을 받을 수 있다. 네덜란드 정부는 나를 위해서 다양한 종류의 혜택들을 제공하겠지만, 벨기에 정부는 고려조차 하지 않을 것이다. 나는 네덜란드 시민권자이다. 그러나 벨기에에서 나는 외부인, 비시민권자이다. 국경이나 시민권과 같은 요소들은 분명한 법적 경계선을 규정하고 있다.

사회적 기관들에서는 누가 내부인이고 누가 외부인인지 구분하기 위해 멤버쉽이라는 제도가 필요하게 될 지도 모른다. 보통 문화적 기관들에서는 꽤 까다로운 과정으로 공연에 참여할 사람들, 공연과 관련된 내부인들을 선택한다.

각 기관에서는 이와 같은 공식적인 실천 과정들을 공유하게 된다. 혹은 이 공식적인 실천 과정들로 기관이 정의된다고 할 수도 있다. 각 기관들에서는 회의를 하고 회의 기록을 공유하고 의사결정절차를 따르고 나름대로의 의례와 기준이 있으며 금전적 흐름과 활동들을 설명한다. 이 실천들은 기관의 논리를 결정하게 된다. 사회학자인 막스 베버는 관료체제의 논리를 처음으로 관찰한 이들 중 한 명이다. 어떤 기관에서 일하는 사람은 누구라도 그 기관에서 따르는 논리에 대해 분명 외부인보다 더 많이 이해하고 더 많은 지식을 가지고 있다(Weber, 1968).

관료적이고 행정적인 논리는 통제, 구조의 논리, 또는 예측 가능성에 입각한다. 가령, 회계 시스템과 구조를 만들고 이에 입각한 보고체계를 토대로 일함으로써 통제의 수단을 제공한다. 과제(업무)와 기능에 대해 명시하고 계급 시스템을 적용한다.

문제가 생길 경우, 규제 강도를 높이고 절차를 변경하는 것은 G 영역의 논리이다. 이 영역에서는 의심스런 상황이 발생할 경우 상급기관의 판단에 호소한다.

G 영역 안에서는 영향력과 범위를 확대하려 하고 통제력을 강화하려는 활동은 논리적으로 설명된다. 그래서 민간 기관들은 서로 경쟁하고, 합병하려고 하고, 정부기관들은 중앙집권화나 초국가적인 기구(유럽연합 같은!)를 형성하고자 열망한다.

관료적이고 행정적인 논리는 공식화된 기준 또는 명백한 용어와 측정법들로 특화된 규칙에 의거하여 대상을 객관화시키고 통제한다. 이와 같은 논리는 행동을 계량화하는 - 급여 인상을 위한 직원들의 자질 평가와 같은 - 작업에 아주 적합하다. 이론상으로, 그리고 이상적으로 G의 논리는 독단, 개인적 선호, 편견, 차별, 그리고 다른 사회적 요소들을 배제하고, 이와 같은 맥락에서 개인적 판단은 불필요하다.

여러분은 경영학과, 행정학과에서 통치논리와 전략수립, 경영, 인사관리, 회계, 재무, 절차, 합병과 같은 것들에 대해서 배운다.

G 영역의 논리는 계량화하여 공유하는 것을 좋아하고 책임감과 계급구조에 대한 명시하는 것을 선호한다는 점에서, 상업적 기관들이나 사회적 기관들의 논리와 원칙적으로 비슷하다. 공통적으로 이 모든 영역에서는 누가 결정권자이며 누가 무엇을 감독하는지 구체화해야 할 필요가 있다.

■ 가치들

기관의 영역에서 가치는 재화의 생성을 통해 실현 가능하게 된다. 이 영역에서 생성되는 재화에는 직업, 일, 경력, 사회적 지위가 포함되고, 더욱이 이러한 재화는 행동에 대한 가치의 실현을 위한 매개체로 기능한다. 만일 진행 속도가 빠른 삶을 원한다면, 넘치는 도전정신, 규모가 큰 프로젝트, 수많은 여행, 권력, 권위를 지닌 대단위 규모의 다국적 기관과 연관관계를 맺는 것이 적합하다.

그러나, 만일 소수의 인원으로 일하면서 사적인 관계도 쌓고 여유롭게 점심을 하고 집에 있는 것과 같은 기분으로 일하는 삶을 더 높게 평가한다면, 소규모의 사회적 또는 문화적 기관이 더 나은 옵션이 된다. 가령 필자의 경우, 공식적인 행사나 의전이 배제된, 크지 않은 규모로 학계 내 모임들을 통해 사회적 관계를 형성하고 토론 하는 옵션을 선호하는 편이다.

모범적인 공무원이 되는 것이 목표라면, 관료 체제에서 준수해야 할 절차와 과정, 의무 사항들, 지지하는 정치인을 위해 수행하는 업무의 진가를 발견할 수 있어야 한다.

모든 기관들은 각 기관만의 순서도와 체계를 보유하고 있다. 그리고 의사결정과정을 갖추고 직원들의 성과를 평가한다.

(실제로 많은 기관들이 정성지향적 가치, 팀 스피릿, 창의성과 같은 행동가치를 채택한다. 그런 가치들은 사회적 영역에 해당하는 것으로 사회적인 논리가 적용되어야 한다. 그러므로 이론상으로는 G 의 영역에서는 가치를 발현할 수 없다. 다음 부분에서 자세히 기술하겠지만, 한 영역의 논리는 다른 영역에도 파장을 일으킨다. 이와 같은 연습을 하는 과정에서, 각 영역을 분명하게 구분하는 것과, 각 영역의 맥락에서 역할과 의미하는 바를 이해하는 것은 매우 중요하다.)

상업적 기관들은 처음부터 끝까지 결과 지향적이다. 그래도 정부기관들은 최소한 어떤 문화적 맥락을 유지한다. 상업적 기관들에서는 효율성이 - 중요한 가치의 - 전부이다. 규모의 경제, 시장에 행사하는 영향력과 같은 것이 전부이다. 그러한 측면으로 보면, 정부기관들은 집합적인 목표를, 사회적 기관들은 사회적인 목표를, 문화 기관들은 문화적 목표를 실현해야 하기 때문에 덜 효율적일 수도 있다.

기관에서 받고 싶어하는 평가 내용은 혁신적이고 기업가 정신이 잘 갖추어져 있으며 신뢰성 있고 훌륭한 고용주들로 구성되어 있다는 류의 내용이 될 것이다.

기관들에 대한 부정적인 가치 평가는 특히 다른 영역의 입장에서 바라볼 때 극명하다. 시장 영역의 관점에 볼 때, 정부기관들은 비효율적이며 관료주의적이라고 보일 것이고, 불필요한 요식에 목숨 걸고, 너무 통제하려고만 한다고 평가될 것이다. 사회적 영역의 관점에서 바라보면; 정부기관들이 떠올리는 것은 너무 복잡한 절차와 부조리한 규칙 앞에 무기력할 수 밖에 없는 시민들과 의지 없이 자리만 지키고 앉아 있는 공무원들로 점철되는 카프카적인 악몽이다.

상업적 기관들은 불공평하고 비인간적이며 사회에 대한 고려도 없고 인정머리 없으며 이기적이고 그저 쩐의 논리에 영혼을 파는 것으로 그 기관의 가치가 평가될 수도 있다.

사회적 문화적 기관들은 너무도 순진무구해서 세상의 논리와는 담쌓고 있으며, 비효율적이고 비전문적인 운영 방식을 고수하고 보조금에 집착하는 것처럼 보일 수도 있다.

실제로 모든 기관들은 각 기관들의 존속을 위해서 가치를 평가하는 경향이 있다. 그렇기 때문에 각 기관들이 자신들이 진행하고 있는 또는 진행하고자 하는 사업에 대해서 때로는 주판알 튕기는 작업을 넘어서서, 지속 가능성을 중요한 공유 가치로서 자주 언급하곤 한다.

■ G 영역의 어조

기관의 영역에는 특정한 방식의 어조와 사고 방식이 있다. 사회적 영역이나 가정에서 어떤 지원서 양식을 작성하거나 검토하지는 않을 것이다. 기관의 영역에서는 계급에 따라 상급자가 하급자를 꾸짖고 명령하고 지도하고 칭찬하고 책임을 묻는 것이 논리적이지만, 다른 영역에 이러한 행동은 비논리적이라고 생각될 수도 있다.

5) 시장 영역

이 책은 경제를 다루는 내용이다. 그런데 시장 영역을 가장 마지막에 다루는 것이 다소 이상하게 보일 수도 있다. 하지만 앞서 언급했던 대로, 시장은 표준경제학이 주장하는 것만큼 우리 삶에 스며들어 있거나 편재하지 않는다.

시장 영역은 거래와 상품의 공급자와 구입자(사자와 팔자)간의 교환이 이루어지는 공간이다. 시장 영역에서 사람들은 다른 이들에게 상품을 팔기 위해 거래를 제안하고, 다른 이들은 필요로 하는 상품을 찾는다. 만일 구매자가 공급자의 판매 조건이 맘에 들게 되면, 그 때 그 둘은 교환의 단계로 진입한다. 이 때, 교환을 하게 되는 상품과 동등한 가치를 지니는 어떤 것이 필요하다. 트릭trick은 등가물을 결정하는 데 있다. 그 등가물은 보통 돈의 총합, 즉 가격이 된다.

시장은 무엇에 유익하고 또 무엇에 유해한가?

시장 영역은 도구적인 영역이다. 생산성에 호소하면서 사람들은 한 가지, 가령 컴퓨터 부품의 생산 개발과 같은, 특정한 한 가지에 집중한다. 사람들은 일련의 교환 과정을 통해 전세계 곳곳에 있는 각기 다른 재화를 구할 수 있다.

또한 시장 영역은 우리가 기술과 노력, 즉 노동력을 제공하고 반대 급부로 월급이나, 이윤에 대한 배당금을 서로 교환하는 영역이다. 노동력의 제공을 대가로 얻은 수입은 순차적으로 다른 상품들을 살 수 있도록 한다.

앞서 논의한 바와 같이, 시장 영역에서는 궁극적으로 우리에게 중요한 재화들, 즉, 사회적, 사회지향적, 개인적, 문화적 또는 초월적 재화를 실현할 수 없다. 우리는 시장에서 우정, 신뢰, 결속력, 미, 지식, 기술 또는 지혜를 살 수 없다. 하지만 우리는 음식, 맥주를 살 수 있고, 교육을 받을 수 있고, 박물관, 책, 옷, 테라피 세션, 그 외 많은 재화와 서비스들을 획득할 수 있다. 그것들은 도구적인 목적을 띠며, 정말 중요한 가치의 실현을 위해 필요하다. 다시 말하면, 시장은 어떤 도구적인 매개체의 구입을 위해 유익하다.

그러므로, 시장은 단지 광범위한 형태로 나타나는 (비)가시적인 재화의 조달에 유익할 뿐 아니라, 우리 노동시간과 기술을 금전적인 대가로 교환하여 필요한 재화들을 획득하기 위한 수단을 생성할 수 있게 한다. 하지만 시장은 가장 중요한 재화인 공유재의 생성과 실현에는 도움이 되지 못한다.

'어떻게'라는 질문에 시장은 답이 된다

여러분이 가치를 실현하고 싶을 때, 말하자면 연극을 공연하거나 아이디어를 구체화시키고, 신발을 디자인하고 집을 짓거나 할 때, 시장은 다른 영역들에 인접해 있는 하나의 옵션이 된다. 시장의 영역에 들어가서 그 옵션을 잘 활용하고자 한다면, 여러분은 특정 인물들이나 특정한 사항들에 대해서 파악해야 한다. 예컨대, 가격이 어떻게 책정되는지, 다른 사람들이 지불 의사를 가지게 할 방법은 무엇인지와 같은 것들이다. 확실히 시장의 옵션을 이용할 만한 가치는 있다. 목적이 되는 가치를 실현하는 데 있어 시장의 영역은 바로 여러분이 필요한 상품을 살 수 있게 한다.

시장은 복잡하고 또 복합적이다. 기관들이 사무실을 갖고 있는 것과는 달리, 지역의 장터나 구시대적인 증권 거래소에 가지 않는 이상 우리는 보통 시장의 영역을 직시하기 어렵다. ATM으로 돈을 지불하고 웹쇼핑을 하고 온라인으로 돈을 송금하는 이 시대에 사는 우리가 그러한 형태를 상상하는 것은 더더욱 쉽지 않다. 대부분 시장이라는 형태에 대해서는 약간의 상상력이 필요하다. 부동산 시장도 손에 잡히지 않는다.

시장을 옹호하는 이들은 시장을, 원하는 것을 이룰 수 있는 놀라움과 기적으로 가득 찬 세계라고 미화할 것이다. 연필 한 자루를 보면 정말 기적이라고 말하지 않을 수 없다. 세계 각지에서 온 재료들로 만들어 졌음에도 불구하고, 아주 소액으로 가격은 책정된다. 나중에 밀튼 프리드먼은 더 재미있는 예제를 보여줄 것이다. 한 번 잘 생각해 보면, 그건 정말 기적이다. 여러분이 지불 의사만 있다면 망고도 먹을 수 있고 포르쉐도 당장 살 수 있다. 많은 기관들과 개인들이 상품을 생산하고 어마어마한 숫자들이 그 상품의 가치로 매겨지고 거의 잡음없이 그 숫자를 상대할 수많은 고객들을 찾는다. 하지만, 시장은 무너진다. 왜냐하면, 쌓여가는 재고량이 있고, 상품을 살 수 있는 최소한의 돈(금전적 가치)도 없는 사람들이 너무 많기 때문이다. 그럼에도 불구하고 어쨌거나 시장은 돌아간다. 우리는 전세계를 여행하며 스타벅스 커피를 마시고 터무니없이 싼 가격만 아니라면, 깨끗한 물, 잘 정돈된 침대, 음식을 접할 수 있다.

시장이 부리는 마법 덕분이다. 최근 몇 백년 사이 물품의 거래량이 기하급수적으로 증가했고 많은 사람들은 물질적 풍요를 경험했다. 물론 시장은 부정적인 측면도 가지고 있다. 아래에서 조명해 보기로 한다.

관계들

공식적으로 시장의 영역에는 관계란 없다. 교과서 버전(경제학 입문서 무엇이라도 잡고 한번 보시길)으로 얘기하자면, 시장에서 필요로 하는 것은 생산품, 가격, 상품을 제공하는 개별 영역들, 그리고 가격을 지불하고자 하는 개별 영역들 뿐이다. 관계가 필요치 않다. 적어도 이론상으로는 가격이 유일한 셀 수 있는 정보이다. 일단 물건 대금이 지불되고 거래하는 물건이 구입하는 쪽의 손에 넘어가면 그것으로 둘 사이는 정리된다. 그게 전부이다. 더 이상 남아 있는 것이 없다. 선물이나 지속적인 사업이나 어떤 의무 사항도 없다. 서로 간에 단순한 관계의 잔여물도 남지 않는다(따라서 표준경제학적 접근에서는 관계를 형성하는 것은 추상적인 것으로 간주된다. 경제학 모델에서 사람들 간의 관계란 존재하지 않는다).

웹샵에서 물건을 구매할 때 여러분은 이와 같은 부분을 분명히 경험한다. 원하는 물품을 장바구니에 넣고 주문하고 온라인으로 결제하고 배송을 기다리면 된다. 클릭만 하면 된다. 이 모든 과정에서 그 물품의 공급자는 완벽하게 익명(판매자 실명제와 무관한 의미로 익명의 존재라는 측면에서)으로 남는다.

현실에서, 시장 영역에서는 자주 관계를 개발하고 유지하는 모습을 관찰할 수 있다. 금융계 종사자들은 서로 농담을 주고 받으며 거액의 돈을 다루고, 함께 나가서 맥주를 마신다. 거래자들과 함께 점심을 먹으면서 서로 귀에 거슬리지 않는 말을 나누고 화기애애한 분위기를 유지한다. 나 역시 집 앞 슈퍼마켓에서 장을 볼 때 가게 주인과 살아가는 얘기를 가볍게 하기도 한다. G의 영역처럼, M 영역에도 사회적 논리가 섞여있는 것을 용이하게 볼 수 있다.

M 영역의 논리

시장 영역의 논리는 바로 교환의 논리라고 할 수 있다. 그 논리는 다음의 네 가지로 구성된다.

1 생산품이 있어야만 한다. 판매 가능한 것이 있어야 한다. 그 예로, 빵 한 덩어리와 같은 재화는 명시적으로 좋은 예가 된다. 하지만, 이러한 논리로 사람들은 창의력 역시 상품가능성이 있다는 점을 보여야 한다. 박물관에서 팔 수 있는 주 종목은 무엇인가? (답은, 박물관에 입장 권한을 허용하는 입장권이다.)

2 그 생산품에 대한 재산권이 규정되어야 한다. 판매자는 상품의 재산권이 이전 가능한 것임을 입증할 수 있어야 한다. 교환은 빵 한 덩어리 파는 것과 같이 재산권의 이양이 보장되어야 한다. 또는 창의력과 같은 재화의 경우 특정 시간 동안의 사용되는 권한에 대해 규정할 수 있어야 한다. 지식재산권은 비가시적인 상품에 대한 사용 권한을 부여하여, 비가시적인 재화, 가령, 아이디어, 디자인과 같은 재화를, 사고 팔 수 있는 상품으로 전환한다.

3 가격표가 있어야 한다. 시장의 논리에서, 상품의 (교환)가치는 바로 가격을 가리킨다. 가격은 교환에 대한 대가로 발생하는 가치가 된다. 가격은 판매자가 구매자에게 합당하게 재산권을 이양하기 위해 필요한 것을 지시한다. 구매자가 지불 의사가 있을 때, 구매자는 최소한 그 재화의 가치를 표시된 가격으로 책정할 것이라고 추론할 수 있다. (구매자가 더 높은 가격을 지불했었어야 했는데 그보다 적은 가격만 지불해도 되었다면, 그 구매자는 운이 좋은 것이다. 경제학자들은 이를 소비자 잉여라고 부른다). 구매자들이 지불할 의사가 있는 가격을 유보 가격이라고 한다. 예술가들이 그림 가격을 유보 가격보다 낮게 부를 때 구매자들은 기쁘게 그 그림을 구매할 것이고, 유보 가격보다 높게 부른다면 실망하게 될 것이다.

4 반드시 거래가 발생해야 한다. 결국 시장은 거래가 전부이다. 물건을 건네주고 건네받는 행위, 돈을 지불하고 받고, 총매출액과 수익과 손실이 전부이다. 갤러리에 작품을 전시하는 것은 작가에게 기쁨이 된다. 하지만 중요한 것은 그 작품들을 팔고 거래를 하고 총매출을 올리는 것이다. 거래와 거래의 결과물은 곧 시장 논리의 결과가 된다.

앞서 5장에서 지적했던 가격에 대한 부분을 반복해서 정리하자면, 필자가 강조하는 요점은 대부분의 경제학 교재에서 지시하는 것과는 다르게, 가격은 가치가 아니라는 점이다. 가격표에 찍힌 숫자가 지시하는 그 돈의 양도 아니다. 우리가 상품에 대한 가격으로 어떤 금액을 지불할 때 구입하는 상품은 그 가격으로 살 수 있었던 다른 상품들보다 우선적으로 고려된다는 점, 말하자면, 우리가 고려하는 것은 단순히 돈의 문제가 아니라 그 총량이 무엇을 의미하는가 하는 것이다. 마찬가지로, 어떤 금액을 획득하기 위해서 무엇인가를 팔 때, 그 돈은 우리에게 중요한 것을 실현하기 위해 다른 상품을 획득하는 수단적인 과정일 뿐이다. 중요한 사실은, 얼마를 받느냐 혹은 가격이 얼마냐의 문제가 아니라, 그 금액이 우리에게 주는 의미이다. 따라서 거래가격은 엄밀히 말하면, 기회 비용을 의미한다. 그러므로 시장은 우리가 필요로 하는 도구적인 상품, 재화와 서비스를 책정하거나 획득하는 데 유익하다.

어떤 생산품이나 상품에 대해 일종의 가치를 매겨 가격이라고 부르고, 책정된 가격을 지불할 수 있는 사람에게 그 상품에 대한 재산권을 이양하는 것은 논리적이다. 그러나 그 논리가 합당하다고 생각되지 못하는 경우가 허다하다. 예컨대, 어떤 이가 나에게 터벅터벅 걸어와서 나의 아내나 자식을 사고 싶다고 얼마면 되겠냐고 물어보는 것, 한 학생이 좋은 학점을 달라며 얼마면 되겠냐고 요구하는 것, 상식적인 사회에서는 통용되지 않는 일들이다. 말도 안 되는 제안이다. 이런 상황들을 감안해 볼 때, 우리는 시장의 논리가 무엇인지 제대로 파악할 수 있을 것이다.

시장 영역의 어조

시장 영역에서는 "거래", "가격", "구매자와 판매자"와 같은 것에 대해 이야기 한다. "고객"이 되는 사람들에게, 판매자가 되는 기업의 직원들은 서로 "고객이 왕이다"라는 얘기를 할 것이다(물론 그 고객이 가격을 제대로 지불하는 상황을 전제로 한다). 시장 영역에서는 "이봐요, 당신이 갖고 있는 물건이 마음에 드네요. 나한테는 당신이 원하는 게 있을 것 같은데요, 우리 거래할까요?"라는 식의 대화들이 일반적으로 오고 간다. 흥정의 어조가 널리 퍼져 있다.

"당신의 생각은 궁금하지 않아요, 이게 내가 제시하는 가격이에요. 살 건가요, 말 건가요?" 당신이 너무도 갖고 싶었던 예술 작품이 있었는데 누군가 당신이 제안할 수 있는 가격보다 호가를 불러 결국 다른 사람이 그 작품을 가지게 되었다고 하자. 당신은 당신이 그 작품에 얼마나 많은 애정과 관심, 지식을 가지고 있는지 토로하면서 그 거래가 불공평하다고 할 수도 있다. 글쎄, 그럴 수도 있지만, 시장의 논리로는 어림도 없는, 아무 소용없는 투덜거림에 불과하다.

시장 영역에서 사용되는 어조를 따른다면, 사람들과 논쟁을 하다가, 시장의 상황이 변했다며 변화된 시장 상황에 맞추기 위해서 어쩔 수 없는 선택이라며 누군가를 해고하는 것이 가능하다. 시장은 호황기와 불황기 사이를 오가고 시장의 여건은 안정적이기도 하고 불안정적이기도 하다. 여러분이 시장의 영역에서 일을 하고 있다면, 재빨리 그 영역에 적합한 어조를 찾아내어야 할 것이다.

극장의 예

예컨대, 어떤 극작품을 무대에 올리고 싶은 사람이 있다고 하자. 그 사람은 우선 자신의 꿈을 실현하기 위해서 사회적 영역과 문화적 영역에 들어가야 한다. 작품에 대한 지식을 쌓고 특정한 연극 형태나 의미를 표현하는 방법, 예술적 가치를 드러내는 다양한 방법 등에 대해 배워야 할 것이다. 일반적으로 사람들은 그런 아이디어를 문화적 영역에서 실현하게 되는데 보통은 사회적 영역이 오버랩 된다. 말하자면, 그러한 아이디어를 알아보는 사람들이 있는 그룹이 필요하고, 통상적인 경우 공연에 대해 배울 수 있는 예술학교에 입학하는 것이 그 출발점이 된다. 그 학교 안에서 같은 생각을 하는 사람들을 만나고, 교감하고 아이디어를 발전시키는 기회를 가지게 된다. 누군가 함께 이 일을 하고 싶어하는 동료를 만났다고 해 보자. 자, 어떻게 시작해야 할까?

만일 그가 북유럽국가 출신이라면, 자동적으로 그 사람은 정부의 영역부터 살펴보게 될 것이다. 정부 보조금이나 지원금을 받기 위한 조건들을 세세하게 살펴보고 지원서에 꼼꼼하게 필요 사항들을 기입할 것이다. 그런 과정에서 자신이 하고자 하는 일을 실현하기 위한 구체적인 계획을 짜게 되고, 물론 세부적인 예산도 생각하게 된다. 왜냐하면 보통 그러한 항목들은 지원서에 기본적으로 포함되어 있기 때문이다. 회계사의 도움을 받을 수도 있고 유관기관의 시공무원이나 정치인들과 접촉하려고 할 수도 있다. 이 과정을 거치면서 여러분은 G 영역으로 들어가게 된다.

만일 지원결과가 '부적격'으로 판가름되었다고 해 보자. 경력 사항이 부족하다거나 예술적 우수성이 모호하다는 사유 등이 붙을 수 있다. 그 사람과 함께 지원한 동료는 아마 그러한 결과에 분개할 수도 있다. 지원 절차에 화를 낼 수도 있고 부적격 판정을 내린 위원회에 화를 낼 수도 있다. 자, 그럼 이제 어떻게 해야 할까?

기본적으로 이제 세 가지 옵션이 남아 있다. 오이코스 영역에 호소하여 가족들의 지원을 받을 수 있다.

아니면, 시장의 영역에서 창의적으로 스폰서를 찾을 수 있다. 이 경우 그 사람은 작품에 투자할 지불 의사를 가지고 있는 사람들을 찾아야 한다. 비즈니스적인 차원으로 스폰서를 찾을 수 있을까? 거의 불가능하다. 그러기엔 그 사람의 이름이 알려지지도 않았고 명성이라고 할 수 있는 것도 아직은 없다. 또 다른 가능성으로 크라우드 펀딩을 고려할 수 있다. 하지만, 크라우드 펀딩은 명확한 거래 기준을 수립하지 않는 한, 실제적으로 교환이 아니다. 한 가지 흥미로운 옵션을 그 연극이 판매 수익을 올릴 때 지분을 공유하는 방안을 제시하는 것이다. 왜냐하면 바로 그것은 제작자가 달성하려고 하는 것 중 하나이기도 하기 때문이다. 연극을 무대에 올릴 수 있는 여건을 갖추고, 장소를 찾고 티켓을 판매한다.

최고의 옵션은 사회적 영역에 있다. 기여 의사, 즉 따뜻한 기부의 손길에 호소하는 것이다. 그 제작자 자신의 사회적 네트워크를 이용할 수도 있고 지인들을 통해 지원을 받을 수도 있다. 자신이 연극을 하고 싶었으나 실천하지 못한 데에 미련을 품고 있는 사람들이 당신의 용기 있는 행동에 지원을 보낼 수도 있고, 시작 단계에 있는 젊은 창의인재들이 성공하기를 바라면서 후원하고자 하는 사람들과 조우할 수도 있다. 도움을 받은 제작자는 자신이 얻게 될 것을 도움을 준 사람들과 공유하기로 약속한다. 자, 지금 그들은 사회적 영역에서 일하고 있다. 사람들과 관계를 쌓고 상호 작용을 통해 사람들과 소통하며 설득하며 대가로 당신이 무엇을 해야 할 것인지 구체화한다. 아니, 단순한 대가의 지불이라기 보다, 어떻게 그들의 호의에 사례할 수 있을 지 고민하게 될 것이다. 가령, 오프닝 행사에 특별히 대우하여 초대할 수도 있고 그들의 이야기를 반영한 극을 제작할 수도 있다. 그러나 그 제작자가 독불장군처럼 행세한다면, 그 공연의 훈훈한 결말은 기대할 수 없다.

이와 같은 과정을 살펴보면서도 필자는 과연 사회적 영역이 공유재를 실현하기 위한 최고의 선택이 될 것이라고 못박기에는 의구심이 남는다. 가령, 과학자들은 자신의 아이디어를 문화적 영역과 사회적 영역에서 발현하지만, 실험연구비와 같은 비용은 정부로부터 보조 받는 경우가 대다수이므로 G 영역에 들어가지 않을 수 없기 때문이다.

스필오버 spillovers와 크로스오버 crossovers

절차를 특화하는 것은 이상적인 과정을 설계하는 작업이다. 각 영역에서 가장 전형적인 특성들을 중점적으로 고려하여 구상해 본다. 실제로, 한 영역의 논리가 다른 영역에서 적용되면서 나타나기도 한다. 사람들은 언제나 그러한 특성들을 섞게 되는데, 사실 대다수의 경우, 그렇게 여러 가지 특성들이 복합적으로 섞이게 되면 결국 문제적인 상황으로 나타나고, 가치의 실현을 저해하게 된다. 더 중요한 것은, 대개의 경우 사람들은 어떤 일을 추진하는 데 있어 오로지 한 영역에서만 진행할 수 없다는 사실이다. 어쨌든 영역 간의 균형을 유지해야 한다.

시장 영역에서의 정부 및 통치의 논리

실제로 완벽한 조건으로 규정되는 교환이나 거래를 관찰하기는 어렵다. 대부분의 거래는 기관들과 연관된다. 상점, 회사, 광고회사, 광고를 위한 자리를 파는 회사, 부동산업계(매매와 세를 놓는 경우를 아우르는)의 경우를 생각해 보라. 이 모두가 정부의 구조, 즉 법률, 안전 규정, 소비자 보호법률, 재정 운영에 대한 규제 등과 밀접하게 연관되어 있다. 앞서 말했듯이, G 영역의 논리는 모든 영역에 내재되어 있고 역시 시장의 영역에서도 적용된다.

오이코스 및 사회적 영역에서의 정부 및 통치의 논리

교통 수단을 이용할 때 우리는 당연히 정부에서 고안한 교통 법규를 준수해야 한다. 법률은 공공장소에서도 적용된다. 비영리기관, 교회나 극장도 기관의 일종이다. 사실, 오이코스의 영역에서는 최대한 정부 영역이 개입되지 않는 상황이 가장 성공적인 운영상태라고 할 수 있다. 예컨대, 이혼이나 아동학대와 같은 경우에는 오이코스 영역에서도 정부의 (거슬리지만 막을 수 없는) 영역이 들어가지 않을 수 없다.

시장 영역에서의 오이코스의 논리

"이봐, 넌 내 친구니까 내가 특별한 가격에 이 물건을 팔게." 이 판매자는 오이코스의 논리를 거래를 하는 데 쓰려고 한다. 물건을 잘 파는 사람들은 똑 같은 얘기를 다른 방식으로, 그러나 친숙한 용어를 사용해서 한다. 가령, "와 몸이 좋으시네요. 이 수트가 정말 잘 어울리겠어요."와 같은 식이다. 어떤 사람들은 시장에서 오이코스에서 발산하는 느낌을 주려고 하기도 한다. 가령, 주유소를 운영하는 어떤 친구가 있는데 그 친구 가게에서 휘발유를 팔아주기 위해 일부러 거기 가서 주유를 해야 하는 경우를 보자. 그리고 주유를 마친 후 그는 친구의 주유소에서 원래 예상했던 범위의 가격대보다 더 비싼 가격으로 주유를 했다는 것을 알게 된다. 몹시 실망스럽고 다시는 그 주유소에 들르지 않게 될 것이다.

시장 영역에서의 사회적 영역의 논리

몇몇 문화권에서는 거래를 마무리 하기 전에 회식을 하면서 주거니 받거니 하는 술자리 문화를 마련해서 친목도모를 하려고 한다. 아랍 문화권의 시장 영역에서, 흥정하는 행위는 사회 활동의 목적도 가지고 있다. 가령, 어떤 소비자가 단순히 물건 가격만 지불하고 가 버리면 판매자는 모욕감을 느끼게 된다. 아랍 문화권에서 거래를 하는 데 있어서 종종 서로에게 유익한 말을 나누며 사회적 정보 같은 것을 함께 공유하곤 하는데, 그 이유는 서로가 함께 비즈니스를 도모하고, 신용 관계를 쌓고, 더 나은 거래를 위해 상대편을 설득할 수 있는 관계를 만들고자 하는 마음에서이다.

예술 시장에서 오고 가는 대화의 양은 실로 대단하다. 갤러리 주인이 보았을 때, 그림을 사고자 하는 사람이 탐탁치 않다거나 그 사람의 배경 조건 등이 마음에 들지 않는다면, 아무리 높은 가격을 부른다고 해도 그 사람에게 그림을 팔지 않을 것이다. 금융시장에서의 거래인들 역시 통찰력을 공유하거나 신뢰를 쌓거나 불확실성을 해소하기 위해서 많은 애기를 나눈다. 기업인들은 설득력 있는 모습을 보여야 할 것이고 일종의 카리스마를 활용해야 할 것이다. 그러므로 시장에서 활동하는 데 있어서도 사회적 기술이 필요하다. 사회적 경제학자들의 입장을 빌리자면, 시장은 사회적으로 내재된 공간으로 간주되어야 한다. 일단 여러분이 시장의 영역에 들어가게 되면 얼마나 많은 사회 활동들이 필요한지 알게 될 것이다. 이와 같은 이유로 예술가들은 자주 오프닝 행사를 가지고, 지역의 비즈니스맨들은 새해 맞이 행사나 리셉션에 자주 참석해서 사람들과 사회적 관계를 맺곤 한다.

본연의 의미로서의 거래가 일어나는 시장은 인터넷 공간이다. 주문을 위한 공간이 마련되어 있고, 신용카드로 결제하면 그만이다. 그리고 택배를 기다리기만 하면 된다. 그 어떤 사회적 상호 작용도 일어나지 않는다. 거래 상대자에 대해서 어떤 부수적인 정보를 알 필요도 없다.

오이코스와 사회적 영역에서의 시장 영역의 논리

게리 베커 Gary Becker와 같은 경제학자들의 주장과는 달리, 시장 영역의 논리는 오이코스와 사회적 영역에는 잘 적용되지 못한다. 사람들은 그저 교환을 하기 위해 쉽게 사회적 재화를 내놓지 못한다. 사회적 재화를 두고 지불 의사라는 것을 적용하는 것은 부적합하다. 그렇기는 하지만 사회적인 상호 관계에 있어서 반사회적인 상황 가령, 사회적 지위에 부적절한 행동이라든지 간통과 같은 행동에 대해서는, "되갚음"이라는 것을 요구하는 어조를 사용하기도 한다. 사람들이 사회적 행동에 투자하고자 한다면, 기대하는 보상은 사회적 행동과 관련된 보상일 것이다. 보통 그런 행동들은 사과의 형태나 아이러니한 반응 속에 감추어져 표출되곤 한다.

크라우딩 인, 크라우딩 아웃

한 영역에서 가치를 실현하는 데 있어, 다른 영역이 침범하게 되어 저해될 경우 **크라우딩 아웃**이라고 말한다. **크라우딩 인**은 가치를 실현하는 과정에서, 다른 영역이 침범하게 된 것이 실제로 가치를 더하게 되는 상황을 일컫는다. 크라우딩 인과 크라우딩 아웃은 영역 간 상호작용의 결과이며, 각 영역들이 단독적으로 성공할 수 없음을 보여준다.

정부의 영역이 강력하다면 다른 영역이 설 자리를 잃게crowd out 만드는 것 같다. 정부 영역에서 노숙자들을 보호할 때 구세군은 다른 활동에 착수할 것이다. 상업적인 회사에서 저렴한 가격으로 옷을 제공하면, 주부들은 옷을 만들거나 고치는 일을 그만두게 될 것이다. 레스토랑에서 음식을 저렴하게 제공하면 집에서 음식을 만드는 수고는 정말 수고로움의 극치로 여겨질 것이다. 또한, 강한 정부가 예술과 과학을 지원하기 위한 프로그램에 주력하게 되면, 그 영역들에 대한 기여나 지불 의사가 설 자리를 잃게crowd out 된다.

사회적 영역이 강력하면 오이코스가 밀려난다crowd out. 좋은 친구들이 많이 있으면 가까이에서 지원받는 것에 대한 필요성이 줄어들게 된다. 또, 시장은 사회적 영역과 오이코스 영역을 밀어낼 수 있다. 그저 고소득의 직업을 얻기 위해서 인생 대부분의 시간을 일터에만 쏟아 붓고 교우관계를 희생시키거나 가족과의 관계를 포기하는 사람들의 경우가 그러하다. 고소득의 직업은 대체로 많은 시간을 업무에 쏟아 붓거나 높은 강도의 감정적 소모를 요하기 때문에 가정생활을 위해 쓸 수 있는 에너지나 시간이 없는 경우가 많다. 이 경우 시장 영역과 정부 영역은 오이코스의 영역을 밀어낸 것이다.

상업적으로 성공한 예술가들은 예술가로서의 명성에 스크래치를 낼 수 있는 위험성을 안고 있다. 너무 많은 사람들이 도시 안에 너무 많은 문화적 풍요로움을 채우게 될 때, 그 도시의 문화자본은 오히려 밀려나게 된다. 어떤 미술관에서 상업적 이득을 취할 수 있는 새로운 스폰서를 영입하게 되었다고 자랑스럽게 공표할 때, 예술 세계에서는 그 미술관에 오히려 거리감을 두게 될 수도 있다. 이 경우, 우리는 그 미술관의 명성이 시장영역의 잠식에 의해 크라우딩 아웃되었다고 한다.

크라우딩 인은 또 다른 영역이 연관됨으로써 실제로 어떤 재화의 실현을 강화시킬 때 발생한다. 시장 영역의 논리를 영리하게 사용하여 부를 축적한 사람들은 그들의 사회적 지위를 높이거나 사회적 영향력을 높이는 길을 안다. 심지어 그들은 아주 매력적인 파트너로 묘사될 수도 있다. 이와 같은 경우, 우리는 시장 영역의 잠식이 사회적 재화의 실현에 가치를 더하게 되었다고 한다.

어떤 예술 작품이 유례없이 비싼 가격에 매매되었을 때, 그 작품에 대한 세상의 관심도가 높아지게 된다. 그리고 그런 상황은 그 작품의 예술적 가치를 상향시키게 된다. 이 경우 역시 크라우딩 인의 한 종류이다.

마찬가지로, 정부 역시 법적, 제도적 뒷받침을 통해 어떤 프로젝트를 지원함으로써 사회적 가치나 문화적 가치를 발생시키거나 강화할 수 있다. 회사나 재단 등의 조직에서 정부를 고객으로 삼음으로써 혜택을 받을 수도 있다.

가장 중요하고 영향력 있는 현상은 사회적 영역이 잠식함으로써 나타나는 결과이다. 시장 영역에 사회적 논리를 적용시키는 것은 신뢰를 구축하고 상호적 연민을 만들어 낼 수도 있다. 그러한 작용을 통해 더 나은 거래를 성사시키는 결과를 가져올 가능성이 있다. 정부의 입장에서는 어떤 대응책을 시행할 때, 사회적 영역이 강할 경우, 다시 말하면, 커뮤니티가 탄탄하거나 사회적 지원이 자발적으로 이루어진다면, 결론적으로 정부 역시 혜택을 받게 된다고 볼 수 있다.

결론

　5-Sp 모델은 가치기반 접근법에서 아주 중요한 비중을 차지한다. 우리가 추구하는 가치를 실현하기 위한 접근과정이 – 최소한 가치의 실현과 구체화를 위해 탐구하고 있다면 – 경제적으로 이루어지도록 하기 때문이다. 경제학자로서 나 자신도 항상 그 모델을 사용한다. 내가 하는 강의의 근간을 이루는 기본 논리이기도 한다. 이 모델은 나 자신이 도지사로서 정치적 논지를 펼치면서 필요한 경우 숨겨진 카드처럼 뒤집기도 한다. 예를 들면, 도시의 주변환경 개선을 위한 정책, 가령 생활여건이나 교육환경 등의 질적 개선을 설명하는 데 사용하곤 한다. 그 때 내가 지적하는 곳은 바로 사회적 영역이다. 말하자면 우리 정부 영역이 너무 지배적인 입장으로 도시환경 개선에 나서게 될 때 발생하게 될 사회적 영역의 크라우딩 아웃 효과에 대해 경고한다.

　사실 나는 방금 한국에서 개최되었던 농촌창의경제에 대한 컨퍼런스에 초대되어 발표를 마치고 돌아왔다. 주제는 농촌지역이 창의경제체제를 통해 어떤 성과나 혜택을 얻을 수 있게 하려면 무엇이 필요한가 라는 것이었다. 청중은 대부분 시공무원들이었다. 나는 그들에게 5-sp 모델을 소개하고 정부의 지원으로 연계된 프로그램들의 지나친 의존도가 초래하게 될 위험성에 대해 경고하기 위해 이 모델을 사용해서 설명했다. 여러 가지 경험과 사례를 토대로, 사회적 영역이 주도하는 사례들이 어떻게 성공했는지를 보였다. 예상했던 대로, 한국 사람들은 대체로 관광객 유치에 관심이 많았다. 관광은 시장 영역의 논리를 이용해야 하고 금전적인 수입을 전제로 한다. 5-sp 모델은 시장 영역과 정부의 영역으로만 고착된 사고방식을 넘어서게 하는 강점을 가지고 있다. 따라서 이분된 사고방식에서 나아가 문화적 영역과 사회적 영역까지도 포함하여, 눈 앞의 금전적

이익보다 질적인 성장을 추구하는 숲을 볼 수 있는 사고방식으로 나아가는 것이 가능하게 한다. 문화적 영역은 사람들로 하여금 한국 문화, 특히 한국의 농촌 지역만의 특징적인 부분을 고려하도록 한다. 이전에 우리가 들었던 영국의 사례가 그대로 적용될 수 있는가? 그 사례와 어떤 연관성이 있을 것인가? 문화는 또한 문화유산을 의미하기도 한다. 문화유산은 강조되고 또 활용할 수도 있다. 한국의 농촌지역에 있는 자연자본은 어떠한가? 그러한 자본은 어쨌든 사회적 영역이 연관되어 (물리적인 의미 뿐 아니라 질적인 의미로서) 개발될 때 의미를 더하고 지속적인 성장이 가능하다. 지역사회의 참여가 결핍된 채로, 지역민들의 협조가 진행되지 않은 채로, 기업가들의 새로운 아이디어도 없이 그저 정부가 추구하는 프로그램이나 상업적 논리에 입각한 외부인 유치를 위한 관광정책으로만 일관될 경우, 보통은 실패하는 경우가 허다하다.

필자는 사회적 영역과 문화적 영역, 그리고 오이코스의 영역을 강조한다. 이유인즉, 그 영역들은 도구적인 사회에서 대수롭지 않게 다루어지기 때문이다. 우리는 항상 시장의 영역과 정부 영역의 용어로만 생각하려 한다. 함께 일하는 동료들이 많은 부분을 시장에 맡겨야 한다고 주장할 때, 나는 사회적 영역에서 가능성을 찾아야 한다고 지적한다. 그렇다면 둘을 절충한 모델로서 사회적 기업은 어떠한가? 사회적 맥락에서 협동조합의 형태는 어떠한가? 양적 성장 보다 질적 성장에 초점을 두는 것은 어떠한가?

결국 귀결되는 곳은 오직 한 영역에 국한되지 않는다. 우리가 개인으로서 자신이 추구하는 가치나 아이디어, 기술을 실현하고자 안간힘을 쓸 때에도, 한 조직의 구성원으로서 금전적 수입을 올리려고 애를 쓰거나, 사회지향적인 또는 선험적 목표의 실현을 위해 중차대한 기여를 하고자 애쓸 때에도, 혹은 정치인이나 시공무원으로서 정부 영역에서 추구하는 공통된 목적을 수행하는 상황에서도, 우리 모두는 5-Sp 모델의 다섯 가지 영역에서 제대로 된 균형점을 찾아야만 할 것이다.

11
새로운 관점으로 보는 현실

 뷔마르 재가르Wimar Jaegar는 다른 정당 소속이지만, 네덜란드 중심에 위치한 힐버섬 시를 더 나은 도시로 만들기 위해 함께 힘쓰는 동료 중 한 명이다. 그는 우리 시의회의 의장을 맡고 있다. 필자가 이 책의 결론부분을 막 쓰기 시작했을 때 뷔마르는 이 책이 무엇에 관한 내용인지 궁금해했다. 마침 휴가 시즌을 끝내고 다소 여유로운 마음으로 마주 앉아 대화할 기회가 있었다. 뷔마르는 사업가 출신의 정치가이다. 그래서인지 아주 실용주의적이며 결과물 양산에 열중한다. 하지만 그는 가끔 아이디어를 내는 데에도 역시 관심이 있었고, 나의 발언에 대해 특별히 반응하기도 한다. 그래서 나는 그의 질문을 진지하게 받아들이는 편이다.

 나는 뷔마르에게 이 책은 과학의 한 분야로서 경제학을 재해석하고 이를 통해 경제를 새로운 관점으로 이해하고 개발하는 방안에 관한 내용이며, 특히 생각의 전환의 필요성을 강조하고 있다고 했다. 즉, 정량 중심주의적인 사고방식에서 정성 중심주의적 이해방식으로 변환하는 과정을 풀어 설명하고 있다고 알려주었다. 그가 다소 애매한 표정을 짓는 것을 보고 나는 조금 더 구체적인 설명을 덧붙였다. "내가 개발하는 것은 가치 기반 접근법이지요. 논의의 출발점은 바로 당신과 내가 이 경제계에서 하고 있는 것들, 우리가 지금 하고 있는 것들을 포함한 모든 일들이 되지요. 그리고 이 모든 일들은 가치를 실현하기 위해서 하는 행위라는 점을 강조하고 있어요." 그는 내 말을 이해하려고 노력하고 있는 것이 보였다. 그리고 나서 그가 질문하기를, "그럼 실질적인 결과물은 무엇인가요? 어떤 면에서 당신의 관점이 나에게 중요한가요?" 필자는 침을 꼴깍 삼켰다. 왜냐하면 그런 류의 질문은 보통 누군가의 설명을 이해하지 못할 때 되묻는 질문이기 때문이다. 실체를 무시하고 결론으로 넘어가자는 것. 하지만 그의 말에도 일리는 있다. 만일 어떤 이론이 결론도 없고, 가정적인 남자이면서 사업가에서 정치가로 전향한 이 남자에게 어떤 적합한 답을 주지 못한다면, 그 이론은 무엇에 가치로운가? 필자는 최대한 간결한 답을 주려고 노력했다. "이 새로운 관점은 우리가 정성적 측면에 좀 더 방향을 맞추는데 좋은 동기를 부여할 겁니다." 흡족스럽지 않았다. 좋은 답을 주려면 더 많은 일과 노력을 해야 한다.

책에 대한 인터뷰를 하면서 예상한 대로 기자들은 '무엇'에 대한 질문을 던졌다. 그들은 "그렇다면 가치 기반 경제로 가기 위해서는 무엇이 필요한가요?" 이 경우, 질문이 시사하는 바는 사실, "정치인들은 무엇을 해야 할까요?"라는 뜻이다. 대부분의 기자들에게 경제적 논쟁은 오직 정책 결과를 설명하는 것으로만 비칠 뿐이다. 정부가 무엇을 해야 하는가? 교육 프로그램 마련에 개입해야 하는가? 빈곤층을 위해 더 많은 예산을 투입해야 하는가? 정치 지표들을 바꿔야 할까? 경제활동 결과물을 측정하는 방법을 변경해야 할까? 사회적 기업 육성에 더 많은 예산을 들여야 할까? 일부 계층을 사회에서 아예 들어내야 할까? 그러한 질문들은 도구주의자들의 세계관을 구성하는 전형적인 유형이다.

가치 기반 접근법을 도입하는 데 있어서 걸림돌은 이 세상을 도구주의적인 방식으로 보는 관점이 너무 만연해 있다는 데에서 발생한다. 사람들은 돈이 전부라고 생각하고, 어떤 것이라도, 아니 모든 것의 가치를 드러내기 위해서는 쩐의 논리로 측정되어야만 한다고 생각하는 경향이 있다. 이에 따라 기관들은, 짐작컨대, 이윤을 추구하고, 학계에서는 뒤 따라올 연구보조금을, 정부는 예산을 삭감하고 경제성장을 주도하여 나은 성과(GDP)를 보이려고 한다. 가치에 대해 누가 신경이나 쓸까? 가치 기반 접근법의 핵심은 바로 가격, 수익, 급여, 금전적 부, 이윤, GDP 너머의 것들을 보는 데에 있다. 그래서 가치의 세계를 정확하게 이해하고 우리에게 중요한 가치를 실현함으로써 궁극적으로 최고의 선택을 하기 위함에 이 책의 목적이 있다.

경제학자는 가치 기반 접근법이 세금, 정부지출, 중앙은행의 이자율 결정과 같은 문제에 대해 어떻게 고심하고 적용될지 알고 싶어한다. 단순히 그러한 질문들 뿐이라면 이 책에서 다루고 있는 가치 기반 접근법보다 표준경제학적 접근으로 다루는 것이 원하는 답을 줄 수 있을 것이다. 다시 한 번 강조하건대, 필자가 의도하는 바는 표준경제학의 한계를 드러내는 것이다. 특히 유량과 저량, 비용편익 분석 등과 같은 표준경제학적 셈법은 도구주의자들이 가장 유용하게 사용하는 방식이자 도구적인 목적을 가지고 있는 부분으로, 가치 기반 접근법에서는 전체 그림의 한 부분에 해당된다.

가치 기반 접근법은 결과물을 정성분석에 집중하고, 가치와 질적 측면에 초점을 둔다. 필자는 "효율성"을 강조하고 있으며, 가격에 초점을 두고, 수익, 다른 금전적 양도 역시 가치로 인식하고 있다는 점을 밝혀둔다. 사람들이 좀 더 다른 방식으로 세계를 보는 눈, 가치 판단적인 눈을 갖기를 바란다. 코끼리를 관찰하는 맹인을 기억하는가?

세계의 문제에 대한 해답을 찾고 있었던 몇몇 독자들은 다소 혼란스러울 수도 있다. 충분히 감안할 수 있는 일이다. 아마도 그들은 자본주의에 어떤 충격적인 비판이나 국민건강보험을 잘 운영하는 방법과 같은 것을 기대하고 있었을 수도 있다. 혹은 어떤 독자들은 공유경제나 순환경제에 공을 들여야 하는 동기가 무엇인지, 창의경제의 실체가 무엇인지 찾고 있을 수도 있다. 가치 기반 접근법에 그 모든 것이 있다. 가치 기반 접근법은 방향성 있고 풍부한 관점의 개발을 가능케 한다. 가치 기반 경제 제 2권에서 이 모든 이슈를 다루려고 한다.

양적 성장을 위하여

필자가 노력해 왔던 것이 바로 여기에 있다. 이 책을 쓰게 된 목적은 경제학 연습을 도구주의자들의 이슈 너머의 것으로 확장하고, 가치에 대한 이슈에 대해 고심하고 방향을 재설정하는 데 있다. 비록 가치 기반 접근법이 정치적 성질의 질문에 대한 맥락을 제공하기는 하지만, 이 접근법을 통해 상황을 보는 관점을 넓히고, 가정의 구성원으로서, 친구로서, 클럽 멤버로서, 일터(민간기업, 공공기업, 사회적 기업, 정부기관)의 직원의 입장에서 최고의 선택을 하기 위해서 감안해야 할 모든 옵션들을 구체화할 수 있다는 데 그 강점이 있다.

한 가지 예를 들어보자. 여러분이 부모의 입장이 되었다고 생각해 보라. 자녀들은 따뜻하고 사랑이 넘치는 가정을 꾸리면서 동시에 스스로에게 만족스럽고 창의적인 삶을 추구하고 있다. 자, 어떤 조언을 해 줄 것인가? 의심의 여지없이 자녀들에게 좋은 대학에 진학하고 졸업해서 좋은 직장에 들어가라고 할 것이다. 자녀들에게 집 사라고 돈을 좀 쥐어 주는 것도 괜찮아 보일지도 모른다. 이런 류의 조언은 거의 경제의 표준적인 사고방식을 따르는 타입의 조언에 불과하다.

그런 다음, 가치 기반 접근법으로 시각을 바꾸어 보자. 이 방식은 관련된 많은 상황을 종합적인 환경으로 명확하게 타진하는 것이 가능하게 한다. 상황주도력을 감안하여 계발해야 할 역량을 파악하고, 사랑하는 사람들과의 관계를 유지하면서 창의적 환경을 조성하고, 자존감을 향상시킬 수 있는 가정의 정성적 측면의 가치를 실현하는 방안에 대해 생각하게 될 것이다. 가치 기반 접근법적 관점으로 찾을 수 있는 조언은 돈으로 해결할 수 있는 조언들보다 확실히 복잡하지만 더욱 신뢰할 수 있다. 그런 조언들이 그저 당연해 보일 수도 있지만, 만일 여러분이 도구주의적인 개념만 염두에 두고 있었다면, 정성적 조언을 생각할 리는 만무하다.

정량적 표지들은 가치에 기반한 조언으로는 계산되지 않음을 밝혀 둔다. 자, 당신의 자녀에게 많은 수입을 버는 것이 성취감을 느끼는 삶을 살기 위해서 반드시 필요하다고 조언해 주는 것은 의미가 없다. 얼마나 많은(셀 수 있는) 수의 도구적인 목적의 상호관계를 유지하고 있어야 하는지에 대해서 언급하는 것도 바람직해 보이지는 않는다. 결국 삶은 정량적인 계산보다는 정성적인 평가에 더 의존하게 된다.

그런 다음, 여러분이 어떤 회사의 이사회의 회의 석상에, 한 도시의 도지사로서 또는 한 예술기관의 예술감독으로서 참석하고 있다고 생각해 보자. 당신이 책임지고 있는 사람들의 만족을 목표로 한다면? 혹은 그들이 성취감을 느끼고 사회에 중요한 기여를 하게 하는 것이 목표라면? 당신이 줄 수 있는 조언은 전적으로 달라질 것인가?

가치 기반 접근법은 행동지향적이다. 서문에서 논의했던 것들을 상기해 보면, 우리가 던지는 질문, 즉 "당신에게 무엇이 중요한가?" 그리고 "이것은 무엇에 유익한가?"라는 질문은 물고기를 잡아주는 방식이 아니라, 당신에게 가장 유익한 물고기를 잡는 방법에 대해 탐구하도록 이끌어 주기 위함이다. 이 접근법은 가치에 기반을 두는 삶, 기관 및 다양한 조직들, 정계 그리고 경제가 실현 가능하도록 일련의 개념과 틀을 제공한다는 점에서 교화적이라고도 볼 수 있다. 바로 이러한 점에서 가치 기반 접근법은 유익하다.

가치 기반 접근법은 한 사람의 세계관 형성에 영향을 주는 측면에 있어서도 표준 경제학적 접근법과는 다르다. 표준경제학적 사고방식은 서문의 일화에서처럼 단적인 측면으로 코끼리를 묘사하지만, 가치 기반 접근법은 코끼리를 움직이게 하는 법에 대해서 고민한다. 표준 경제학적 사고방식은 앞으로도 세계경제가 어떤 양적인 움직임을 보일 것인지, 단순히 실업률(이라는 숫자)을 오르내리게 하는 이유는 무엇인지, 대기업이 가지는 힘이 더 커지는지 약화되는지 등을 이해하는 것이 중요하다고 계속 주장할 것이다.

그러나 가치기반 접근법에서는 최고의 선택을 위해 알아야 할 사항들과 유관할 때에만 오직 그러한 지식들을 다룬다. 실제로 필자가 가족 휴가를 계획하거나, 집을 팔거나 우리 도시에 있는 빈민층의 생활수준의 개선을 위한 정책을 집행하거나, 실업률을 개선시키고자 할 때에도 그러한 숫자들은 최고의 선택을 하는데 결정적인 영향을 미치지 못한다. 집에서든, 거리에서든, 직장에서든 자신에게 가장 중요한 것을 실현하도록 하는 데에 가치는 결정적인 역할을 한다.

이 책은 무엇에 기여하는가

혹자들은 가치 기반 접근법의 주요 기여도가 무엇인가, 그리고 이 책에서 그것의 개발이 어떻게 성공적이었는가에 대한 물음에 희망적인 답변을 제시할 것이다. 이 책의 저자로서 필자는 새로운 사고방식의 개발과 관련된 개념을 정립하기 위해 이 책 한 권 전체의 분량으로 그 노력을 쏟아 부었어야 했다는 얘기를 남기고 싶다. 요약을 위해, 그 전체 논의를 제한된 몇 가지 포인트로 압축시켜 보면 다음과 같다.

1. 최고의 결정을 하는 것은 가치의 실현에 대한 문제이다. 즉, 관련된 가치들을 인식하고 그 가치들을 실현하는 것이다.

2. 가치의 실현은 필연적으로 문화적 맥락에서 일어난다. 그 문화적 맥락은 몇 가지 가치를 제시하고 의미를 더한다. 문화적 맥락에 부합되지 않는 다른 가치들은 사그라진다.

3. 가치의 실현은 프로네시스, (이성보다도) 실천적 지혜를 필요로 한다.

4. 가치의 실현은 재화를 통해서 일어난다. 그 중 가장 중요한 재화는 공유재이다. 금전적 수단을 통해 획득한 재화와 정부가 제공하는 재화는 도구적인 특성을 지닌다. 따라서 대개는 공유재에 종속된다. 공유재는 사회적이고 문화적인 맥락의 영향을 받게 된다.

5. 좋은 삶과 유익한 사회를 구성하는 몇몇 재화는 궁극적인 재화로 불리며 부단히 추구할 만한 가치가 있다. 프랙시스는 예술적, 과학적, 종교적 실천들과 같은 것을 추구할 만한 가치가 있는 실천적 활동들로 구성된다. 프랙시스는 본질적인 재화로서 목적을 보유한다.

6. 궁극적으로 추구하게 되는 재화는 프랙시스, 의미 있는 활동이나 대화들과 같은 자원이나 소유물로 구성된다. 이러한 자원들은 사람들의 문화자본을 형성하게 된다. 금전적인 자본, 사회적 지위와 같은 도구적인 재화를 소유하는 것은 잠재적인 자원을 의미한다. 불평등에 대한 보수적인 평가방식은 도구인 소유물을 측정하는 것에만 국한된다.

7. 5-Sp 모델은 가치의 실현 또는 발현을 구체화 한다. 이 모델은 다섯 가지 영역, 즉 문화적 영역, 사회적 영역, 오이코스의 영역, 정부 및 통치관리의 영역과 시장 의 영역으로 구성되며 각 영역은 구분된 논리와 어조를 지닌다.

이 책이 다소 철학적이거나 추상적인 내용을 전달하는 것처럼 읽혀졌을 수도 있다. 그 이유는 이와 같은 이론적 접근을 토대로 하여 앞으로 여러 가지 새로운 개념들을 개발해야 하고 현존하는 개념들이 어떻게 더욱 의미 있어 질 수 있는 가를 보여 주어야만 하기 때문이다.

　핵심 개념들을 간략히 정리하면 다음과 같다.

가치 : 무엇이든 사람들이 중요하다고 생각하는 것이다. 사물, 사회적 집합체, 실천들과 관련 있는 정성적 특성들을 말하며, 가치는 개인적, 사회적, 사회지향적, 초월적인 것으로 분류될 수 있다.

가치 기반 경제 : 가치 기반 경제는 가치의 실현을 강조하고 또 강조한다. 따라서 경제활동은 유익한 실천들로 구성되고 좋은 삶과 일하고 싶은 직장, 유익하게 운영되는 기관, 좋은 사회를 구성하는 양질의 측면에 초점을 둔다.

재화 : 무엇이든 사람들이 자신의 가치를 실현하기 위해 획득하는 것. 재화는 가시적일 수도 있고, 비가시적일 수도 있다. 사적으로 소유될 수도 있고, 공적으로 소유될 수도 있다. 또는 다른 이들과 소유권을 공유할 수도 있다. 재화는 개인적, 사회적, 사회지향적, 초월적 재화로 분류될 수 있다. 이러한 재화의 실현을 위해서 투입되는 도구적인 목적의 재화들도 있다.

추구하고자 하는 재화 : 이는 좋은 삶과 유익한 사회를 구성한다. 우리가 그렇게 하는 것은 무엇에 유익한가? 라는 질문에 대한 답이 된다.

프랙시스 : 프랙시스는 실천(또는 진행중인 소통)의 집합체로서 고유한 가치를 추구한다.

자원 : 자원은 부를 이루는 기본 요소이다. 이것이 부족하게 되면 빈곤한 상태가 된다. 주요한 소스들은 개인적, 사회적, 사회지향적, 초월적인 것으로 분류된다. 그리고 금전적인 소스(보통 가장 많은 주목을 받는다)도 있다.

　일상에서 발생하는 금전적인 **불평등**은 **사회적, 사회지향적, 개인적, 초월적 불평등**에 대해 부수적이다. 이와 같은 방식으로, 가치 기반 접근법은 부와 가난을 새로운 차원으로 해석하고 의미를 부여한다.

돈 혹은 가격은 가치가 없다? 돈이나 가격은 가치의 실현을 위한 잠재성을 나타낸다.

각각 구분된 논리를 가진 5-Sp 모델은 우리가 가치를 발현하는 것을 가능하게 한다. 이 다섯 가지 영역은 문화적 영역, 사회적 영역, 오이코스의 영역, 시장의 영역, 정부의 영역으로 구성된다.

WTO(기여활동의사) : 기여활동의사는 사회적 영역의 논리를 지닌다. 교우관계, 지식, 예술과 같은 공유재의 실현에 핵심적인 요소이다.

이와 같은 개념들을 가치 기반 접근법을 개발하기 위해 필요한 요소들로 설명하였다. 몇 가지 경우, 다른 학자들이나 다른 저작물을 참고하여 아이디어를 얻기도 하였고 앞으로 더 많은 테스트를 거쳐 이 개념들을 좀 더 연구할 것임은 의심의 여지가 없다.

실용적으로 사용하려면

필자는 실제로 항상 이 모든 개념들을 개인적 일상이나, 정책을 마련하거나 연구를 진행하는 등 모든 활동을 하는데 있어서 적용하고 활용한다. 나의 학생들 중에서도 꽤 많은 수의 학생들이 각자의 연구에 이 개념들과 모델을 적용하고 있다. 가치 기반 접근법은 현실적으로 모든 종류의 주제에 적용될 수 있다는 강점을 가지고 있음을 강조하였다. 다음 책에서는 그것에 대한 내용을 좀 더 자세하게 다룰 생각이다. 가치 기반 접근법을 업무를 추진하는 과정이나 기업의 경영, 기업가 정신, 문화유산관리, 사회정책, 정부와 민간기업간의 관계수립, 새로운 대안이 될 경제체제, 창의경제, 순환경제 등에 적용해 볼 것이다. 여기 몇 가지 실제적인 결과물들을 소개해 본다.

1. 예술계에서의 기여활동의사

   금전적 수입이 감소하고 정부 지원금이 삭감되는 상황에서 예술가들과 문화예술기관 종사자들은 일반인들의 기여도에 기대할 수 밖에 없게 된다. 나는 이러한 상황에서 일반인들의 관심이 기부활동의사로 연결되도록 하는 작업에 중요성을 두고 있다. 방문객들이 홍보대사가 되도록 사람들을 참여시킴으로써 박물관 혹은 예술 프로젝트에 관여하게끔 하는 것이 중요하다고 말한다. 물론 기부활동의사는 금전적인 기부로 이루어질 수도 있다. 하지만, 이를 위해서는 어쨌든 우선적으로 사회적 논리를 활용해야 한다. 현실적으로도 나는 이와 같은 사람들 간의 관계를 형성하는 데 있어서, 사회적 논리를 적용하고 사회적 영역이 가시화될 수 있도록 컨설팅한다.

2. 이상을 명확하게 하라. 추구하는 덕과 재화에 대해 명시하는 것이 중요하다. 어떻게 그것들을 평가할 것인지, 누가 평가할 것인지에 대해 인식해야 한다.

   이 부분은 필자가 여러 기관이나 기업과 같은 조직과 일하면서 가장 많은 노력을 쏟게 되는 부분이다. 가치 기반 접근법을 적용하기 위해서는 우선, 기관의 이상과 목표가치, 행동 가치뿐 아니라, 그 조직에 몸담고 있는 구성원들의 이상과 목표가치, 행동 가치에 대해서도 명확하게 구체화해야 한다. 실제로 컨설팅하는 과정에서 기관의 구성원들에게 이런 질문을 하게 되면, 보통 M 과 G의 영역에 관심을 쏟고 있었던 이들은 난데없는 상황에 당황스런 대답을 하기 일쑤다. 심지어 이미 조직의 미션을 구체화 해 둔 회사들조차 부가적인 작업이 더 필요한 경우가 허다하다. 평가를 위한 기준이 불명확하기 때문에 미션은 그다지 유효성이 없어져 버린다. 미션을 규정하는 작업은 평가방법에 대한 작업을 구체화하는 것과 동시에 진행할 것을 권한다. 가치 기반 접근법에서는 보통 유관된 이해관계자들과 함께 이 작업을 진행한다(필자가 우리 연구팀에서 실제적으로 진행하고 있는 Quality Impact monitor라는 측정법의 과정이 밀접하게 관련되어 있다). 본인의 경험에 비추어 보건대, 관련된 가치들과 그 가치들에 맞는 평가법을 함께 개발하는 것은 명확하고 지속성이 뛰어난 결과물을 도출한다.

3. 사회적 기업, 협동조합과 함께 일하는 것.

이제 미국과 영국에서는 사회적 기업이나 협동조합을 공익기업이라고 일컫기도 한다. 이 모든 기관들의 공통점은 구성원들이 공유가치를 중심으로 실천적 행동을 한다는 점이다. 그 공유가치는 보통 분명한 형태로 나타나며, 사회지향적이거나 문화적 혹은 선험적인 가치 중에서 찾을 수 있다. 정책입안가로서 필자는 그러한 기관들을 상업적 기관들과는 다르게 분류하는 재정 정책을 선호한다. 한 지역의 도지사로서, 나는 그러한 뜻을 지향하는 기관들과 일하는 것이 즐겁다.

4. 실천 practice vs 프랙시스 praxis

최근에 필자는 교육과 연구 간의 문제적인 특성에 대해 연설해야만 했다. 대학에서 연구에 몰입하는 것은 가르치는 것보다 훨씬 더 많은 만족감을 주는 것으로 간주된다. 그렇다면 교수법은 어떻게 개선할 수 있는가? 연구와 교수는 일련의 행동으로 이루어지는 실천이다. 교수와 연구 활동을 하는 것은 충분한 만족감을 제공한다는 점에서 본질적인 가치를 지녀야 한다. 그럼으로써 진정한 교수의 역할을 할 수 있고 실천은 프랙시스로 한 차원 더 높아질 수 있다. 문제는 진정한 연구자가 교수활동을 단순히 정기적으로 해야 하는 따분한 것으로 여길 때 혹은 선생으로서 교수활동에 전념하고 이가 연구를 의무적인 업무의 하나로 여길 때 발생한다. 각각의 경우, 실천은 프랙시스가 될 수 없다. 학장은 이러한 교수와 연구 간의 관계를 감안하여 실천의 프랙시스화가 되도록 방편을 마련할 수 있다. 가령 진정성 있는 교수활동이나 연구에 대해 감사를 표하고 질적 향상을 위한 토대를 마련하는 방안을 생각해 볼 수 있다.

필자가 가르치는 학생들에게 언제나 실천과 프랙시스를 구분할 것을 강조한다. 학생들은 캠퍼스에서 혹은 사회에서의 인턴쉽 등 다양한 종류의 활동이나 실천에 참여할 것이다. 그들이 바라는 것은 실천적 행위들이 프랙시스로 불릴 수 있도록 하는 것이다. 왜냐하면 프랙시스를 하는 것은 궁극적으로 실질적 만족감을 주기 때문이다. 실제로 나는 단순히 금전적인 성공에 사로잡혀 프랙시스를 실현하는데 실패한 사례들을 너무도 많이 목도했다.

5. 이타주의는 규범이다.

이타주의에 입각한 행동을 비합리적이라고 여기는 사람들은 비단 경제학자들뿐이 아니다. 많은 사람들이 그렇게 여긴다. 필자는 사람들이 타인의 호의에 대해서, "사람은 본래 이기적이야.", "자신을 위하는 마음이 우선이지." 라고들 하면서 불신하는 것을 너무도 자주 경험했다. 나는 먼저, 그렇게 말하는 사람들에게 자신은 이기적인 사람인지 아닌지 묻고 싶다. 이제 우리는 공유재의 개념을 이해하고 사회적 영역의 중요성에 대해서 알고 있다. 이 책에서 제시한 그러한 개념들을 토대로 확신을 가지고 나는 이타주의는 규범이라고 주장할 수 있다. 적어도 만일 우리가 사회적 행동이 공유재를 실천하기 위한 것이라고 이해한다면 말이다. 공유재와 이타주의에 대한 주장은 현실적이고 실질적이다. 만일 우리에게 가장 중요한 소유물이 그 소유물들의 의미를 다른 이들과 공유하는 것의 가치에 기인한 재화라면 어떻게 우리가 개인주의자라고 할 수 있는가?

이 책의 결론으로, 필자는 동시대를 살아가는 다른 사람들도 같은 정신을 가지고 가치 있는 사회를 추구하도록 하기 위해 지속적으로 장려하는 것으로 마무리 짓고자 한다.

- 학생들이 끊임없이 가치 기반 접근법을 활용하기를 바라고 기대한다.
- 기관이나 조직에서는 실현하고자 하는 목표를 정성적인 측면으로 끊임없이 관찰할 수 있기를 바라고 기대한다.
- 이 시대에 만연해 있는 도구주의적 사고방식이 부수적인 것으로 고려되는 현상이 일반적인 것이 되고, 양적 성장을 생각하기 전에 질적 성장에 대해 우선적으로 생각하기를 바라고 기대한다.

이 책은 그 모든 것에 기여하기 위해 쓰여졌다. 앞으로 더 많은 연구가 진행되어야 할 것이다. 가치 기반 경제를 위한 대화는 계속된다.

찾아보기 INDEX

ㄱ

가난 _217
가치 _96, 152
가치 기반 접근법 _8, 13, 15, 16, 18, 30, 97, 105
가치 평가 _152
가치들 _262
가치를 실현(making value real) _15, 62
가치의 발현(valorization) _62
가치의 실현 _70
가치(value) _47
개인적 불평등 _220
개인적인 _157
경제 자본 201
경제학 _14
경제학과 인문학의 조합(humanomics) _12
공공재 _155
공동재 _153
공유경제 _12, 17
공유된 실천(shared practices) _49
공유재(shared goods) _4, 16, 24, 49, 136, 139, 142, 153, 155
공익기업 _320
관계 _260
교화적인 _78
금전적인 소스들 _214
기여 활동 의사(willingness to contribute) _150
기회 비용 _297

ㄴ

내재적 가치 _160
네 가지의 주요 덕목 _72
논리 _261

ㄷ

대화창(conversation) _30, 47, 48
덕 _70
덕목 _55
도구적인 _10, 11, 12, 43, 46
도구주의 _9

ㅁ

매슬로우의 피라미드 _168
문명 _211, 212
문화 경제학자 _75
문화 유산 _155, 156, 212
문화 자본 _202
문화 자본(Cultural capital) _56
문화(C1) _41
문화(C2) _41
문화(C3) _41
문화적 불평등 _219
문화적 영역 _275, 318
문화적, 예술적 영역 _230

ㅂ

부 _218
불평등 _219

ㅅ

사유재 _153, 154, 166
사회 자본 _202
사회 지향적 불평등 _220
사회적 기업 _308, 311, 313, 320
사회적 불평등 _220
사회적 소스 _208
사회적 영역 _229, 268, 318
사회적인 _157
사회지향적 _156
상품 _153
생명의 나무 _204, 205
생명정치 _11
설계(DESIGN) _80, 86
세계관(WORLDVIEW) _80, 83
소스 _200, 203
소스들(sources) _16
소유권 _288
순환경제 _12
스필오버(spillovers) _301
시장 영역 _233, 292
시장 영역의 어조 _298

INDEX _찾아 보기 **323**

시장의 영역 _308, 318
신자유주의 _10, 11
실질적인 _12
실천(practice) _15, 48, 80, 87, 320

ㅇ

어조 _261
예술 _211
예술은 비매품 _157
예술적 가치 _162
오너쉽(소유권) _149
오이코스 _262
오이코스의 영역 _318
오이코스, 집의 영역 _231
외재적 가치 _160
외적 가치 _117
유기적 모델링 _222
유용성 _171
이상(IDEALS) _80, 81
이타주의 _321
이해관계자(stakeholder) _63
인적 자본 _201, 213

ㅈ

자본 _200
자본주의 _55
자원 _200
재화(goods) _4, 14, 16, 47, 167
저력 _200
정부 영역 _308
정부 혹은 통치 및 관리의 영역 _234
정부의 영역 _318
정부, 통치의 영역 _280
좋은 삶, 유익한 사회 _7
좋음(the good) _70
지불 의사(willingness to pay) _150
지적, 예술적, 과학적, 그리고 영적인 소스들 _210
집합재 _153, 155, 166

ㅊ

창의경제 _12
창의적 공동재 _155
초월적/문화적 _156
최고의 선택 _5
최고의 선택이 기반이 되는 경제구조 _97
칠 주요덕(七主要德) _72

ㅋ

코끼리 _18, 19, 20
크라우딩아웃(Crowded out) _162, 238, 304
크라우딩인(Crowding in) _162, 238, 304
크로스오버(crossovers) _301
클럽재 _154, 155

ㅍ

평가 _52, 96
평가(EVALUATION) 또는 되짚어 보기(REFLECTION) _80, 88
표준경제학 _9, 13, 14, 15
표준경제학적 _15
프랙시스(praxis) _16, 48, 184, 185, 320
프로네시스(phronesis) _15, 30, 70

ㅎ

합리성 _74
행동지향적 _314
현대사회의 3대 질병 _9
협동조합 _308, 320
효율성 _312
(공유)재화의 네 가지 영역 _157
(창의적) 공동재(Creative) Commons _146
5-Sp 모델 _253, 254
WTO(기여활동의사) _318